〔改訂版〕
マーケティングの理論と戦略

岩永忠康　編著

五絃舎

はしがき

　20世紀の初頭，アメリカにおいて生成・発展したマーケティングは，もともと大規模・寡占メーカーの市場問題に対する解決策として登場した実践・技術的学問であった。このようなマーケティングは，アメリカ経済の発展とともに，その内容を深め豊かなものにしてきている。　第二次世界大戦後，アメリカを中心とした先進資本主義諸国をはじめ，今日ではほとんどの国において，企業の存立と発展ならびにそれに基づく経済発展がますますマーケティングに依存せざるをえなくなってきたのである。

　戦後のマーケティングは，技術革新のマーケティングとして特徴づけられ，経営者の視点からマネジリアル・マーケティングとして企業の中心的な経営戦略として位置づけられている。そのために，またこの分野での研究も極めて多種多様な内容を包含し，その領域ごとに多くの理論的かつ実践的な研究成果も多くみられる。

　近年，成熟化社会・高度情報化社会・国際化社会などといった社会経済環境の変化に伴って，マーケティングはますます複雑化しながらそのパラダイムや考え方も変化してきている。こういう状況のなかにあって，歴史的経緯を踏まえた基本的なマーケティングの知識や理論を整理することが必要となってくる。その意味で，本書はマネジリアル・マーケティングの視点に立脚した マーケティングの知識や理論を説明し，かつ日本の産業界で実践されているマーケティング戦略を紹介している。

　本書は，岩永忠康編著『マーケティングの理論と実践』の改訂版として新たにマーケティングの拡大理論として特殊マーケティングの編を追加し，さらに一部の章を追加や削除しながら加筆修正し，新しいタイトルの『マーケティングの理論と戦略』として公刊したものである。したがって，本書の内容は，

iv

マーケティングならびにマーケティング部分戦略（マーケティング・ミックス戦略）およびマーケティングの拡大理論として特殊マーケティング論や日本の産業界のマーケティング戦略の実践に関するものを整理しつつ体系化したものである。

　本書の構成を示すと，第1編ではマーケティングの基礎理論について分析している。　そのなかで，第1章がマーケティングの概念，第2章がマーケティング管理，第3章がマーケティング戦略の分析に当てている。

　次に，第2編ではマーケティング戦略の基本的な構成要素であるマーケティング・ミックスの部分戦略について分析している。そのなかで，第4章が製品戦略，第5章が価格戦略，第6章が流通チャネル戦略，第7章がプロモーション戦略，第8章がブランド戦略の分析に当てている。

　また，第3編ではマーケティングの拡大理論としての特殊マーケティング論について分析している。そのなかで，第9章が国際マーケティング，第10章が環境マーケティング，第11章がサービス・マーケティングの分析に当てている。

　さらに，第4編では日本の産業界の産業別マーケティングについて分析している。そのなかで，第12章が食品産業のマーケティング，第13章が化粧品産業のマーケティング，第14章が自動車産業のマーケティング，第15章が観光産業のマーケティング業，第16章が商店街のマーケティングの分析に当てている。

　本書は，編者が編別構成やタイトルを設定したが，第3編ではマーケティングの拡大理論として特殊マーケティング論，第4編の産業別マーケティングについては，執筆者の得意とする専門分野の視点から独自の分析を行っている。その意味で，マーケティングの拡大理論としての特殊マーケティング論および日本の産業界における産業別マーケティングの基本知識や戦略についての方向づけはなされていると思われる。

　なお，今回一部の章において字句の修正やデータの更新・差し替えを行い，改訂版として出版することとした。

そして，本書の出版の企画に賛同して戴き，多忙にも拘らず貴重な原稿をお寄せ戴いた執筆者諸氏に対し，心から敬意と謝意を表わしたい。

最後に，本書の出版を快くお引き受け戴き，短期間の間で集中的に整理して戴くなど，格別のご配慮とお手数を戴いた五絃舎社長・長谷雅春氏には心からお礼申しあげる次第である。

2019 年 2 月 27 日

編者：岩永忠康

vi

vii

目　　次

第１編　マーケティングの基礎理論

第１章　マーケティングの概念―――――――――――――3
第１節　マーケティングの概念　　*3*
第２節　アメリカ・マーケティングの生成と発展　　*9*
第３節　マネジリアル・マーケティング　　*14*

第２章　マーケティング管理―――――――――――――23
第１節　マーケティング管理　　*23*
第２節　マーケティング計画　　*24*
第３節　マーケティング組織　　*27*
第４節　マーケティング統制　　*32*

第３章　マーケティング戦略―――――――――――――37
第１節　マーケティング環境と戦略　　*37*
第２節　マーケティング戦略　　*45*
第３節　マーケティングの全体戦略　　*50*
第４節　市場地位におけるマーケティング戦略　　*54*

第２編　マーケティング部分戦略

第４章　製品戦略――――――――――――――――――63
第１節　製品の概念　　*63*
第２節　製品戦略　　*64*
第３節　製品のライフサイクル　　*67*

第4節　製品計画　　71

第5節　ブランド・包装・ラベル戦略　　74

第5章　価格戦略 ——————————————————— 81

第1節　価格の概念　　81

第2節　価格設定の要因と目標　　83

第3節　価格設定の方式　　85

第4節　新製品の価格設定　　89

第5節　価格管理　　92

第6節　最近の動向　　98

第6章　流通チャネル戦略 ——————————————— 103

第1節　流通チャネルの概念　　103

第2節　流通チャネル戦略　　105

第3節　マーケティング・チャネル戦略　　107

第4節　流通系列化　　112

第5節　物的流通と情報流通　　116

第7章　プロモーション戦略 ——————————————— 123

第1節　プロモーションの概念　　123

第2節　広　　告　　128

第3節　人的販売　　133

第4節　狭義のプロモーション　　138

第8章　ブランド戦略 ——————————————————— 145

第1節　ブランドの概念　　145

第2節　ブランド構築　　149

第3節　ブランドの活用　　153

目　次　ix

第3編　マーケティングの拡大理論

第9章　国際マーケティング──────165
第1節　国際マーケティング研究の背景　*165*
第2節　「標準化・現地適応化」における問題提起　*167*
第3節　「複合化」戦略　*169*
第4節　AAA戦略　*171*
第5節　今後の課題　*173*

第10章　環境マーケティング──────175
第1節　環境マーケティングの特徴　*175*
第2節　環境コミュニケーション　*178*
第3節　環境ラベル　*182*

第11章　サービス・マーケティング──────189
第1節　サービスへの関心の高まり　*189*
第2節　サービスの性質　*190*
第3節　サービス・マーケティングの特徴　*193*
第4節　サービス・マーケティングの展開　*199*

第4編　産業別マーケティング

第12章　食品産業のマーケティング──────207
第1節　食品産業の構造　*207*
第2節　加工食品製造業者のマーケティング戦略　*210*
第3節　プライベート・ブランド商品戦略　*213*

第13章　化粧品産業のマーケティング──────221
第1節　化粧品産業の特徴　*221*
第2節　資生堂のマーケティング戦略　*226*
第3節　国内外市場における展開　*230*

x

第14章　自動車産業のマーケティング————235

第1節　激変する自動車産業　*235*

第2節　自動車産業の市場環境　*237*

第3節　自動車産業の PLC と製品戦略　*241*

第4節　自動車産業のチャネル戦略　*245*

第5節　自動車産業の展望と課題　*249*

第15章　観光産業のマーケティング————253

第1節　観光産業の概念　*253*

第2節　観光の変化　*256*

第3節　観光の歴史　*259*

第4節　旅行会社のマーケティング戦略　*261*

第5節　観光の展開と課題　*265*

第16章　商店街のマーケティング————269

第1節　商店街のマーケティング　*269*

第2節　商店街のマーケティング戦略　*274*

第3節　「街づくり」のマーケティング　*278*

索　　引————283

第1編　マーケティングの基礎理論

第1章　マーケティングの概念

第1節　マーケティングの概念

1.　AMAのマーケティングの概念と変遷

　マーケティングは，20世紀初頭にアメリカで誕生した経営実践ないしそれを基盤とした学問であり，その具体的なあり方は社会経済構造の変化とともに絶えず革新し続けている。そのためにマーケティングの定義や概念は，研究者や研究機関によってさまざまであり，また時代の経過とともに変化してきている。そこでまず，広く一般的にもちいられているアメリカ・マーケティング協会定義専門委員会の定義（American Marketing Association：以下，AMA の定義）によって，マーケティングの概念の変遷をみていこう（那須 2009，pp.98-99 参照）。

　まず，マーケティングの定義は，1935年に AMA の前身である全国マーケティング教師協会において最初に公にされた。そこでの定義は，「マーケティングとは生産から消費にいたる商品やサービスの流れに携るビジネス活動である」(The National Association of Marketing Teachers1935, p.156) となっている。この定義は，マーケティングを経済活動としてマクロ的視点から規定している。

　次に，第二次世界大戦後の経済事情の変化に即応して定義を改正する必要に迫られた。そこで全国マーケティング教師協会を引き継いだ AMA によって 1948 年に改定された。そこでの定義は，「マーケティングとは生産者から消費者あるいは利用者にいたるまでの商品およびサービスの流れを方向づける種々のビジネス活動の遂行である」(日本マーケティング協会訳 1963, p.37) となっている。その後，1960 年にも若干のコメントの修正が行われたが，定義その

ものは1948年のものをそのまま据え置いた。この定義は，マーケティングを企業活動としてミクロ的視点から規定している。

さらに，1985年の定義では，「マーケティングとは，個人や組織の目的を満足させる交換を創造するために，アイディア，商品やサービスの概念化，価格設定，プロモーション，流通を計画し実施する過程である」（American Marketing Association1985, p.1）となっている。この定義は，マーケティングを交換活動として捉え，個別企業の営利活動のみならず，非営利組織活動を含む拡張した概念から規定している。

また，2004年の定義では，「マーケティングとは，組織とその利害関係者にとって有益となるよう，顧客に対して価値を創造し，伝達し，提供したり，顧客との関係性を構築したりするための組織的な働きや一連の過程である」（高嶋2008, pp.5-6）となっている。この定義は，実施主体を組織や利害関係者まで拡大し，顧客志向に基づいて価値を創造・伝達・提供して関係性を維持する活動としたものである。この定義もまた，マーケティングを拡張した概念として規定している。

さらに，2007年の定義では，「マーケティングとは，顧客，依頼人，パートナー，社会全体にとって価値のある提供物を創造・伝達・配達・交換するための活動であり，一連の制度，そしてプロセスである」（高橋2008, pp.10-11）となっている。この定義は，実施主体を顧客・依頼人・パートナーさらに社会全体まで拡大し，価値ある提供物を創造・伝達・交換する活動として社会的概念の領域にまで広がっている。この定義もまた，マーケティングを社会的概念まで拡張した概念として規定している[注1]。

2．マーケティングの概念の拡大

既述したように，マーケティングは，20世紀初頭にアメリカで誕生した経営実践ないしそれを基盤とした寡占企業の販売問題の解決を課題として発展してきたもので，その具体的なあり方は社会経済構造の変化とともに絶えず革新し続けている。それは，独占形成期における単純素朴なものから複雑なものへ

と変化していき，戦後のマーケティングはマネジリアル・マーケティングへと経営者的アプローチをいっそう強化させ，経営戦略としてのマーケティングを展開している（森下 1993，p.66，岩永 2007，p.6）。

その後，マーケティングは，1950年代の後半以降，いくつかの問題に直面し，新しい視点が出現してきた。その1つが，1960年代末頃からあらわれたソーシャル・マーケティングの登場である。このソーシャル・マーケティングは，マネジリアル・マーケティングの反省と調和を図りながら社会性を強調するものである。その1つの方向は，レイザー（William Lazer）を中心とする流れである（Lazer 1969，pp.3-9）。それは，コンシューマリズムや環境保護活動などを契機として発展してきた。そのために企業は，コンシューマリズムや公害問題など社会問題と対応して社会不満・社会不安を解消しながら事業化していくという前向きの姿勢から捉えるべきであり，それだけにマーケティング活動領域が拡大しており，その社会的・経済的な影響力が大きくなっている（坂本 2005，p.261）。

他方，もう1つの方向としては，コトラー（Philip Kotler）を中心とする流れであり，マーケティング概念の拡大化である（Kotler & Levy 1969，pp.10-15）。このソーシャル・マーケティングは，マーケティングを本来の営利企業だけでなく，政府・病院・大学などの非営利組織にまで応用・拡大していくことによって，より良いサービスやアイディアを提供できれば，社会に大きな満足を与え社会へ貢献できるというものである（坂本 2005，p.260）。そして，一度確立されたマーケティング手段や技法は，企業経営であれ非営利組織であれ極めて有効な手段や技法として応用可能である（岡田 1992，p.8）。もちろん，中小企業分野のマーケティングは，寡占企業と比べてその市場に及ぼす影響力やマーケティング戦略にあたって，かなり限定された自由裁量の余地しかもっていないが，マーケティングの概念と技法は着実に浸透しつつある（三浦 1997，p.16）。この視点のマーケティングは，寡占企業から中小企業へ，また消費財部門から生産財部門やサービス・流通部門へ，さらに企業経営から政府・学校・病院などの非営利組織へと広範で多岐分野にまで着実に普及し，さまざまな主体によるマーケティングが提唱されている（岡田 1992，pp.7-8，岩永 2007，p.7）。

6

　1980 年代において，マーケティングは，技術革新とグローバリゼーションという社会経済情勢の変化により，より総合的な戦略的マーケティングへと発展していった。この戦略的マーケティングは，従来のマネジリアル・マーケティングより企業全体の経営と結びついた上位の概念をめざすものである。　つまり，それは全社的な戦略的プランニングが基礎であり，マーケティング・ミックスを構成する市場創造変数に全社的戦略という視点から接近するものである（那須 2001，pp.3-5）。

　さらに，1990 年代になると，従来のマネジリアル・マーケティングあるいは戦略的マーケティングに代わり，新たなリレーションシップ・マーケティング（関係性マーケティング）が台頭してきた。このマーケティングは，従来のパワー・マーケティングないしマス・マーケティングなど一方的な関係を否定するもので，多様化した消費者ニーズに対応しつつその継続的な関係を維持するものである。それは，ワン・ツー・ワン・マーケティング，インターラクティブ・マーケティング，データベース・マーケティング，アフター・マーケティング，ポストモダン・マーケティングなどとして提唱されている（安部 1998，p.14）。つまり，リレーションシップ・マーケティングは「市場シェアより顧客シェアを中心に，現在顧客との信頼関係を深め，より長期的な取引と共創価値創造を目指す商業的マーケティングの発展形態」（嶋口 1995，p.71）とされているように，現実の成熟化・高度化・グローバル化した社会に対応しながらかつ顧客との長期的関係を維持するという新たな展開を提示している。

　みられるように，現代のマーケティングは，単に大規模・寡占企業の市場問題への対応戦略という枠組みを越えて，営利企業のみならず非営利企業を含めた事業・組織の戦略として拡大解釈され，多くの事業・組織でマーケティングの理念や経営ノウハウが取り入れられ実践されている。　しかしながら，マーケティングは戦略的マーケティングにせよ関係性マーケティングにせよ，基本的にはマネジリアル・マーケティングの範疇ないし枠内において遂行されるものである。

3. 日本のマーケティングの概念

　マーケティングは独占資本主義段階における大規模生産企業の販売問題ないし市場問題の解決のための諸手法として登場したものである。その意味では，その視点は極めて企業的ないし経営者的色彩を強くもつものであり，内容的にも単なる販売よりもはるかに幅の広い概念である（三浦 1993，pp.1-2）。

　岡田千尋によると，マーケティングは商品やサービスを生産者から消費者へ流通させるのみならず，より積極的に市場を開拓・支配し，市場シェアの拡大を目的として展開されるものである。したがって，マーケティングとは，「巨大企業による市場創造のための統合的な適応行動」（岡田 1992，pp.7-8）と規定している。

　同様に，市川貢によると，マーケティングは，「市場的環境への創造的で統合的な適応行動として展開されている。この市場的環境のおもな構成要素が顧客（ないし消費者）と競争者である」（市川 1993，p.89）と規定している。

　そもそも，資本主義経済は市場経済を基礎にしているかぎり市場問題から免れることができない。しかし，この市場的問題は資本主義の自由競争段階においてはそれほど緊急な課題となるまでにはいたらなかった。その理由としては，経済的に遅れた部分を絶えず分解して，不断に市場を拡大していきながら，全体としての消費力がいちおう生産力の伸びに相応していたからである。さらに大きな理由としては，市場問題つまり販売問題ないし商品価値の実現がもっぱら商業の利用によって，いわば生産者全体に解決されていたからである。つまり，生産者は原則として商業を利用することによって販売問題を解決してきたのである（森下 1969，p.214）。

　ところで，資本主義が自由競争段階から独占段階になると，生産者の生産力は飛躍的に高められ，そのわりに消費力は増大しない。その結果，過剰生産が恒常化し，販売問題ないし市場問題が発生し，相対的に狭隘な市場をめぐって企業競争は激しさを増していったのである。そこで生産と資本の集積・集中によって形成された巨大生産企業ないし寡占的製造企業（以下，寡占企業とする）は，生産力を飛躍的に増大させ，相対的に狭隘化した市場でその地位を維持・

強化しながら独占利潤を獲得するために，市場を確保・拡張することが不可欠の課題となったのである。

　こうなってくると，寡占企業は販売問題をもっぱら商業に依存するだけでなく，販売を自己の経営問題として自らの手で解決しようとする。しかも寡占企業は，生産独占に基づき独占価格を設定し，これを通じて商業を排除し自ら販売に要した費用を他に転嫁することができる。こうして，その必要に迫られ，かつその能力を持つにいたった寡占企業は，市場問題を自らの経営問題としてこれに直面し，これを解決するために展開する諸方策（戦略）こそマーケティングにほかならない（森下 1993，pp.158-159）。

　その意味で，マーケティングは，すぐれて独占資本主義段階の産物であり，その主体的条件が寡占企業の形成であり，その客観的条件が資本主義の矛盾に基づく市場の狭隘化あるいは市場問題の激化である。そのためにまた市場における競争形態が価格競争から非価格競争へと変化し多様化してきている（橋本 1973，p.14）

　この点で，森下二次也はマーケティングを次のように規定している（森下 1993，p.164）。

　①マーケティングは巨大生産企業の市場獲得・市場支配のための諸方策である。

　②それは独占の形成とともに成立する。

　③独占資本主義の発展段階に照応して新しい方策が展開され，マーケティングの重点が移行する。

　つまり，マーケティングとは，独占資本主義段階における巨大生産企業ないし寡占企業の市場獲得・市場支配のための戦略であり，しかも経済発展段階に照応してマーケティングの重点も変化していくというものである。

　敷衍すると，マーケティングあるいはマネジリアル・マーケティングは基本的には巨大生産企業ないし寡占企業の市場獲得・市場支配のための諸方策（戦略）であり，その根拠としてはマーケティング活動を十分に実施できる組織と資本を有しているのが巨大生産企業ないし寡占企業だからである。

　そこで，マーケティングの発生・展開ないし基本方向を明らかにするために，

戦前のアメリカ・マーケティングの経緯を概説していこう。

第2節　アメリカ・マーケティングの生成と発展

1.　マーケティングの生成

　アメリカの資本主義経済は，南北戦争後，幾多の周期的恐慌にみまわれながらもめざましい発展を遂げ，それとともに生産と資本の集積・集中が推進された。特に資本の集中は1870年代から始まった大合同運動によるトラストの形成を通じて進められ，その結果，19世紀末頃までには消費財部門ではタバコ・砂糖・ウィスキー・缶詰などで，生産財部門では鉄鋼・石油などで巨大企業が形成され，ここにマーケティング生成の主体的条件である巨大生産企業ないし寡占企業の成立をみたのである（岡田 1992, p.9）。

　一方，19世紀末のアメリカの市場をみると，国外市場は各国の植民地への侵略とその領土分割を完了させていたので，もっぱら国内市場が重点的に開発されなければならなかった。この場合，市場は資本主義発展とともに縦にも横にも発展していく。市場の縦における深さの発展は，19世紀末の第二次産業革命と呼ばれる一連の技術革新によって推進され，資本主義的生産関係のいっそうの発展を通じて促進された。しかし，技術革新を通じて資本の有機的構成は高度化していき，機械などに投下される不変資本部分は増加していくけれど，労働力に投下される可変資本部分は相対的に減少することによって，失業者が増加する傾向にあった。さらに，資本の有機的構成の高度化に基づく資本の生産性の向上によって，相対的剰余価値の搾取が強まり，労働者階級は相対的に貧困化していった。これらは，いずれも国内市場をしだいに狭隘化させていった（橋本 1973, pp.15-16）。

　また，市場の横における広さの発展は，ニューイングランド，ニューヨーク，ペンシルバニアなどの地域で形成されていた地域的市場圏から局地的市場圏へと拡大し，さらに鉄道網の発展に伴い西漸運動を通じて推進されてきたが，1880年頃にはこのフロンティアも消滅し，国内市場の地域的・外延的拡大も

いちおうの停止をみるにいたった。このように資本の集積・集中，独占の形成による生産力の増大と国内市場の狭隘化とその深まりゆく矛盾は，資本の関心を市場問題に向けさせたのである（岡田 1992，pp.10-11）。

しかし，この独占形成期におけるマーケティングは，今日のような多彩で洗練された豊富な内容をもったものではなかった。そこでのマーケティングは，端緒的形態であり，単純・素朴なものであった。この段階においては，市場問題が逼迫を示したとはいえ，なお資本の集積・集中，独占の形成それ自体がこの市場問題のいちおうの解決を意味していた。なぜならば，資本の集積・集中，独占の形成は，従来の競争者の競争を圧殺し，その程度において市場の拡大・支配を許したからである。そのために重要な役割を演じたものが，架空の独立会社や戦闘的ブランドによる販売価格切下げと地域的価格差別戦略などによる価格戦略であった。すなわち，寡占企業は打倒すべき競争者の市場に切り込んで，そこで徹底した価格切下げを行うことによってその目的を達したのである。こうして市場を入手すると，今度は高い独占価格を設定し独占利潤を獲得することであった。

しかし，寡占企業は，競争相手を打倒し高い独占価格を設定しても独占利潤の獲得を保証するものではない。なぜなら，これまで商品販売はもっぱら商業に依存していたからである。そのために寡占企業は，当然このような商業依存体制から離脱して商品販売を自らの経営問題としなければならなかった。そのための具体的手段として，セールスマンを雇用して自社商品の説明・販売にあたらせたり従来の商業を自己の管理下のもとにおくなど，直接的・間接的に流通チャネルへ介入し始めたのである（森下 1993，pp. 44-45）。

ともあれ，独占形成期におけるマーケティングは，今日のような多彩で洗練された豊富な内容をもったものではなく，単純で素朴な端緒的形態のものであった。しかも，そこで重要な役割を演じたのは価格競争であり，この価格競争を通じて資本の集積・集中，さらに独占が形成され，その後，独占価格の設定・維持が行われた。しかし，20世紀の独占段階へ移行すると，このような端緒的形態も役に立たず，その内容も豊富なものになってきたのである。

2. マーケティングの確立

　20世紀初頭には主要な産業分野において寡占企業が成立し，それ以後アメリカ資本主義はいよいよ本格的な独占資本主義段階に突入していった。そこでは生産と資本を集積・集中した少数の寡占企業が相対峙しており，それらはもはや互いに素朴な価格競争で息の根を止めうるような相手ではなくなっていた。なぜなら，価格競争つまり価格切下げ競争は，他企業の価格切下げを誘発し自らの利潤の低下をもたらし，さらに破滅的競争に陥る可能性があったからである。したがって，長期安定的利潤を志向する寡占企業は，価格競争を回避する方向へと向かわざるをえなくなり，価格協調ないし価格カルテルが結ばれるようになったのである。

　しかし，だからといって寡占企業間の競争がなくなったわけではなく，競争はかえって激しさを増してきた。しかも，価格協定や価格カルテルはしばしば破られ，また不当な競争制限行為であるとして社会的批判を受け，法的に禁止され始めたのである。そこで，寡占企業間の主たる競争手段は，価格切下げによる価格競争から，高い価格を設定・維持しながら品質や宣伝広告などによる非価格競争へと移行し，それによって市場を維持・拡大していこうとしたのである（岡田1992, pp.11-12）。

　寡占企業は，巨額の固定資本の圧迫を軽減するためにも，また資本の有機的構成の高度化による利潤率をカバーしながら独占利潤を獲得するためにも，いよいよ大量生産を不可欠な課題としなければならなかったのである。そのためには，商品の標準化が必要であり，それとともに標準化された大量の商品を狭隘化した市場で販売しなければならなかった。つまり，寡占企業にとっては，「既存市場の一層集約的な耕作」（Shaw1915, p.43，伊藤・水野訳1975, p.28）ないし「需要創造」が重要な課題となったのである。そして，この課題を解決するための中心的手段として採用されたものが全国的広告であり，その基礎としての製品差別化ならびにそのためのブランドの付与であった。

　これまで販売の推進力となったものは，商人やセールスマンないしそれによる地方的広告であったが，19世紀末には全国的市場が成立し，それに伴い従

来の商人やセールスマンによる地方的広告から寡占企業による全国的広告へとその重点が移行していった。一般に，広告は情報的要素と説得的要素をもっているが，資本主義的広告は，情報伝達を中心とする報知的広告よりも自社製品を宣伝する説得的広告でなければならなかった。そのためには自社製品を他社製品から識別されうるような何らかの特性を与えることが必要であり，その際に重要な役割を演じたものが製品差別化であり，それはまた独占価格の維持にも貢献した（森下 1993，p.46，橋本 1973，p.23）。

　また，セールスマンによるプロモーションの強化もあげられる。すでに 19世紀末には市場の地域的拡大とともにセールスマンが活躍していたが，さらにその数が増加したばかりでなく活動領域も拡大し，セールスマンの管理も重要な課題として認識され始めた。そのために従来の単なる販売からセールスマンを教育・訓練・組織化した，いわゆるセールスマンシップに基づく組織的販売へと変化し，それはやがて販売員管理を中心とする販売管理の登場となったのである。

　さらに，寡占企業は，大量生産システムに対応する大量販売システムの確立をめざして，自社製品を優先的に販売する協力的な販売店を組織し，流通チャネルを支配・管理するために流通チャネル戦略をとり始めた。そして，これらの流通チャネル戦略は中間商人の排除ないし商業の系列化としてあらわれる（橋本 1973，pp.23-24）。

　このように独占資本主義確立期のマーケティングは，いわば説得的な特質をもっていたということができる。つまり，ここでは消費者の需要を考慮することなく，標準化された大量の商品をいかにして販売するかがマーケティングの課題であった。このようなマーケティングの特徴は，第一次世界大戦後の産業合理化政策のもとで，本格的に開始されるにいたった大量生産方式の発展によっていっそう強化されることになった。産業合理化の動きは，無駄排除運動に始まり，テーラーの科学的管理法の採用，フォードによって実現されたフォードシステムによって完結したのである。

　このフォードシステムは，流れ作業による専門化・単純化に基づく大量生産

方式によって，一方では製品の標準化と単純化による製品の種類を整理する側
面をもち，他方では自己の市場を狭隘化させる側面をもっていた。そのために
マーケティングは，狭隘化した市場に他社製品と実質的な差異をもたない少品
種大量の規格商品を販売するための強圧的マーケティングとならざるをえな
かった。たとえば，誇大な広告，詐術的なセールスマンシップ，過剰サービス，
信用による割賦販売を活用した所得の先取りという販売形態など，これらは強
圧的マーケティングの技法であり（岡田 1992，pp.13-16），さらにまた市場の的
確な把握のための市場調査がいっそう重要になったのである。

3. マーケティングの発展

　1929 年に勃発した世界大恐慌はアメリカ経済に大きなダメージを与え，こ
の苦境を打開するために国家が積極的に経済活動に介入するようになった。
この国家による一連の経済活動への介入がニューディール政策と呼ばれている
ものであり，これを契機として，アメリカ経済は混合経済体制として特徴づけ
られるようになった。

　これを境として，マーケティングはかなり変質・転換した。つまり，1930
年代のマーケティングは，「企業の慢性的遊休と失業常備軍」をもって 2 つの
際立った性格が賦与された。その特徴の 1 つはマーケティングが国家機構と結
びついたことである。それは，一方ではマーケティング活動における独占的諸
制限を容認し，他方では国家的市場創出との結合としてあらわれた。すなわち，
ニューディール政策のもとでの制定された全国産業復興法（NIRA）は，公正競
争規約の認可によって広範な独占禁止法除外をつくりあげ，これに反する行為
はかえって不公正競争とみなされた。またニューディール政策は，極度に狭隘
化した国内市場のある程度の回復を図る手段として，農業調整法（AAA）によ
る農民購買力の増強，NIRA による最高労働時間，最低賃金制，公共投資によ
る雇用増大など一連の購買力補給政策がとられたのである（森下 1993，pp.55-
57，橋本 1973，pp.29-30）。

　このようにニューディール政策の国家的保護のもとに，価格競争が排除さ

14

れ，価格下落を防ぐための公然あるいは暗黙の価格協定が結ばれたり，価格下落の防止手段として操業短縮も実施された。したがって，競争の重点は価格競争から非価格競争へと移行し，新製品開発競争，特に製品差別化を中心とする品質競争，莫大な費用を投下する広告宣伝競争，割賦販売・技術保証・修繕・景品添付などのサービス競争が中心となったのである（岡田 1992, p.17）。

　もう1つはマーケティングにおける消費者中心主義の強調であった。これは，「消費者は王様（Consumer is King）」という表現に典型的に表われているように，消費者のニーズに基づいた商品を生産し，販売増進のために企業内にあらゆる諸活動を統合するマーチャンダイジングが重視された。それは，製品をできるかぎり消費者需要に適合させることによって販売増進を図ろうとするものであって，生産された製品をいかに消費者に売り込むかというプロダクト・アウトの立場から，消費者の意向を反映して売れる製品をいかに生産するかというマーケット・インへの立場に転換した。このようにマーチャンダイジングは，いかなる製品を生産すべきかという製品計画の領域であり，いわばマーケティングを生産の領域にまで拡張したものであるが，それはあくまでも既存遊休設備を前提としたもので製品計画の域を脱するものではなかった。

　こうして 1930 年代のマーケティングは，1920 年代の強圧的ないし高圧的マーケティングに対して，迎合的ないし低圧的マーケティングとして特徴づけられるものであった（森下 1993, pp.57-58, 橋本 1973, pp.31-33, 岡田 1992, p.17）。

第3節　マネジリアル・マーケティング

1. マネジリアル・マーケティング

　戦後のマーケティングは，技術革新のマーケティングとして特徴づけることができる。それは，単に流通の領域にとどまらず生産の領域にまで入り込み，それも製品決定だけではなく設備投資の分野にまでさかのぼるにいたったこと，そして個々のマーケティング活動がすべてここを軸点とする新たな展開を示すなど大きな特徴がみられる（森下 1993, p.93, 岡田 1992, p.18）。

第1章　マーケティングの概念　15

　この技術革新のマーケティングは次のような特徴をもっている。第1に，統合的なマーケティング・マネジメントの成立である。これは，一方において長期安定市場の見通しを与え，それを確保するという任務をもっている。このために長期的な基礎のうえに立つマーケティング戦略をその課題としている。それは，当然，マーケティング諸活動の集権的管理が強く要求されることになる。他方において，めまぐるしい不断の変化に対応しながら，大量の商品を迅速に売り尽くすという任務をもっている。このために短期的な基礎のうえに立つマーケティング戦術をその課題としている。それは，眼前の事態に即応して具体的な問題の解決を志向するのであり，したがって現実的な決定を可能にする第1線への権限委譲が要求されることになる。このように技術革新のマーケティングは，一方においては集権的管理を，他方においては分権的管理を要求するのであり，この両者の対立的な要求を満たすものとして統合的なマーケティング・マネジメントが要請されるのである（森下 1993, pp.96-97）。

　第2に，マーケティングが企業の全活動の管理の基礎となっている。すなわち，「マーケティングは企業活動の全体系を企画する基礎となる。企業の基本的戦略は市場の必要，勢力関係，需要状況を基礎として配慮され，達成されなければならない。マーケティングは企業活動の基本理念であり，組織の生きゆく途」（森下 1993, pp.97-98）である。このようにマーケティングは，企業活動の基本理念として，企業の全活動を計画し，組織し，発動し，統制するものであり，生産されたものを販売するという，いわば企業活動の終点に関わるだけでなく，いかなる設備をもって何を生産するかを決定する，いわば企業活動の始点にまでさかのぼらざるをえなくなったのである（森下 1993, pp.98-99）。

　第3に，マーケティングが経営者的接近に傾斜していったことである。それはマーケティングをもっぱら経営者の計画・問題解決・行動決定の問題として捉えようとしたものである。すでに述べたように，戦後のマーケティングは国家機構との結びつきをいっそう強めていった。このことは，内外市場の人為的創出，自動安定機構による独占価格の支持，特別償却制度による投資の安全保障など，これまでマーケティングにおいて不安定であった諸条件を著しく安定

させ，従来資本にとって与件であったものを多かれ少なかれ自由に操作しうるマーケティングの要素に転化させたことを意味している。その結果，マーケティングが資本の外部の全体過程や制度への関心をうすめ，もっぱら経営問題に集中するにいたったのも当然の成り行きであったのである（森下 1993, p.99）。

以上から，戦後の技術革新のマーケティングは，いわゆるマネジリアル・マーケティングとして捉えることができ，次の3つの側面をもっているといえる。すなわち，「第1に，それはマーケティング諸活動の相互関連からみて統合的マーケティングであり，第2に，諸他の企業活動との関連からみて企業経営の基本理念であり，そして第3に，社会経済との関連において経営者的接近を要求しかつそれを可能にする」（森下 1993, pp.99-100）ということである。

2. マネジリアル・マーケティングのフレーム・ワーク

マネジリアル・マーケティングに関する萌芽的研究としては，1915年に著されたショー（Arch W. Shaw）の『市場流通における若干の諸問題』（Some Problems in Market Distribution）に提示されているが，戦後の本格的なマネジリアル・マーケティングに関する先駆的な研究としては，ハワード（John A.

図1-1　ハワードのフレーム・ワーク　　図1-2　マッカーシーのフレーム・ワーク

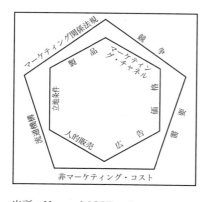

出所：Howard 1957, p.5.　　　　　出所：McCarthy & Perreault 1990, p.48.

Howard）ならびにマッカーシー（E. Jerome McCarthy）をあげることができる。

　ハワードは，1957年に『マーケティング・マネジメント：分析と意思決定』（*Marketing Management : Analysis and Decision*）を著し，本格的なマーケティング・マネジメント論に関して独自の体系化を試みている。図1-1に示されるように，マーケティングは経営者の立場からみて企業を取り巻くさまざまな環境要因のうち，統制不可能な要因として競争，需要，非マーケティング・コスト，流通機構，マーケティング関係法規の5つの要因をあげ，また統制可能な要因として製品，マーケティング・チャネル，価格，広告，人的販売，立地条件の6つの要因をあげている。そして，これらの要因に関する諸戦略を統合的に管理することによって市場に積極的かつ創造的に適応していくものとして，マネジリアル・アプローチの基本的なフレーム・ワークを提示している（Howard1957，pp.4-5）。

　また，マッカーシーは，1960年に『ベイシック・マーケティング―経営者アプローチ―』（*Basic Marketing : A Managerial Approach*）を著し，ハワードによって提示されたマーケティング・マネジメント論とほぼ同じフレーム・ワークを基本としながら，図1-2にみられるように，統制可能な要因であるマーケティング諸活動を製品（Product），場所（Place），プロモーション（Promotion），価格（Price）の4つの活動（4P政策）に集約し，それらを適切に組み合わせたマーケティング・ミックスによって，標的となる顧客に焦点を絞ったマーケティング・マネジメントを展開している。

　マッカーシーは，マーケティングの主要な環境要因として，顧客のほかに，文化・社会的環境，政治・法律的環境，経済・技術的環境，競争的環境，企業の資源と目的といった統制不可能な要因を掲げ，それらへの適応の必要性を示している。特に顧客をマーケティングの中心に位置づけて，その顧客志向性を明確にしているという点に特徴がみられる。すなわち，市場標的としての顧客の獲得をめざして統制可能な諸要因であるマーケティング諸活動を組み合わせる，いわゆる最適マーケティング・ミックスの形成がマーケティング・マネジメントの要点であるという考え方を明示したのである（McCarthy & Perreault

1990, p.48)。

　なお，マッカーシーは環境要因の中心に顧客をあげているが，顧客は寡占企業からみると販売業者であり，最終的には消費者につながっていく。さらにいえば，産業財マーケティングではメーカーないし販売業者であり，消費財マーケティングでは最終的には消費者である。したがって，ここではマーケティングの中心である顧客を消費者に絞って，その行動について考察しておこう。

3. マーケティング環境要因としての消費者行動

　消費者行動とは購買と消費を含む消費者の購買意思決定プロセスである。それは，「まず購買であり，消費行動ではない。さらに購買行為でなく，一連の行動，つまり財の購買，たとえばある製品，ブランド等，何を，どこで，どのように等の経過と購買の後のフィードバックまで含めた消費者行動の把握であり，購買意思決定の結果ではなく過程全体を捉えなければならない」(尾碕1992, p.24)。つまり，マーケティングにおける消費者行動の分析は，消費者の購買意思決定に関することであり，消費者の心理を解明することであるといえよう。

　購買者としての消費者は，年齢・性別・所得・学歴・職業・家族構成・趣味・嗜好・パーソナリティなどにおいて著しく異なっている。マーケティング戦略としては，それぞれの異なった消費者グループを識別し，彼らのニーズや欲求に合致した製品やサービスを開発することが課題となる。

図1-3　購買者行動のモデル

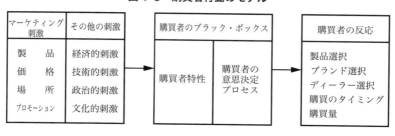

出所：Kotler & Armstrong 1980, p.117.

図1-3は，マーケティング刺激とその他の刺激→購買者のブラック・ボックス→購買者の反応というフローチャート・モデルを示したものである。すなわち，4Pからなる製品・価格・場所・プロモーションのマーケティング刺激ならびに経済的・技術的・政治的・文化的刺激が購買者のブラック・ボックスを通り，製品選択・ブランド選択・ディーラー選択・購買のタイミング・購買量などの消費者の反応の集合を創出するというモデルである。マーケティング戦略としては，刺激と反応との間の購買者のブラック・ボックスのなかで何が起きるかを把握することである。その場合，第1に，購買者の特性は，彼らが刺激をいかに知覚し，それにどのように反応するかということに大きな影響力をもっている。第2に，購買者の意思決定プロセスはその結果に影響を与える（Kotler & Armstrong 1980, p.117）。

そこで，消費者（購買者）の購買行動と購買意思決定プロセスをみていこう。まず，消費者の購買行動は，企業にとって統制可能なマーケティング刺激だけでなく，統制不可能な文化的・社会的・個人的・心理的特性によっても著しく影響を受けるのである。それには，文化的特性（カルチャー，サブカルチャー，社会階層），社会的特性（準拠集団，家族，役割と地位），個人的特性（年齢とライフステージ，職業，経済状況，ライフスタイル，パーソナリティと自己概念），心理的特性（動機，知覚，学習，信念と態度）があげられる（Kotler & Armstrong 1980, p.117, 村田監修 1983, p.282）。

次に，消費者（購買者）の購買意思決定プロセスは，次の一連の継続的な段階から構成されている。

図1-4　購買者の意思決定プロセス

出所：Kotler & Armstrong 1980, p.146, 村田監修 1983, p.303.

それは，図1-4のように，問題認知→情報探索→代替案評価→購買決定→購買後の行動というフローチャート・モデルで示される。このモデルは，購買プ

ロセスが実際の購買よりずっと以前に始まり，購買後もその結果が長く継続することを示している。このモデルは，一般的なもので消費者はすべての段階を経過するとはかぎらないし，各々の段階で費やされる時間や努力は異なっている（Kotler & Armstrong 1980, p.146　村田監修 1983, p.303）。

このようにマーケティング戦略を展開するうえでは，消費者（購買者）の特性（購買行動）ならびにその購買意思決定プロセスを理解することが基本的なことである。

4.　マネジリアル・マーケティングの戦略

現代のマネジリアル・マーケティングの内容は複雑多岐にわたっているが，基本的には次のようなマッカーシーのマーケティング・ミックスにみられるように，いわゆる4P政策（4つの戦略―著者）に集約できるであろう（McCarthy & Perreault 1990, pp.36-39）。

製品政策（Product Policy）―製品の決定，新製品の開発・導入，在来製品の改良・新用途の開拓，製品の混成など，製品そのものに関するものはもちろん，包装やブランドなどを含む製品に関わる計画・活動領域。

価格政策（Price Policy）― 価格の設定，価格の維持，割引その他の差別価格やリベートなど価格に関わる計画・活動領域。

場所政策（Place Policy）―流通チャネルの設定，販売業者の選定，販売業者の管理など，流通チャネルに関するもののほか，運送や保管などの物的流通を含む流通チャネルに関わる計画・活動領域。

プロモーション政策（Promotion Policy）―広告とセールスマンシップを2本の柱とし，これに特売・実演・陳列・展示・即売会など，いわゆる狭義のプロモーションを配して行う消費者の欲望刺激，プロモーションないし購買説得に関わる計画・活動領域。

これらの4つの活動領域はそれぞれ他をもっては代え難い独自性をもっている。 すなわち，流通チャネル戦略（マッカーシーの場所政策）は，その構築・管理がマーケティングの基礎であり，他の諸活動を有効に展開させるための場を

準備するという独自の役割を演じている。また価格戦略は，最大限利潤の実現というマーケティングの最終目的を達成するための直接的な手段であり，そのために他の活動はその価格設定・維持のためのいわば二次的手段としての役割を演じる関係にある。つまり，製品戦略は社会的欲望と直接に結びつく要因として特殊な位置にある。また，プロモーション戦略は，企業のすべての活動を市場に説得的に伝達する手段として，他の活動領域の有効性を左右する位置にあるといってよかろう（森下 1994, p.67）。

　このように4つの活動はそれぞれ独自の役割をもつものであり，それと同時に4つの活動はひとしく需要創造のために，またそのための競争手段としての役割をもっている。そしてこれらの活動は，一方では相互補完的な関係でありながら，他方では相互代替的な関係にある。現実には経済の構造・循環の変化に伴って，またその主体である寡占企業のおかれている市場構造やそこでの地位に応じて，それぞれ活動領域における役割のウェイトは時間的にも空間的にも変化する。それにつれて，それらの相互間の補完・代替の関係もまた自ら異なるのである（森下 1994, pp.67-68）。

注
1）日本マーケティング協会のマーケティング定義委員会の定義（1990年）によると，「マーケティングとは，企業および他の組織がグローバルな視野に立ち，顧客との相互理解を得ながら，公正な競争を通じて行う市場創造のための総合的活動である」（日本マーケティング協会 1990, p.33）となっている。この定義は，企業や組織のグローバルな視野からマーケティング概念を拡大しつつ顧客志向に基づく市場創造の諸活動と規定している。

参考文献
1）安部文彦（1998）「マーケティングの概念」安部文彦・岩永忠康編著『現代マーケティング論−商品別・産業別分析−』ミネルヴァ書房。
2）市川 貢（1993）「競争行動」三浦 信・来往元朗・市川 貢『新版マーケティング』ミネルヴァ書房。
3）岩永忠康（2007）『マーケティング戦略論（増補改訂版）』五絃舎。
4）岡田千尋（1992）「マネジリアル・マーケティングの成立」尾碕 眞・岩永忠康・岡田千尋・藤澤史郎『マーケティングと消費者行動』ナカニシヤ出版。
5）尾碕 眞（1992）「消費者行動」尾碕 眞・岩永忠康・岡田千尋・藤澤史郎『マーケティ

ングと消費者行動』ナカニシヤ出版。

6) 坂本秀夫（1993）『現代マーケティング概論』信山社。

7) 嶋口充輝（1995）「関係性マーケティングの現状と課題」日本マーケティング協会編集『季刊マーケティング・ジャーナル』Vol.15, No.2。

8) 高嶋克義（2008）「マーケティングの考え方マーケティングの定義」高嶋克義・桑原秀史『現代マーケティング論』有斐閣。

9) 高橋郁夫（2008）「マーケティング研究の今とこれから」『日本商業学会第58回全国大会報告要旨集』。

10) 那須幸雄（2001）「戦略的マーケティング」安部文彦・山本久義・岩永忠康編著『現代マーケティングと流通』多賀出版。

11) 那須幸雄（2009）「AMAによるマーケティングの新定義（2007年）についての一考察」『文教大学国際学部紀要』第19巻第2号。

12) 日本マーケティング協会（1990）『マーケティング定義委員会報告書』

13) 橋本 勲（1973）『現代マーケティング論』新評論。

14) 三浦 信（1993）「マーケティング」三浦 信・来住元朗・市川 貢『新版マーケティング』ミネルヴァ書房。

15) 森下二次也（1969）「経営販売論」馬場克三編『経営学概論』有斐閣。

16) 森下二次也（1993）『マーケティング論の体系と方法』千倉書房。

17) 森下二次也（1994）『現代の流通機構』世界思想社。

18) American Marketing Association (1960), *Marketing Definitions: A Glossary of Marketing Terms*.（日本マーケティング協会訳（1963）『マーケティング定義集』日本マーケティング協会）

19) American Marketing Association (1985), *Marketing News*, Vol.19, No.5.

20) John A. Howard (1957), *Marketing Management : Analysis and Decision*, Richard D. Irwin, Inc.

21) Philip Kotler and Sidney J. Levy (1969), "Broadening the Concept of Marketing", in *Journal of Marketing*, Vol.33, No.1.

22) Philip Kotler and Gary Armstrong (1980), *Principles of Marketing*, 4th ed., Prentice Hall International, Inc..（村田昭治監修, 和田充夫・上原征彦訳（1983）『マーケティング原理−戦略的アプローチ−』ダイヤモンド社）

23) William Lazer (1969), "Marketing Changing Social Relationship", in *Journal of Marketing*, Vol.33, No.1.

24) E. Jerome McCarthy and William D. Perreault, Jr. (1990), *Basic Marketing : A Managerial Approach*, 10th ed., Richard D. Irwin, Inc.

25) The National Association of Marketing Teachers (1935), Report of Committees Definitions of Marketing Teams, *The National Marketing Review*, Vol.1, No.2.

26) Arch W. Shaw (1915), *Some Problems in Market Distribution*, Harvard University Press .（伊藤康雄・水野裕正訳（1975）『市場配給の若干の問題点』文眞堂）

第2章 マーケティング管理

第1節 マーケティング管理

　戦後のマーケティングは，技術革新のマーケティングとしてその長期的なものと短期的なものへと分離されており，これはまたマーケティング諸活動の統一的管理を不可欠なものとしている。戦前においては，マーケティング諸活動は個別的に管理されており統一的管理の対象とはならなかったが，戦後においては，マーケティング・マネジメント（管理）をもってマーケティング諸活動を統一的に管理する，いわゆるマネジリアル・マーケティングとして特徴づけられる（森下 1993, p.32）。

　マネジリアル・マーケティングは，マーケティングの目標や目的を達成するために，マーケティング諸活動を統一的管理のもとに計画・組織・統制するという一連のマーケティング管理が重要になってくる。

　American Marketing Association（以下，AMA）の定義によると，「マーケティング管理とは，企業または企業の事業部の全マーケティング活動を計画し，指揮し，統制することであって，マーケティングの目的，方針，計画ならびに戦略の設定を含んでいる。そして通常そのなかに，製品開発，計画を実施するための組織と人員配置，マーケティング作業の監督，マーケティング遂行の統制が含まれる」（日本マーケティング協会訳 1963, pp.39-40）と規定されている。

　今日のように市場環境が複雑多様化してくると，対市場との直接的な接点をもつマーケティング活動が，単に企業活動の一部分の役割としてではなくその中心的な役割を果たすものとなっている。つまり，企業は，絶えず変化する市場に企業活動を適応させながら，自社製品に対する需要の喚起・創造を図るために，マー

ケティング活動を展開しなければならない（岡本1995, p.61）。そこで，今日の複雑多様化しているマーケティング活動を効果的かつ効率的に遂行していくためには，なによりもマーケティング管理が適切かつ順調に行われなければならない。

　マーケティング管理はトップ・マネジメントによって示される企業の目標や目的を達成するために，マーケティング部門の業務を計画し，組織し，統制する活動である。したがって，マーケティング管理は，マーケティング計画，マーケティング組織の編成，マーケティング統制というプロセスで行われる。このうち，まずマーケティング計画は，市場機会の評価，マーケティング目標の設定，対象市場の設定，マーケティング・ミックスの策定を行うことである。次にマーケティング組織の編成は，マーケティング意思決定システムと情報システム，業務の遂行の統合的編成を行うものであり，マーケティング組織の編成と計画を実行することである。さらにマーケティング統制は，マーケティング計画の妥当性を評価し，業務の遂行が計画どおり実行されているかを検討することである（懸田2007, p.28）。

　ともあれ，マーケティング管理は，プランニングの段階で作成されたマーケティング計画が合理的な組織を通じて実行され，その実行の結果が統制によって計画と比較・評価されるプロセスを含んでおり，しかもマーケティング計画・組織・統制という3つの段階は有機的に関連しあっている。そこで，マーケティング管理をマーケティング計画，マーケティング組織，マーケティング統制に分けて考察していこう（岩永2011, pp.133-151）。

第2節　マーケティング計画

1．マーケティング計画

　マーケティング計画は，広義の経営計画の一領域であり，その対象とする領域によって2つに大別できる。1つはマーケティング活動全般に関わる統合的マーケティングの計画であり，もう1つは製品・価格・流通チャネル・プロモーションなどの個々のマーケティング活動に関わる計画である。このうち統合的マーケ

ティング計画は，企業の中心的課題であり，個々のマーケティング活動が相互に
その効果を高めるように統合的に計画しなければならない（岡田 1992，p.76）。

　ＡＭＡの定義によれば，「マーケティング計画は，マーケティング活動の目
的を樹立し，このような目的を達成するために，必要な段階を決定したり，順
序づける作業である」（日本マーケティング協会訳 1963，p.40）と規定している。

　一般に，マーケティング計画は，目標設定をベースとした計画期間によって
長期計画・中期計画・短期計画に分けて考えることができ，かつそれを遂行す
る方法や手続きなどによってマーケティング戦略とマーケティング戦術とに区
別される。マーケティング戦略は長期計画に基づく目的達成のための全体計画
であり，マーケティング戦術は全体的な戦略から導かれる具体的な手段を示す
ものである（中村 2001，p.23）。

　マーケティング計画は，マーケティング管理の一環としてマーケティングの諸
活動を計画することであり，それぞれの活動の一定の目的を達成するためのプロ
グラムとして目標を決定するものである。その意味ではマーケティング活動にお
ける最初の段階であり，マーケティング活動を規定する最も重要な活動である。

　したがって，マーケティング計画は，まず企業理念や目標の枠組のなかで市
場の機会と脅威を分析し，自社の経営資源を評価することによって市場機会を
評価し，マーケティング目標を設定することから始められる（懸田 2007, p.29）。
次にマーケティング目標を達成できるような長期的で統合的なマーケティング
戦略計画が決定される。さらに具体的な実施細目であるマーケティング実施計
画が策定される。

　つまり，マーケティング計画は，（1）市場機会の評価→（2）マーケティン
グ目標の設定→（3）マーケティング戦略計画の決定→（4）マーケティング
実施計画の決定というプロセスで行われるのである。

2.　マーケティング計画のプロセス

（1）市場機会の評価

　マーケティングは，統制可能な要素を統合し統制不可能な市場環境に適応し

ていくことであるが，マーケティング計画の策定にあたっては，自社にとって
魅力のある市場機会を探索することから始めなければならない。この市場機会
は，すべての企業に与えられてはいるが，同じ市場で競争している企業であっ
ても，企業のマーケティング戦略やマーケティング・ミックスが異なっている。
そのために，その中から自社の企業理念や目標をもち固有の能力を発揮できる
企業こそが市場機会をマーケティング機会に置き換えることができるのである
（岡本 1993，p.64）。

　市場機会の評価は，マーケティング管理を適切に行うための出発点となるも
のであり，市場環境の変化を分析することにより市場機会を発見し，その機会
を自社資源で利用しうるかどうかを検討し，自社に有利な標的市場を把握する
ことである。その場合，現在の市場機会だけでなく，潜在的な市場機会も問題
になってくる。そのためには市場に影響を及ぼす環境要因の検討，市場におけ
る競争状況の評価，経営資源の検討，市場セグメントの確認と標的市場の選定
などの分析が必要である（中村 2001，pp.18-21）。

(2) マーケティング目標の設定

　一般に，計画は一定の目標達成のために立案されるものであり，目標の設定
は計画の出発点である。マーケティング活動を効果的かつ効率的に遂行するた
めには，マーケティング目標を適切に設定することが必要である。マーケティ
ング目標は，マーケティング計画以降のマーケティング管理の各ステップの基
盤をなすものであり，マーケティング活動の指針となっている。

　マーケティングの理念・目標は企業の理念・目標を達成するための下位概念
である。企業の目標が長期最大利潤の獲得であるかぎり，マーケティング目標
は，企業の究極目標ないし基本目標である長期安定的最大限利潤の獲得という
目標に合致したものであり，売上高の極大化を通じての最大利潤の追求にある。
この目標を実現するための具体的な目標としては，売上高の増加，市場占有率
の拡大，企業の成長率，市場における地位の向上ないし維持，競争企業との対
抗，市場範囲の拡大，企業活動の多角化，製品イメージの設定，産業界の指導
性の確立などがあげられる（橋本 1973，pp.144-147，岩永 2007，p.29）。

第2章　マーケティング管理　27

（3）マーケティング戦略計画の決定

　企業がマーケティング目標を達成するためには，マーケティング活動が戦略的に計画されなければならない。このようなマーケティング計画は，マーケティング戦略あるいは戦略計画と呼ばれ，マーケティング目標を達成するために策定される長期的・総合的・動態的な計画である。マーケティングの基本戦略は，組織が環境変化に適応し目標実現に向けて標的市場に適合するようにマーケティング・ミックスを構築することにある。なお，マーケティング戦略計画は，現状分析に基づき達成可能な目標になるように種々の戦略が策定され，そのなかから最適な戦略が策定されるのである。この場合，どのような戦略を選択するかは，自社のおかれた地位，競争環境，社会経済的要因などから総合的に判断される（岡田 1992，pp.79-80，岩永 2007，p.30）。

（4）　マーケティング実施計画の決定

　マーケティング実施計画は，マーケティング目標を達成するためマーケティング計画を実施する具体的な実施計画・実施細目であり，行動計画ないし戦術計画ともいわれる。この計画に基づいて，計画目標を達成するための活動が始まり，実施段階に入るのである（橋本 1973，p.142）。具体的にいえば，マーケティング・ミックスをプログラムすることであり，それら個々のマーケティング・ミックス構成要素をマーケティング計画に統合しなければならない。こうしてマーケティング計画が正式に採用されたら，実施のための諸組織を編成し，各部門・各人それぞれの担当業務を明確にし，計画を実行するのである（岡田 1992，p.80）。

第3節　マーケティング組織

1．マーケティング組織の編成

　マーケティング組織は，マーケティング理念のもとにマーケティング活動を具体的に遂行する業務の組織である。なお，組織は目標や計画を達成する手段として複数の人間の業務の体系である。したがって，マーケティング組織は，

マーケティング管理者を頂点として各職務を遂行する組織単位を編成し、それに必要な職務を明確にして権限の委譲に伴う階層化を経て編成される（沼野 1990, p.17）。なお，マーケティング組織は企業内でのマーケティング活動の調整を中心として，マーケティング部門と他部門さらに外部機関との調整を含めることもある。

マーケティング組織は，機能別マーケティング組織，製品別マーケティング組織，地域別マーケティング組織，顧客別マーケティング組織，事業部制マーケティング組織などに編成される。そこで，それぞれのマーケティング組織を説明していこう。

(1) 機能別マーケティング組織（図 2-1）

機能別マーケティング組織は，市場調査・製品・価格・流通チャネル・プロモーションなどマーケティング機能別に部門化した組織で，最も基本的なマーケティング組織である。この組織は，機能ごとに専門の担当者を配置し，マーケティング管理者が統轄する形態であり，製品の数が少なく管理が容易で経営規模が小さな企業に適している。しかし個々の製品や市場に責任を負う担当者がいないので，製品や市場の増加につれて十分な対応ができないという欠点もある（沼野 1990, p.17）。

図 2-1　機能別マーケティング組織

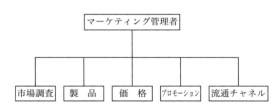

出所：沼野 1990, p.18.

(2) 製品別マーケティング組織（図 2-2）

製品別マーケティング組織は，製品別または製品ライン別に部門化する組織である。企業規模が大きくなり製品やブランドの数も多くなると，この組織が多く採用される。というのは，製品が異なれば顧客ニーズやマーケティング活

動も異なることから，機能部門別に各製品の担当部門を追加した方がよいからである。そのために，この組織は製品ごとに必要な機能をバランスよく調整でき，市場で発生した問題に迅速に対応することができる（沼野 1990，pp.17-18）。

図 2-2　製品別マーケティング組織

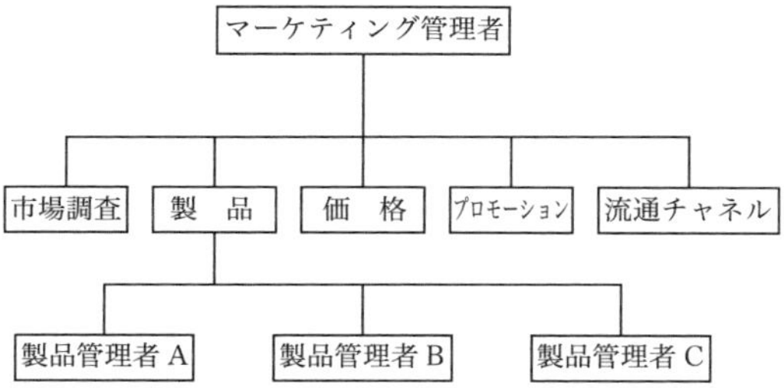

マーケティング管理者
市場調査
製　品
価　格
プロモーション
流通チャネル
製品管理者 A
製品管理者 B
製品管理者 C

出所：沼野 1990，p.18.

(3)　地域別マーケティング組織（図 2-3）

地域別マーケティング組織は，市場の地域特性を生かした地域区分に基づいて部門化された組織であり，一般に全国的市場のような広範囲な市場を対象とする場合，市場を行政区画・距離・顧客数・潜在売上高などの地域別区分に基づいて部門化した組織である。特に販売活動の展開において地域差がある場合，販売を効果的・効率的にするために，適正な地域に分割してマーケティング活動を展開する場合にみられる。それによって，各地域の顧客ニーズに適合したマーケティング組織を編成することができる（西村 1996，p.98）。

図 2-3　地域別マーケティング組織

マーケティング管理者
製品開発
市場調査
価　格
プロモーション
A 地域担当管理者
B 地域担当管理者
C 地域担当管理者

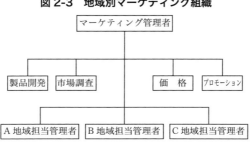

出所：沼野 1990，p.19.

(4) 顧客別マーケティング組織（図2-4）

　顧客別マーケティング組織は，顧客ニーズ（市場）そのものに適合するように部門化した組織であり，したがって市場別マーケティング組織ともいえる。この組織は，顧客に対する販売標的を明確にして販売活動を集中させるための組織であり，顧客層が著しく異なっているとか，取引規模が大きい顧客を対象とするとか，顧客によって異なったマーケティング戦略をとるような場合にみられる。たとえば，石油を電力・鉄道・自動車産業に向けて販売している企業では，同一商品であっても，それぞれの企業で異なった方法で使用され，異なった用途に使用される場合に適している組織である（西村1996, p.97）。

図2-4　顧客別マーケティング組織

```
              マーケティング管理者
    ┌────┬────┬─────┼──────┬────────┐
  製品  価格  マーケティング部長  プロモーション  流通チャネル
              ┌────────┼────────┐
        電力担当販売部長  鉄道担当販売部長  自動車担当販売部長
```

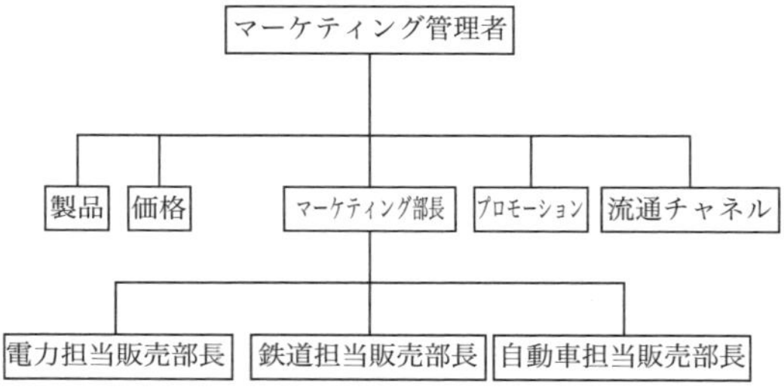

出所：西村1996, p.99.

(5) 事業部制マーケティング組織（図2-5）

　事業部制マーケティング組織は，企業の規模が巨大化してくると，事業本部長に権限を委譲するという事業部制度または事業本部制度をとる場合も多い。それは製品別マーケティング戦略を促進するために，大規模な事業部にとって精通し組織しやすい独立の事業部制マーケティング組織が形成される。これには，①製品別完全事業部制―それぞれの製品事業部が独自の生産・販売・マーケティング活動を担当するために十分な規模と内容を備えた組織をもつものである。②不完全事業部制―各製品系列にまったく異なった販売活動やマーケティング活動を実施する場合，生産部門だけは集中的に一本化する。③販売事業部制―生産部門，マーケティング部門はそれぞれ一本化するが，販売部門だ

けは製品系列別に独立事業部に分けられる（西村 1996, p.102）。

図 2-5　事業部制別マーケティング組織

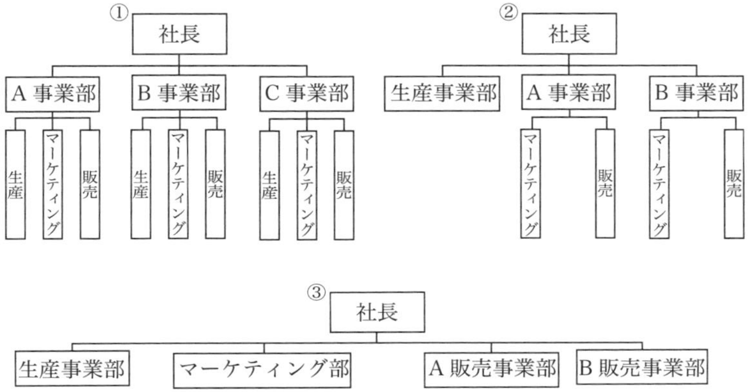

出所：西村 1996, p.102.

　以上のように，マーケティング組織は経営規模に基づき機能別マーケティング組織，製品別マーケティング組織，地域別マーケティング組織，顧客別マーケティング組織，事業部制マーケティング組織などに編成される。しかし，これらのマーケティング組織は，固定的に編成されているのではなく，企業を取り巻く環境や内部諸条件の変化に適応できるように，弾力的に編成することが必要である。

2.　マーケティング組織の運営

　マーケティング組織は，マーケティング活動が効果的かつ効率的に機能できるように組織されたものであり，そこに適切な人材を配置してマーケティング業務を実施しなければならない。マーケティング業務が効率よく適切に運営されるためには，リーダーシップ（指揮）と動機づけが必要である。

(1)　リーダーシップ

　リーダーシップは，上司の部下に対する動機づけとして理解され，リーダーがメンバーの行動に影響を与える態度ないしメンバーを統率することである。

マーケティング管理者が，リーダーシップを発揮することによって，マーケティング担当者の行動やあり方に良い影響を与え，その結果，マーケティング業務が効率よく適切に運営されるのである（沼野 1990，pp.20-21）。

(2) 動機づけ

　動機づけは，担当者や従業員が仕事に対して積極的にやる気を引き起こすように，管理者が元気づけたり気配りしたりすることである。この動機づけが適切に行われると，上司の意思伝達が部下に容認され，それだけマーケティング業務が効率よく適切に行われるのである。動機づけの要因には給料・昇進・作業条件・人間関係などがあり，これらの要因は積極的な意欲の増進につながるものであるが，逆に一定の水準を欠くならば不満にもつながる。

　動機づけの方法としては意思決定への参画があげられる。これは，ある問題について意思決定する場合，上司が部下の参画を認めるならば，部下はある程度自主性が認められ，それによって相互の意思疎通が図られ，相互理解も促進されるから，高い勤労意欲をもつことになる。つまり，部下に参画の機会を与えることは高い動機づけにつながるのである。したがって，動機づけは，自己の実現欲求を満たすものとして，業務を容認し充実させ興味をもたせ，責任や昇進の機会を与えることにもなる（沼野 1990，p.21，岡本 1995，pp.79-80）。

第4節　マーケティング統制

1．マーケティング統制

　マーケティング計画が策定され，それに基づいてマーケティング組織が編成され，その組織のもとでマーケティング計画が実施された後，最終段階としてマーケティング統制が行われる。このマーケティング統制は，マーケティング活動の結果を分析・評価することであり，それによって実施計画が計画どおりであったか否かが監査され統制される。もし，その監査の結果いろいろな欠陥や不備が生じた場合，次の計画の資料としてフィードバックされる。すなわち，マーケティング統制は，マーケティングの業績達成状況を把握するために，実

施結果を評価し，計画との差異を明確にし，それぞれの所期の目的が達成され
たかどうかを判断することである。もし欠陥や問題があったならば，問題の所
在を明らかにし，それを矯正することである（岡本1995，p.80）。

　マーケティング統制の具体的なプロセスとしては，まず業績評価基準を設定
し，これを実績と対比させて，両者の差異分析を行う。次にもし差異がある場
合には，その原因を究明し，必要があればその改善措置をとる。最後に基準の
改正を行う。こうしたマーケティング統制は，マーケティング業務遂行の誤っ
た行動や失敗の態様などの原因を明らかにする。それによってまた，マーケティ
ング組織の構成員の行動をチェックするのに役立つばかりでなく，将来のマー
ケティング計画に有用な情報がえられるのである（中村2001，p.36）。なお，マー
ケティング統制は次の3つのレベルで考えられる。

(1) 年間計画統制

　年間計画統制は，年間計画で設定された売上・利益・その他の目標が達成さ
れつつあるかどうかを確認することであり，次の4つの段階を踏むことが必要
である。第1段階が目標の設定である。これは，年間計画のなかで月間，4半
期，その他の期間ごとに明確に規定された目標を提示することである。第2段
階が業績評価である。これは，市場における成果と展開を継続的に測定できる
ような方法を備えることである。第3段階が業績診断である。これは，目標と
実績との間の乖離の背後にある原因を明確にすることである。第4段階が矯正
行動である。これは，目標と実績との間のギャップを埋めるための最善の矯正
行動を明らかにすることである。この場合，計画実行の方法を変更するかある
いは目標そのものを変更するかが考えられる。こうした一連の統制過程におい
て，目標達成度合をチェックするためにもちいられる統制の方法としては，販
売分析，市場占有率分析，売上高対マーケティング費用分析，顧客態度の追跡
などがある（Kotler & Armstrong 1991, p.556-557, 村田監修1983, pp.138-145）。

(2) 収益性統制

　収益性統制は，企業が年間計画統制に加えて，製品別・テリトリー別・顧客
グループ別・チャネル別・受注規模別などでそれぞれ収益性を測定し，製品戦

略やマーケティング活動を拡大すべきか縮小ないし削減すべきかを意思決定するための資料として役立てる手法である。マーケティング収益性分析の基礎は損益計算書であり，製品別・テリトリー別・顧客別などの損益計算書を作成し，それを従来の会計上の仕訳ではなく機能別費用に分類し直して収益性分析を試み，最善の意思決定に役立つ資料や情報を提供することである（Kotler & Armstrong 1991, pp.557-559，中村 2001, p.38）。

（3）戦略的統制

時が経つにつれて，企業は全般的なマーケティング効果について再検討をすることが不可欠である。戦略的統制は，マーケティング計画・戦略が急速に陳腐化するので，マーケティング環境の急速な変化に対応して，市場に対する全社的な対応の仕方を定期的に再評価することにある。この再評価にもちいられる手法がマーケティング監査である（Kotler & Armstrong 1991, p.559, 村田監修 1983, p.152, 中村 2001, p.38）。

2. マーケティング監査

マーケティング監査とは，企業が問題領域や機会領域を明らかにし，企業の業績を向上させるために，マーケティング環境・目標・戦略・活動について，包括的・体系的・独立的・定期的に評価することである（Kotler & Armstrong 1991, pp.559-562, 村田監修 1983, p.152）。つまり，マーケティング監査は，企業内外の独立組織による経営上の諸問題や諸機会を評価することであり，それらの諸問題と諸機会に対する企業としての対応措置やその措置の適切性をマーケティングの見地から判断することである。企業のマーケティング状況を包括的に評価するうえで，マーケティング監査は，次のような検討すべき6つの主要な課題がある（村田監修 1983, p.153）。

①企業が直面する主な機会と脅威を明らかにするために，企業を取り巻くマーケティング環境の現在および将来の特性に関する情報を検討する。
②企業が最善の市場機会に対してうまく適合しているかどうかをみるために，企業のマーケティング使命・目標・戦略を検討する。

③企業がマーケティング目標と戦略を効果的に実行できるように，マーケティング組織が編成されているかどうかを検討する。

④企業のマーケティング活動を支援するために，情報・計画・統制に関するマーケティング・マネジメント・システムが適切に設定されているかどうかを検討する。

⑤企業のマーケティング活動を収益性との関係で行わなければならない。特に企業の収益源はどこにあるのか，そのためにマーケティング活動をコストとの関連でいかに効果的に行うかどうかを検討する。

⑥製品・価格・流通チャネル・プロモーションなどの諸機能が十分に管理されているかという点を検討する。

　ともあれ，マーケティング統制は，各検討事項の評価・検討を通じて，現在の市場環境変化に対応しながら企業が直面する問題や欠陥の所在を明らかにして矯正することである。特にマーケティング監査は，社内外の独立組織による問題と機会を評価することであり，これらの問題と機会に対して企業がなにを行えるかということについての評価である。

参考文献

1 ）岩永忠康（2007）『マーケティング戦略論（増補改訂版）』五絃舎。
2 ）岩永忠康（2011）「マーケティング管理」岩永忠康監修/西島博樹・片山富弘・岩永忠康編著『現代流通の基礎』五絃舎。
3 ）岡田千尋（1992）「マーケティング計画と組織」尾碕 眞・岩永忠康・岡田千尋・藤澤史郎『マーケティングと消費者行動』ナカニシヤ出版。
4 ）岡本喜裕（1995）『マーケティング要論』白桃書房。
5 ）懸田 豊（2007）「マーケティング管理」木綿良行・懸田 豊・三村優美子『テキストブック　現代マーケティング論（新版）』有斐閣。
6 ）中村孝之（2001）「マーケティング管理」及川良治編著『マーケティング通論』中央大学出版部。
7 ）西村 林（1996）『マーケティング管理論（改訂版）』中央経済社。
8 ）日本マーケティング協会訳（1963）『マーケティング定義集』日本マーケティング協会（American Marketing Association（1960）, *Marketing Definitions:A Glossary of Marketing Terms*）。

9）沼野 敏（1990)『現代マーケティング管理論―戦略的プランニング・アプローチ―』同文舘。

10）橋本 勲（1973)『現代マーケティング論』新評論。

11）森下二次也（1993)『マーケティング論の体系と方法』千倉書房。

12）Philip Kotler and Gary Armstrong(1991), *Principles of Marketing, 5th ed.* Prentice Hall International, Inc. （村田昭治監修, 和田充夫・上原征彦訳（1983)『マーケティング原理―戦略的アプローチ―』ダイヤモンド社)。

第3章 マーケティング戦略

第1節 マーケティング環境と戦略

1. マーケティング環境
(1) 外部環境としてのマクロ環境

　企業は，その存在理由や目標を定めて事業活動を遂行しなければならない。そのためには，まず自社の企業理念やミッション（使命）を設定し，次にそれらを実現するための目標を設定する。さらに自社の主要な事業領域（ドメイン）[注1]を選択する。その際，人材・設備・資金・情報など自社の有する経営資源や核となる能力を総合的に判断し，自社に最もふさわして生存領域（最適生存領域）を選択するのである（須永 2013, p.34）。

　ドメインを選択する際に用いられるマーケティング環境には，図3-1 にみられるように，外部環境と内部環境に分け，さらに外部環境にはマクロ環境とミ

図 3-1　マーケティング環境と戦略

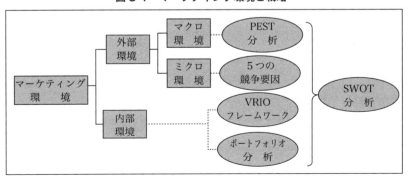

出所：久保田・澁谷・須永 2013, p.83.

クロ環境に分けて考えられる（久保田・澁谷・須永 2013，pp.88-89）。

外部環境としてのマクロ環境を把握するには PEST 分析があげられる。すなわち，政治（Politics），経済（Economics），社会（Society），技術（Technology）である。そこで，簡単な説明を加えておこう。

①政治的環境には，法律や裁判における判例，政権や政府の動向，さまざまな規制や税制，自治体の動向などが含まれる。

②経済的環境には，経済成長率，失業率，物価指数，為替変動，企業業績などをはじめとして，個人の消費動向や所得変動，家計の貯蓄率などが含まれる。

③社会的環境には，人口動態（国・地方別の人口分布，年代別・人種別の人口構成比，出生率，職業動向など），社会階層，準拠集団（家族や友人グループなど，個人の意識や行動に影響を与える集団），文化，社会的規範，慣習や常識，ライフサイクルなどが含まれる。

④技術的環境には，ICT（情報通信技術），規格，素材，医療をはじめ多様な領域が含まれ，かつ新技術の開発や普及状況，既存の技術の動向から捉えられる。

以上のように，PEST 分析は，幅広い側面から外部環境を捉えようとするものであり，幅広い視野から外部環境の変化を敏感に察知し，それによって，自社の経営戦略ないしマーケティング戦略を外部環境の変化に対応することができる（久保田・澁谷・須永 2013，pp.88-89）。

（2）外部環境としてのミクロ環境

マクロ環境から特定産業ないし業界に的を絞り込んだ環境がミクロ環境といえる。このミクロ環境は，ある産業ないし業界の魅力度を判断する際に，その業界を取り巻く環境について分析することで把握できる。このミクロ環境分析のツールとして，ポーター（Michael E. Porter）の５つの競争要因があげられる。

これは，自社が対象としている業界の魅力度を測るうえで有用な枠組みを提示している。図 3-2 にみられるように，業界の競争には，①競争業者，②新規参入者，③代替品，④売り手（供給業者），⑤買い手という５つの競争要因が存在している（Porter 1985, p.4. 土岐他訳 1985，p.8）。そこで，簡単な説明を加えておこう。

図 3-2　5つの競争要因

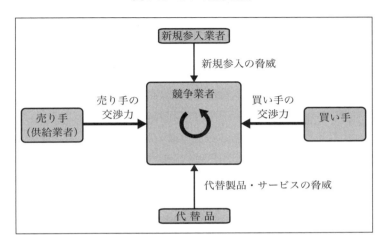

出所：Porter 1985, p.5, 土岐他訳 1985, p.8.

① 競争業者―業者間の敵対関係

　これは，業界内での狭義の競合状況である。業界内の企業数，規模の分布状況，撤退障壁の高さ，製品差別化の程度などにより競争状況が規定され，競合が激しければ激しいほど利益率は低下する。

② 新規参入者―新規参入の脅威

　これは，業界外からの新規参入者の状況である。参入障壁が低く利益率の高い業界には参入業者が増加し，業界の競争が激しくなることが予想される。参入障壁としては，産業や企業による技術の高さや設備投資の大きさ，スイッチングコストの高さ，政府による業界規制などがあげられる。

③ 代替品―代替製品・サービスの脅威

　これは，既存製品に代わるような代替的な製品が開発され，市場に参入することである。

④ 売り手（供給業者）―売り手の交渉力

　これは，売り手（供給業者）の交渉力の強さの程度である。交渉力が強け

れば，購買する側は高価格で購買せざるをえない。

⑤買い手—買い手の交渉力

　これは，買い手の交渉力の強さの程度である。交渉力が強ければ，販売する側は低価格で販売せざるをえない（尾碕 2006, pp.33-34）。

（3）内部環境

　内部環境分析としては，バーニー（Jay B. Barney）のVRIOフレームワークがあげられる。このVRIOフンームワークは，企業が実施する活動を経済価値（Value），希少性（Rarity），模倣困難性（Inimitability），組織（Organization）の4つの視点から評価・分析するものである（Barney 2002, p.160, 岡田訳 2003 上, p.250）。そこで，簡単な説明を加えておこう。

①経済価値とは，自社が所有する経営資源や能力である。それが外部環境における機会や脅威に適応できるかどうかが課題である。ある要素を活用することで機会をとらえることができたり，脅威を無力化したりすることができるならば，その要素は自社の強みである。この経済価値は，顧客の嗜好，業界の構造，技術などの外部環境の変化から影響を受けるだけでなく，他企業の経済価値の保有度合いによっても影響を受ける。

②希少性とは，どれくらいの競合企業が経済価値（経営資源や能力）を保有しているかという度合いである。多くの競合企業が経済価値（経営資源や能力）を保有しているほど，希少性は低くなる。

③模倣困難性とは，経済価値や希少性が高くても，競合企業が容易に模倣できるどうかによって競争優位の持続可能性が左右されることを意味している。

④組織とは，現在の組織体制が，自社の経済価値（経営資源や能力）と照らし合わせて最適であるかどうかが課題である。ある経営資源が，経済価値，希少性，模倣困難性を最大限に高め，自社の強み（競争優位）の源泉となるには，その資源を充分に活かせるような組織体制が必要である（久保田・澁谷・須永 2013, pp.92-93）。

　このVRIO分析の目的は，人・モノ・資金・情報といった自社の経営資源ないし組織能力について，それぞれの要素がどの程度の競争優位を有している

第3章　マーケティング戦略　*41*

のかを把握することにある。それによって自社の経営資源や組織能力が強みであるか，弱みであるかを判断することができるのである。

　VRIO 分析の目的の1つは，自社のコア・コンピタンスを見出すことである。コア・コンピタンスとは，他社には提供できないような利益を顧客にもたらすことのできる企業内部に秘められた独自のスキルや技術の集合体を指している（久保田・澁谷・須永 2013，p.93）。

2.　マーケティング環境に対する戦略分析

（1）ポートフォリオ分析

　内部環境には，自社がどのような経営資源を所有しているかだけでなく，どのように経営資源を配分しているかという視点からも考慮されなければならない。企業が定めた自らの生存領域であるドメインを1つに絞る企業もあれば，複数のドメインにまたがって事業を展開する企業もある。ドメインを複数設定する場合，限られた経営資源を有効に活用するために，どの事業へ重点的に投資するのかを意思決定しなければならない。つまり，企業は，全体として各事業へどのように経営資源を配分するのが最適かどうかを検討しなければならない。

　このような目的に適した環境分析の枠組みがポートフォリオ分析である。ポートフォリオ分析にはさまざまなバリエーションがみられるが，一般に知られているのがボストン・コンサルティング・グループ（BCG）によって提唱されたプロダクト・ポートフォリオ・マネジメント（PPM）があげられる。

　この製品ポートフォリオ分析（PPM）は，ヘンダーソン（Bruce D. Henderson）によれば，企業が成功を収めるためには，それぞれの成長率と市場シェアの異なる製品群のポートフォリオをもつことが必要であり，よいポートフォリオの構成のためには，キャッシュ・フローが全体としてバランスしていることである。

　PPM は，図3-3のように，成長率を縦軸，市場シェアを横軸にとり，それぞれ高低で2つに分けて4つのセルを作り，次の4つのタイプに類型化している。つまり，市場シェアも成長率も高いセルを「スター（花形）」，市場シェアは高いが成長率が低いセルを「金のなる木」，市場シェアは低いが成長率が高いセルを

42

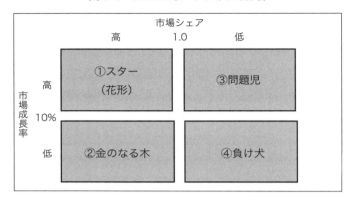

図3-3　BCGのポートフォリオ分析

出所：Henderson 1979, p.165, 土岐訳 1981, p.236. 一部修正。

「問題児」，市場シェアも成長率も低いセルを「負け犬」としている（Henderson 1979, pp.163-164, 土岐訳 1981, p.232）。そこで，4つのタイプの戦略について説明していこう（三浦 1993a, pp.146-149）。

①スター（花形）

　　このタイプは，高成長率―高市場シェアの事業ないし製品領域であり，流入資金額は多いが，市場でのリーダーシップの維持のためには，多額の資金を要し，資金面での余剰は生み出さない。ただし，経験効果によるコスト優位性によって，多額の利益を獲得できる。これらの事業ないし製品は，ライフサイクルの進行による市場成長率の低下とともに，次代の「金のなる木」へと移行する。この戦略は，リーダーシップの維持が主たる目的となる。

②金のなる木

　　このタイプは，低成長率―高市場シェアの事業ないし製品領域であり，これらは多額の資金を供給できる。したがって，主要な戦略目的は資金吸い上げ＝収穫である。

③問題児

　　このタイプは，高成長率―低市場シェアの事業ないし製品領域であり，これらは，その地位の維持・向上のために，多額の資金投入を必要とする。

成功の機会のある事業ないし製品を確認することが重要である。主な戦略目的は投資—成長あるいは撤退である。

④負け犬

このタイプは，低成長率—低市場シェアの事業ないし製品領域であり，ライフサイクル的には衰退期にある。撤退もしくは現レベルでの存続が戦略目的になる。

このような分析によるマトリックス上の位置は，それぞれの事業ないし製品について，戦略的指示を与え，かつ資金の必要量と収益性との評価を可能にする。

(2) SWOT 分析

企業を評価・分析する手法としては，自社の環境を統制可能な内部環境と，統制不可能な外部環境に分けて分析する SWOT 分析というツールがある。SWOT とは内部環境である強み（Strength）と弱み（Weakness），外部環境である機会（Opportunity）と脅威（Threat）の頭文字をとったものである。

内部環境としての強みとは，経済価値や場合によって競争優位を創出する経営資源とケイパビリティである。それに対して，弱みとは，その企業の強みがもたらす経済価値の実現を困難にするような経営資源とケイパビリティ，もしくは戦略実行のために実際に用いられると，企業の経済価値を減じてしまうよ

図 3-4　SWOT 分析

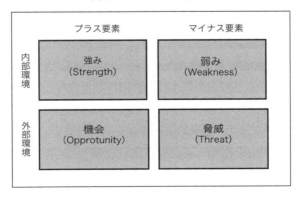

出所：久保田・澁谷・須永 2013, p.84. 一部修正。

うな経営資源とケイパビリティである。また外部環境としての機会とは，企業がその競争上のポジションや経済的パフォーマンスを向上させるチャンスである。それに対して，脅威とは，企業の外部にあって，その企業の経済的パフォーマンスを減殺する働きをするすべての個人・グループ・組織である（Barney 2002, pp.22-23，岡田訳 2003 上，p.53）。

この SWOT 分析における外部環境においては，業界の構造を分析し，利益があげられるという機会と自社の競争優位を脅かす脅威を把握することである。また内部環境においては，自社の経営資源を分析し，自社の強みと弱みを把握することであり，他社と比べて勝っているものは強みであり，劣っているものは弱みである（山本 2012, p.65）。

(3) 成長ベクトル

現代の経済においては，消費者のニーズや嗜好が多様化し，市場競争が激しくなっている。そのために，企業が存続していくためには，新規顧客の獲得と既存顧客の維持が不可欠となっている。そこで，図 3-5 にみられるように，アンゾフ（H. Igore Ansoff）によって提唱された事業成長の4つのタイプがあげられる。

図 3-5　アンゾフの成長ベクトル

製品 使命	既存製品	新製品
既存市場	①市場浸透	②製品開発
新市場	③市場開拓	④多角化

出所：Ansoff 1965, p.109，広田訳 1985，p.137. 一部修正。

①市場浸透戦略

このタイプは，既存製品を用いて既存市場を対象としながら成長する戦略である。既存のユーザーに使用頻度や使用量を増やしていくものである。具体的には新しい成分や原材料の採用，パッケージ・デザインの変更などといった方法がある。

②新製品開発戦略

このタイプは，既存市場に新しい製品を導入することで成長する戦略である。この戦略は，新製品など異なるバリエーションの製品，新しい技術などを取り入れグレードアップした製品を市場に導入するなどといった方法がある。

③市場開拓戦略

このタイプは，既存製品を用いて新市場へ打って出る戦略である。具体的には国内で力を付けた企業が新しい市場を求めて海外へ進出するなどといった方法がある。

④多角化戦略

このタイプは，新しい市場に向けて新製品を導入することで成長する戦略である。これは，まったく未知の世界へ進出することになるのでリスクは大きいが，成功すればリターンも大きい。

アンゾフの成長ベクトルは，成長マトリクスないし製品・市場マトリクスなどと呼ばれている。この成長ベクトルは，既存製品を用いるか，新製品を市場に導入するか，対象市場を既存のままでいくか，新市場へ打って出るかという事業成長の方向性を提示している（須永 2013, pp.40-43）。

第2節　マーケティング戦略

1．マーケティング戦略の概念

マーケティングの中心課題はマーケティング戦略の決定である。マーケティング戦略が決定されると，次にマーケティング実施計画としてのマーケティン

グ戦術が決定される。マーケティング戦略は，経営戦略の一環として企業全体の見地からその基本方針やタイプを規定するものであり，それにより企業の基本的な経営計画ないしマーケティング計画が設定される。マーケティング戦術は，すでに決定されたマーケティング戦略のもとで発生する日常的な課題を合理的に解決する手段であり，基本計画を遂行するに際し効率的・弾力的な調整の問題に取り組むものである。その意味ではマーケティング戦略とマーケティング戦術とが相俟って，はじめてマーケティング計画が確実に遂行される（三浦 1963，p.81）。

マーケティングにおける戦略や戦術[注2]は，経営者の意思決定であり，企業実践の選択である点では共通するもので，いずれも企業目的達成のための手段である（橋本 1971，p.153）。

企業はその存続・成長のために経営資源（組織・事業・製品等）のすべてを市場に適応させていかなければならない。この市場に対する企業の適応戦略がマーケティング戦略といえよう。マーケティング戦略は市場適応戦略として需要戦略・流通戦略・社会戦略・競争戦略の4つの領域と，これら4つの領域を組織的に統合した統合市場戦略とに分けられる。そして，このマーケティング戦略の中心戦略は需要戦略と競争戦略である。というのは，社会戦略や流通戦略は，需要と競争の双方に広く含まれるものであり，統合市場戦略も需要と競争への対応調整結果として位置づけられるからである（嶋口 1986，pp.38-43）。

マーケティング戦略の対象は，顧客あるいは消費者の集合としての需要ないし市場であり，その意味でマーケティング戦略は本質的には需要戦略である。したがって，マーケティング戦略は需要の予測に基づき，それに対応して供給を調整するだけでなく，需要を創造しなければならない（斎藤 1993，p.70）。企業は，市場のなかから魅力的な需要部分を探索・発見・確定し，その中心的なニーズをマーケティング戦略に取り込み，さらにそのニーズを満たしながら最終需要を調整していくことが必要である。したがって，マーケティングのあらゆる活動は，最終的にすべての需要をいかに有効に引き出し，調整していくかという需要戦略に関わっている（嶋口 1986，pp.38-39）。

第3章　マーケティング戦略　47

　それと同時に，市場ないし需要をめぐる競争相手の敵対行動を決して無視できない。なぜなら，マーケティングは，競争相手にはない差別的優位性ないし競争優位性の確立をめざす競争手段としても理解されているからである。そのためにまたマーケティングは，顧客の反応に規定されるだけでなく，競争相手の戦略的行動にも強く規定されている。とりわけ，今日の狭隘化した市場では，限られた大きさのパイの配分をめぐって企業間の競争は激化し，顧客重視のマーケティングだけではもはや十分な対応ができない。したがって，競争相手からパイを奪いとる競争重視のマーケティングが強く要請されるようになり，マーケティング戦略も競争行動への合理的な対応の必要性が認識されるようになってきた（市川 1993，pp.89-90）。

　このようにマーケティングは，自社の顧客を維持・拡大しつつ，ライバル企業から顧客を奪いとるための活動ともいえる。それは，コスト・リーダーシップをとって価格面で優位に立つか，品質面で優位に立つかの戦略であり，競争相手にはない差別的優位性ないし競争優位性を創出しながら，有利な市場地位を確保しようとする（市川 1993，p.92）。

　企業は競争相手と比べて無数の長所や短所を持つわけだが，基本的には競争優位のタイプは2つに絞ることができる。低コストか差別化である。企業が5つの競争要因（競争業者，新規参入者，代替品，売り手，買い手）に対してライバルより上手な対応ができるかどうかによって，コスト優位と差別化が生まれるのである（Porter 1980，p.11，土岐他訳 1985，p.16）。

　この点で，ポーターは，図3-6にみられるように，競争戦略について3つの基本戦略としては，①コスト・リーダーシップ，②差別化，③集中（これにはコスト集中と差別化集中の2つの方法）を提示している。つまり，業界内のセグメントを広く取って，そこで競争優位を確保しようとする戦略としては，①コスト・リーダーシップ戦略ないし②差別化戦略をあげている。一方，③集中戦略としては，狭いセグメントにおいて③A.コスト優位（コスト集中）ないし③B.差別化（差別化集中）をあげている（Porter 1980，p.11，土岐他訳 1985，pp.15-16）。

図 3-6　3つの基本戦略

		競　争　優　位	
		他社より低いコスト	差　別　化
戦略ターゲットの幅	広いターゲット	①コスト・リーダーシップ	②差　別　化
	狭いターゲット	③A コスト集中	③B 差別化集中

出所：Porter 1985, p.11，土岐他訳 1985，p.16. 一部修正。

2.　マーケティング戦略の諸形態（範疇）

　マーケティング戦略は，マーケティング諸活動の全体にわたっているか否かによって部分戦略と全体戦略に分けられる。まず，マーケティングの部分戦略は，マーケティング・ミックスを構成する製品・価格・流通チャネル・プロモーションなどマーケティング諸活動のそれぞれ機能領域について行われる戦略で機能戦略とも呼ばれる。部分戦略はマーケティング戦略の1つのサブ・システムでもあり，全体戦略の下位戦略になる。さらに部分戦略には，プロモーションミックスとして広告，人的販売，狭義のプロモーションとのサブ・ミックスがあり，さらにまた広告ミックスとして新聞，雑誌，テレビ，ラジオなど下位のサブ・ミックスがある（橋本 1973，p.162，p.166）。

　次に，マーケティングの全体戦略は，マーケティング諸活動の機能領域全体に関わるものであり，製品・価格・流通チャネル・プロモーションなどの諸活動を一定の戦略目標達成のために最も効果的に組み合わせることである。したがって，これらマーケティング諸活動の相互連関を把握し，相互のバランスを維持しながら，連動させ統合させなければならない。そこに統合的・全体的視点が必要となるばかりでなく，絶えず変化する消費や需要の動向など市場標的に整合したマーケティング・ミックスを構成することが不可欠である（橋本 1973，p.166）。

第3章　マーケティング戦略　49

　このマーケティングの全体戦略には，市場・需要の視点からは市場細分化戦略があげられ，製品の視点からは製品周期戦略（製品ライフサイクル戦略）があげられる。このうち市場細分化戦略は，空間的側面における戦略として市場標的（特定の見込消費者グループ）によって，それぞれのマーケティング・ミックス手段である機能戦略が規定を受ける。また製品周期戦略は時間的側面における戦略として製品ライフサイクルの各段階によって，マーケティング・ミックス手段である機能戦略が規定を受ける（橋本1973，pp.162-164）。

　さらに，マーケティングの全体戦略の1つとして，高圧的マーケティング戦略（High Pressure Marketing）と低圧的マーケティング戦略（Low Pressure Marketing）が考えられる（橋本1973, p.163, 岡田1992, pp.91-92 , 岩永2007, p.45）。高圧的マーケティング戦略は，生産されたものをいかに市場に積極的に販売するかが課題となり，いわばプロダクト・アウトの考え方に立脚したプッシュ戦略である。そのために流通チャネル戦略やそれを支えるプロモーション戦略が重要なマーケティング活動領域となる。したがって，流通チャネル戦略として寡占メーカーは，販売店に自社製品の積極的な販売を強要させる。そのためにプロモーション活動としてはディーラー・ヘルプス（販売店援助）ないしディーラー・プロモーションに重点がおかれる。しかもまたセールスマンを中心とする人的販売のウェイトも高くなり，それとともに積極的なサービス戦略にも重点がおかれる。

　他方，低圧的マーケティング戦略は，消費者中心主義を基底として消費者ニーズを汲み取り，どのような製品を生産すれば販売できるかというマーケット・インの考え方に立脚したプル戦略である。そのために製品戦略やそれを支えるプロモーション戦略が重要なマーケティング活動領域となってくる。つまり，生産に先立って消費者の欲求や需要を調査したうえで生産に反映させなければならない。そのために市場調査やマーチャンダイジングが重視され，その製品戦略としては消費者ニーズに適応した市場細分化戦略が中心となる。それとともにプロモーション活動としては広告が最も重要な手段となり，メーカーは自社のブランド（商標）を消費者に売り込み，消費者へのプリ・セリングによっ

50

てプル戦略を行わなければならない（橋本1973, p.163, pp.178-185）。

なお，オクセンフェルト（Alfred R. Oxenfeldt）は，マーケティング戦略（市場戦略）とは，「①市場標的の確定—企業がその愛顧を求めようとする顧客のタイプを選定すること。②マーケティング・ミックスの構成—採用すべき販売促進方策の組合わせを選択すること」（Oxenfeldt 1964, p.37, 片岡他訳 1969, p.97）と捉えている。

そこで，次にマーケティング戦略を全体戦略としての需要戦略・競争戦略について考察していこう。

第3節　マーケティングの全体戦略

1.　需要戦略としての市場細分化戦略

マーケティング戦略の対象は，顧客あるいは消費者の集合としての需要ないし市場であり，その意味でマーケティング戦略は本質的には需要戦略であるといえる。ここでの需要戦略は，市場の需要を積極的に創造することによって，消費者あるいは使用者のニーズに対して，製品やマーケティング活動を合理的かつ明確に適合させることである。したがって需要戦略は，市場のなかから魅力的な需要部分を探索・発見・確定し，その中心的なニーズをマーケティング戦略に取り込み，最終的にすべての需要を喚起・創造していく戦略である。そして，そのなかで最も重要な需要戦略としては市場細分化戦略があげられる。

市場細分化戦略[注3]とは，市場を漠然として全体的に把握するのではなく，消費者需要の特質に対応して市場全体をいくつかの市場セグメントに分割し，その市場セグメントごとに市場標的として戦略目標を選定し，その市場標的の特質に適応したマーケティング・ミックスを構成する市場戦略である（橋本1973, p.186）。

この市場細分化戦略は，実質的な本来の市場細分化に基づいて，次の3つの市場標的戦略についての意思決定が行われる。つまり，図3-7のように，市場標的に対応したマーケティングは，無差別的マーケティング，差別的マー

ケティング，集中的マーケティングという次の３つの形態がみられる（橋本 1973，pp.188-189，村田監修 1983，pp.373-378）。

図 3-7　市場細分化とマーケティング

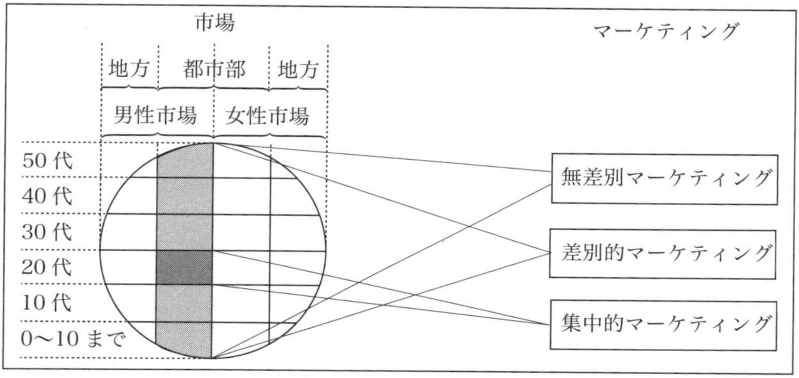

出所：橋下 1973, p.188. 一部修正。

(1) 無差別的マーケティング― これは，市場全体を１つの市場標的として捉え，１つの製品に対して１つのマーケティング活動を行うものである。これは，漠然として市場全体を追求するので，市場全体を単一製品で大量に販売しようとするものである。そのために，生産コストの低減をもたらし，さらに物流コストやプロモーションコストなども有利に展開できる。したがって，高圧的なマス・マーケティングの段階に支配的な方法である。

(2) 差別的マーケティング―これは，市場全体を需要の特質に応じて多くのセグメント市場に分割し，セグメントごとにそれに対応した異なったマーケティング活動を行うものである。これは，各市場セグメントに対して細分化した製品を細分化したプロモーション活動等によって市場全体を追求しようとする方法である。そのために少量生産になりやすく大量生産・大量販売による規模の利益は期待できないが，製品多様化へと発展する可能性は高く，それだけ消費者ニーズの多様化に有利に対応することができる。

(3) 集中的マーケティング―これは，細分化した市場セグメントの１つある

いは少数部分を市場標的に選定し，その限られた市場標的にマーケティング活動を集中するものである。これは，1つあるいは少数の特定市場に限定するためにマーケティング活動を集中することが可能であり，特定商品の生産に特化できる中小企業にとっては効果的なマーケティングであろう。

ともあれ，市場細分化戦略は，市場標的を選定し，そのセグメントごとの特質に応じた効果的なマーケティング・ミックスを行うことである。

2. 競争戦略としての差別化戦略

差別化戦略は，企業が競争相手との競争において優位に立つために，あらゆる側面で差別的有利性ないし競争優位性を創出しながら，有利な市場地位を確保しようとする戦略である（市川 1993，p.97）。この差別化の形態は，製品による差別化，価格による差別化，チャネルによる差別化，広告やサービスなどのプロモーションによる差別化など企業のあらゆる活動や競争行動にみられるが，そのなかで最も基本的で重要な差別化は製品差別化戦略である（斎藤 1993，p.82）。

製品差別化戦略とは，自社製品と競争相手の製品との差異を広告したり，プロモーションすることによって製品に対する需要をある程度コントロールするものであり（Smith 1958，p.285，片岡他訳 1969，p.193），いわば需要を供給に合わせることである。換言すると，製品の出自が消費者にとって識別されるように，競争製品に対して自社製品の特異性を打ち出し，その差別や差異を強調することで需要を引きつけ，市場シェアをねらう製品戦略である（角松 1978，p.84）。

このような製品差別化戦略が登場した背景には，寡占企業が相対的に狭隘化した市場で大量製品の販売を不可欠な課題としているために，「需要創造」ないし「既存市場の一層集約的な耕作」（Shaw 1915，p.43，伊藤・水野訳 1975，p.28）をめぐっての市場争奪戦を展開しなければならなかったという事情がある。しかも価格競争が制限されているとすれば，価格以外の製品ないしプロモーションなどのいわゆる非価格競争に重点をおく必要があるからである。そのために製品戦略としては，寡占企業による生産の機械化に基づく規格化・標準化・単純化された製品についての使用価値の差異があまりみられなくなっ

たとき，使用価値の差異を求めるという矛盾，すなわち「競争による差別化の消滅と競争のための差別化の必然性という矛盾」（橋本 1971，p.91）を解決する手段として，製品差別化戦略を展開せざるをえないのである（角松 1973，p.112）。

さて，寡占企業が規格化・標準化・単純化された大量製品を販売するためには，それを吸収するだけの等質・一様化した市場の存在が必要である。しかし，現実の市場における消費者の需要は異質・多様であり，だからもともと異質・多様な市場を広告などのプロモーション活動によってひとまず等質・一様化した市場にしたうえで，今度は全体市場のなかから自己の個別市場を獲得しなければならない。そのために製品の出自を消費者に識別されるように製品に特徴づけることが製品差別化であり，その中心的要素となるのがブランドによる差別化である（森下 1969，pp.228-229）。

一般に，製品差別化は，①製品自体の本来的使用価値である品質・形態・構造などといった本来的使用価値そのものの差別化，②製品自体の本来的使用価値には何ら差異はないが，包装・ブランド・各種サービスやデザイン・スタイル・色彩などの副次的使用価値による差別化に分けることができる（星川 1961，p.52，橋本 1971，pp.91-92）。

この2つの形態のうち，マーケティング戦略としての製品差別化戦略は，本来的使用価値そのものによる差別化よりも，副次的使用価値による差別化を求める傾向にある。その理由としては，資本の本性として生産の機械化による大量商品の規格化・標準化・単純化が生産それ自体の技術的基盤を掘り壊すという大きな危険性をはらんでおり，それが不可能ではないとしても一般に多額の費用を要するからである。さらに製品差別化が実質的なものであればあるほど他企業の模倣・追随を許しやすいことなどがあげられる（森下 1974，p.77）。

他方では，製品差別化の判断が消費者によってなされるかぎり，その識別基準は客観的価値判断よりも主観的価値判断に依存する傾向が強い。したがって，それがまた消費者の品質と価格との関連性に対する感覚を鈍化させ，しかも宣伝広告などのプロモーション活動の効果によって管理価格を保証するという効

54

果をも兼ね備えているからである（角松 1973, p.113）。このように，製品差別化戦略は，消費者の主観的価値判断に依存するものであるだけに，それだけ寡占企業にとっては操作性が大きなものになっている。

　ともあれ，製品差別化戦略は，本来的使用価値そのものによる差別化よりも副次的使用価値による差別化，とりわけブランドによって行われている。しかもこの製品差別化戦略は，なによりも管理価格を維持しながら大量生産体制に基づく供給圧力の増大を解決するために，広告などのプロモーション手段をもちいて「供給に対応して需要を調整しようとする」（阿部 1971, p.63）あるいは「需要を供給側の意思の方向へ曲げる」（Smith 1958, p.284, 片岡他訳 1969, p.192）ものとして，マーケティング戦略のなかで重要な役割を演じているのである。

第4節　市場地位におけるマーケティング戦略

1.　マーケティング戦略の基本方向

　現代の経済では多くの産業部門において寡占体制が成立しており，そこではマーケティング戦略が寡占企業にとって不可欠なものである。マーケティング戦略は産業部門によってその内容やウェイトも異なっている。また，同じ産業部門であっても市場における企業の地位によってマーケティング戦略が異なっている（岡田 1992, pp.105-106）。

　いずれの産業部門ないし企業においてもマーケティング戦略は次の3つの方向で考えられる。第1に，産業部門の市場全体の需要を拡大する総需要の拡大である。これには，①新市場の開拓・拡大による新しい消費者を獲得すること。たとえば，化粧品産業にみられるように女性用だけでなく男性用にも製品ラインを拡大する場合などがあげられる。②製品の新用途を開発・発見すること。たとえば，ナイロン産業にみられるようにパラシュートに始まりストッキング，シャツ，ブラウス，タイヤなど次々に新用途の開発が行われる場合などがあげられる。③多く使用させること。たとえば，調味料の容器のフタや練り歯磨きの

チューブの穴を大きくすることにより多く使用させる場合などがあげられる。

第2に，自社の市場シェアの拡大である。これは，市場シェアの全体拡大に基づく自社の市場シェアの拡大を図ることである。この自社の市場シェアの拡大は総需要の拡大に準じて考えることができる。

第3に，自社の市場シェアの防衛である。これには，①イノベーション戦略がある。具体的手段としては，「積極的に新製品のアイディアを出すこと，顧客に積極的なサービスをすること，流通方法を改善しコストを切下げることなど」(橋本 1983, p.43)，いわば積極的な攻めの姿勢で自社の市場シェアを防衛しようとすることである。②価格引下げ戦略がある。これは販売価格や出荷価格を大幅に切下げて，競争企業が実現できないような価格を設定して自社の市場シェアを防衛しようとすることである（岡田 1992, pp.106-107)。

2. 企業タイプ別のマーケティング戦略

リーダー（トップ）型企業，チャレンジャー型企業，ニッチャー型企業，フォロワー型企業など市場における地位によってマーケティング戦略が異なってくる。

リーダー型企業（トップ型企業）は，産業部門内で最大の相対的経営資源を有

図 3-8　競争地位タイプの経営資源による競争戦略

相対的経営資源の位置		量			
		大		小	
質	高	リーダー型企業		ニッチャー型企業	
		市場目標	戦略方針	市場目標	戦略方針
		最大シェア 最大利潤 名声イメージ	全方位化	利潤 名声イメージ	集中化
	低	チャレンジャー型企業		フォロワー型企業	
		市場目標	戦略方針	市場目標	戦略方針
		市場シェア	差別化	生存利潤	模倣化

出所：嶋口 19786, p.101. 一部修正。

する企業である。ほとんどの場合，リーダー型企業は産業部門内で最大の市場シェアを有し，総合的な独自能力の優位性をも有している。リーダー型企業は他の競争企業から市場シェアをめぐって挑戦を受けている。したがって，マーケティング戦略としては，最大の市場シェア，最大限の利潤，名声やイメージの確保にあると考えられる。その理由は，最大の経営資源蓄積と独自性をもつリーダー型企業は，すでに最大の市場シェアを維持しており，その市場シェアを維持することが必要である。それによって産業部門内で最大の利潤を獲得し，名声やイメージの確保も可能となるからである。そのために基本戦略としては，これまで育成した市場全体に対してオーソドックスな全体的な戦略を展開することが必要である。

　一方，チャレンジャー型企業は，リーダー型企業に準ずる相対的経営資源をもち，しかもリーダー型企業との市場シェアを競いうる地位と意欲をもつ企業である。ただ，リーダー型企業に比べて際立った総合的な独自能力の優位性は有していない。したがって，マーケティング戦略としては，利潤を犠牲に名声やイメージを据え置いてでも，市場シェアの獲得に集中しなければならない。そのために基本戦略としては，リーダー型企業と同じ魅力ある市場に向けて，リーダー型企業と異質の差別化戦略をとることが必要になる。

　また，ニッチャー型企業は，相対的経営資源や意欲において市場シェアを狙う地位にはないが，何らかの独自性を有する企業である。したがって，マーケティング戦略としては，市場シェアを競うほどの経営資源上の力はないが，棲み分けしうる独自性を有するため，部分的に一部の市場を占有することができる。そのために基本戦略としては，市場細分化を通じてある特定部分に徹底して集中し，他の競合相手があきらめてしまう適所をつかむことである。このように，ニッチャー型企業の競争対抗方針は，市場細分化を中心とした製品ないし市場分野の集中化戦略にある。一般に市場が成熟化すればするほど，深耕の奥行は深まるので，間口を絞った多くのユニークなニッチャー型企業が存立可能になる。

　さらに，フォロワー型企業は，相対的経営資源や意欲において市場シェアを狙う地位になく，独自性をも有していない企業である。したがって，マーケ

ティング戦略としては，極めて限定的な相対経営資源と独自性を有効に活用する場合，最低限の生存利潤の確保にまず目標を集中すべきといえる。そのために基本戦略としては，リーダー型企業やチャレンジャー型企業と競合せず，むしろ彼らの優れたやり方を模倣して利潤率のやや劣る市場に向けて打ち出すことである。したがって二次市場，三次市場に模倣戦略を取ることである（嶋口1986，pp.98-107）。

注
1）企業が定めた自社の競争する領域ないしフィールドのこと。
　　事業ドメインとは，組織が経営活動を行う基本的な領域のこと。経営戦略を構成する重要な要素の一つ。企業戦略の方向性を定める役割も担う（m-words.jp/.../E4BA8BE6A5ADE38389E383A1E382A4E38.）
2）アンソフ（H. I. Ansoff）は，戦略と戦術の概念について，「戦略というのは，敵に対して大規模な兵力を動員するための，いわば用兵についてのむしろ漠然としたきわめて広範な概念である。また，戦略は戦術と対照的に使われているが，戦術のほうは割当てられた資源を使用するための個別的な計画である」と指摘している（Ansoff 1965, p.109, 広田訳 1969，pp.146-147）。
　　なお，マーケティングの戦略と戦術には，次のような差異がみられる（橋本 1973, pp. 153-154）。
　　　第1に，マーケティング戦略(以下，戦略)は広く全体的・統合的性格をもっている。これに対して，マーケティング戦術（以下，戦術）は狭く部分的・部門的性格をもっている。したがって，戦略が全体計画であるのに対して，戦術が部分計画ないし細目計画の性質をもっている。
　　　第2に，戦略は基本目標を達成するための手段であり，大目標達成のための手段である。これに対して，戦術は計画で決められた具体的目標あるいは小目標達成のための手段である。
　　　第3に，戦略は長期的なものである。これに対して，戦術は短期的なものである。
　　　第4に，戦略は外部の環境の変化に対して絶えず適応していくための対応性ないし創造性・変革性をもっている。これに対して，戦術は日常的・反復的なものであり自己再生的性格をもっている。
　　　第5に，戦略はトップ・マネジメントおよびそのスタッフが中心となって作成される。これに対して，戦術はミドル・マネジメントあるいは現場第一線で計画・執行するロウァ・マネジメント以下が担当する。
3）市場細分化戦略の進め方には2つの形態がある。1つは製品戦略を伴わない市場細分化戦略である。それは，製品以外の価格，流通チャネル，プロモーションなどのマーケティング・ミックス手段によって市場細分化を行うものであり，その意味では表面的・形式的な市場細分化戦略といえよう。もう1つは製品戦略を伴う市場細分化戦略

である。それは，市場セグメントの特質に適応した製品を生産する製品細分化を基礎
として，製品を含めたマーケティング・ミックス手段によって市場細分化を行うもの
である。その意味では実質的な市場細分化戦略である（橋本 1973, p.187）。

　次に市場細分化の基準・方法をあげれば，次のような特性によって分けることがで
きる（岡田 1992, pp. 98-99）。

　第1に，人口統計的特性があげられる。これは，年齢，性別，所得階層，学歴，職業，
家族構成などから市場を細分化しようとする。

　第2に，地域的特性があげられる。これは，全国的市場を地域別市場や都道府
県別・市町村別など行政基準，温暖地方や寒冷地方ないし太平洋側や日本海側など
気候的基準，都市と地方などの生活様式基準などから市場を細分化しようとする。

　第3に，パーソナリティー的特性があげられる。これは，外交型，内向型，独立型，
依存型など市場を形成している消費者の性格基準から市場を細分化しようとする。

　第4に，消費・購買パターン的特性があげられる。これは，店舗やブランドに対
するロイヤルティ，価格やサービスに対する感受性など消費者の行動基準から市場
を細分化しようとする。

参考文献

1）阿部真也（1971）「模倣的マーケティング理論からの脱皮へ―マーケティング理論
　体系化のための一試論―」『世界経済評論』Vol.15, No.1。

2）市川 貢（1993）「競争行動」三浦 信・来往元朗・市川 貢『新版マーケティング』
　ミネルヴァ書房。

3）岩永忠康（2007）『マーケティング戦略論（増補改訂版）』五絃舎。

4）岡田千尋（1992）「マーケティング戦略」尾碕 眞・岩永忠康・岡田千尋・藤澤史郎『マー
　ケティングと消費者行動』ナカニシヤ出版。

5）尾碕 眞（2006）「マネジリアル・マーケティングとマーケティング戦略」加藤勇夫・
　寶多国弘・尾碕 眞『現代のマーケティング論』ナカニシヤ出版。

6）角松正雄（1973）「製品政策」森下二次也監修『マーケティング経済論（下巻）』
　ミネルヴァ書房。

7）角松正雄（1980）「製品戦略と価格戦略」橋本 勲・阿部真也編『現代の流通経済』
　有斐閣。

8）久保田進彦・澁谷 覚・須永 努（2013）『はじめてのマーケティング』有斐閣。

9）斎藤雅通（1993）「経営戦略とマーケティング・マネジメント」保田芳昭編『マー
　ケティング論』大月書店。

10）嶋口充輝（1986）『統合マーケティング ― 豊饒時代の市場志向経営―』日本経済
　新聞社。

11）須永 努（2013）「戦略的マーケティング」橋田洋一郎・須永 努『マーケティング』
　放送大学教育振興会。

12）橋本 勲（1971）『現代商業学』ミネルヴァ書房。

13）橋本 勲（1973）『現代マーケティング論』新評論。

14) 橋本 勲 (1983)「現代流通とマーケティング」森下二次也監修 / 阿部真也・鈴木武編『現代資本主義の流通理論』大月書店。

15) 星川順一（1961)「非価格競争の意味するもの」『経済学雑誌』第 44 巻第 6 号。

16) 三浦 信（1963)『現代マーケティング論』ミネルヴァ書房。

17) 三浦 信（1993)「戦略的マーケティングの構造」三浦 信・来往元朗・市川 貢『新版マーケティング』ミネルヴァ書房。

18) 森下二次也 (1969)「経営販売論」馬場克三編『経営学概論』有斐閣。

19) 森下二次也 (1974)『現代の流通機構』世界思想社。

20) 山本 晶 (2012)『コア・テキスト・マーケティング』新世界。

21) John A. Howard(1957), *Marketing Management : Analysis and Decision*, Richard D. Irwin, Inc.,.

22) Philip Kotler and Gary Armstrong（1980), *Principles of Marketing,4th ed.*,Prentice-Hall International, Inc..（村田昭治監修，和田充夫・上原征彦訳（1983)『マーケティング原理―戦略的アプローチ―』ダイヤモンド社)。

23) E. Jerome McCarthy and William D. Perreault, Jr.(1990), *Basic Marketing : A Managerial Approach*, Richard D. Irwin, Inc..

24) Alfred R. Oxenfeldt(1964), "The Formulation of A Market Strategy," in William Lazer and Eugene J. Kelley(eds.), *Managerial Marketing: Perspectives and Viewpoints A Source Book, 3rd ed.*, Richard D. Irwin, Inc..（片岡一郎・村田昭治・貝瀬 勝共訳（1973)『マネジリアル・マーケティング（上)』丸善)。

25) Arch W. Shaw(1915), *Some Problems in Market Distribution*, Harvard University Press.(伊藤康雄・水野裕正訳(1975)『市場配給の若干の問題点』文眞堂)。

26) Wendell R. Smith(1958), "Product Differentiation and Market Segmentation as Alternative Marketing Strategies," in William Lazer and Eugene J. Kelley (eds.), *Managerial Marketing : Perspectives and Viewpoints A Source Book, 1st ed.*, Richard D. Irwin, Inc..（片岡一郎・村田昭治・貝瀬 勝共訳（1973)『マネジリアル・マーケティング（上)』丸善)。

27) H. Igor Ansoff (1965), *Corporate Strategy*, New York, McGraw=Hill（H. I. アンゾフ著，広田寿亮訳（1969)『企業戦略論』産業能率大学出版部)。

28) Jay B. Barney (2002), *Gaining and Sustaining Competitive Advantage 2nd Edition*, Upper Saddle River, NJ Prentice-Hall.（岡田正大訳（2003)『企業戦略論―競争優位の構築と持続（上）（中）（下)』ダイヤモンド社)。

29) Bruce D. Henderson(1979), *Henderson on Corporate Strategy*, Cambridge, MA. Abt Books（土岐 坤訳（1981)『経営戦略の革新』ダイヤモンド社)。

30) Michael E. Porter(1980), *Competitive Advantage:Creating and Sustaining Superior Performance*, New York Free Press.（土岐 坤・中辻萬治・小野寺武夫訳（1985)『競争優位の戦略』ダイヤモンド社)。

第2編　マーケティング部分戦略

第4章　製品戦略

第1節　製品の概念

　今日の社会は，高度に発達した商品経済に基づく社会であり，生産物・製品はもっぱら市場に向けて商品として生産・製造される。商品は，最初から交換を目的として生産・製造される生産物ないし製造物であり，一方ではある特定の欲求を充足する有用的存在でなければならず，他方ではどのような生産物・製造物とも交換されなければならない。つまり，商品は使用価値と交換価値（価値）という2つの側面を有しているものである（久保村・荒川 1982, p.146, p.167）。

　一般に，商品（財貨）はその用途により生産財（産業財）と消費財に大別される[注1]。生産財は生産的消費や業務用に消費ないし利用されるもので，原材料・部品，資本財，補助材・サービスなどに分類される。消費財は個人的な最終消費者を対象として消費または利用されるもので，最寄品・買回品・専門品などに分類される。このうち最寄品は，通常，消費者が頻繁かつ即時に購入するもので，購買に際して最少のコストや努力しか払わないものである。たとえば，タバコ・石鹸・新聞・お菓子などが含まれる。買回品は，消費者が商品選択や購買に際して製品の適合性・品質・価格・スタイルなどを比較かつ検討しながら購入するものである。たとえば，家具・衣料品・大型家電などが含まれる。専門品は，消費者が製品固有の特性ないしブランドに固執して購買するもので，これを購入するために特別な努力を惜しまないようなものである。たとえば，乗用車・写真機器などが含まれる（Kotler & Armstrong 1980, pp.244-248, 村田監修 1983, pp. 437-443）。

64

　さて，今日の製品は，交換価値的側面（価格）と使用価値的側面（品質）との
2つの側面をもっている。そのうち，製品の使用価値は，品質・形態・構造な
ど製品それ自体の本来的品質に基づく基本的機能のほかに，本来的品質には何
ら差異がないデザイン・スタイル・色彩，さらに包装・商標・各種サービスな
どの副次的機能を含めたものであり，消費者が識別し評価できるすべての要素
を含む包括的概念である。

　ところで，マーケティングの対象となる製品の使用価値は，価値的側面に規
定されながら純然たる本来的使用価値としてはあらわれない。マーケティング
戦略としての製品の使用価値は，製品の本来的品質に基づく基本的機能よりも
副次的機能にウェイトが高まり，特にデザイン・包装・商標などの副次的機能
は消費者の主観的な選好に訴求する手段となっている。そのために，製品の使
用価値における副次的機能は基本的機能とは区別して商品化効用（マーチャン
ダイジング・ユーティリティ）とも称される。それは，主観的なものであるだけ
に企業にとっての操作性も大きく，寡占企業の製品戦略において重要な役割を
演じている（森下 1994, p.76）。

第2節　製品戦略

　製品は企業活動ないしマーケティング活動を展開する出発点であり，製品の
種類や特質によってマーケティング戦略が異なってくる。特に今日の技術革新
のマーケティングにおいては，製品戦略がマーケティング活動のなかで中核的
地位を占めている。　製品戦略とは企業が消費需要に対して製品を質的ならび
に量的に適合させる活動ないし戦略である（橋本 1973, p.215）。具体的な製品
戦略としては，製品ラインの望ましい組み合わせである製品ミックスないし製
品多様化，新製品の開発，既存製品の改良ないし新用途の発見，製品の計画的
陳腐化，既存製品の廃棄などの製品アイテムや製品ラインに関する戦略，製品
のライフサイクルに関する戦略，さらにブランド・包装・ラベルなどの製品全
般に関わる活動を含んでいる（村田 1965, pp.17-18）。

1. 製品の範疇

製品それ自体に関する戦略は，少なくとも個別アイテム，製品ライン，製品ミックスといった3つのレベルで展開することができる。

図4-1　製品ミックス

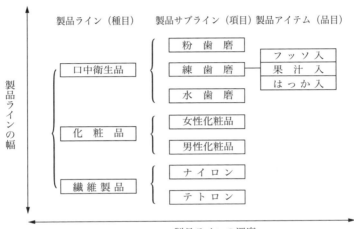

出所：橋本1973, p.219.

図4-1は，製品ラインや製品アイテムにおける製品ミックスとしての製品多様化の関係を示したものである。たとえば，この製品ミックスとしての口中衛生品は，1つの製品ライン（種目）であり，粉歯磨・練歯磨・水歯磨がそれぞれ製品サブライン（項目）であり，さらにフッソ入・果汁入・はっか入など細分化したものが製品アイテム（品目）と呼ばれている。

まず，個別アイテム・レベルでは，製品の最小単位である製品アイテム次元で製品戦略が行われる。単一ブランドであってもデザイン，スタイル，サイズ，価格，素材，パッケージなどにおいてさまざまなバリエーションがみられる。

次に，製品ライン・レベルでは，製品ラインにおける新製品の導入や既存製品の改良，製品の削除に伴う戦略である。これは，既存の製品ラインの適切な管理や製品ラインの変更による問題が中心となる。なお，製品ラインとは，機能，顧客，流通チャネル，価格などからみて密接に関連している製品の集合体であ

る。この製品ライン・レベルで考慮すべきことは，新製品の市場と既存製品の市場との重複によって生ずるカニバリゼーション（共食い現象）をいかに調整するかということである。

　最後に，製品ミックス・レベルでは，製品ラインの組み合わせに基づく全社的な成長性や収益性に関わる戦略である。製品ミックスとは，ある特定の売り手が買い手に販売ないし提供する製品ラインあるいは製品アイテムのすべての組み合わせである。これには新製品ラインの追加や既存製品ラインの削減をはじめ，既存製品ラインへのウェイトづけなどがある（恩蔵 1990，pp.150-152）。具体的には，単一の製品ラインに絞るのか，あるいは複数の製品ラインに広げるのか，また複数の製品ラインを拡張する場合その範囲はどの程度にするのか，さらに製品ラインの組み合わせにどのような特徴をもたせるのかに関わっている。つまり，製品ミックスは，企業の長期最大限利潤追求のために，製品ラインの拡張ないしその組み合わせによる最適製品ミックスの決定に関する戦略である（橋本 1973，p.219）。

2．製品多様化

　製品多様化は，製品ミックスとして既存製品ラインに新しい製品ラインないし製品アイテムが追加され，製品ラインの幅を拡大したり深度を深めたりすることである（橋本 1973，p.220）。

　図4-1のように，製品ミックスとしての製品多様化は，2つの側面から考えられる。1つは同一製品ラインの枠内で製品サブラインならびに製品アイテムを増加させる，いわゆる製品ラインの深度を深めて製品多様化を図るものである。もう1つは製品ラインそのものを増加させる，いわゆる製品ラインの幅を広げて製品多様化を図るものである（橋本 1973，pp.219-220）。前者は，製品のライフサイクルが成熟期に近づくにつれて，市場細分化戦略に基づいて実施される個々の製品サブラインならびに製品アイテムの増加を図る製品多様化である。それに対して，後者は，企業としての成長戦略，リスクの分散，経営基盤の安定化など，おおむね長期経営計画の視点に立脚して製品ラインを拡張

する製品多様化である。一般に製品多様化は，後者に重点をおく傾向にあり，次の３つのタイプに分けられる（木綿2007，p.52）。

第１のタイプは水平的多様化である。これは，既存製品と同じ市場標的を対象とする製品分野に進出することによって実現される製品多様化である。

第２のタイプは垂直的多様化である。これは，原材料→半製品→最終製品へと加工していく過程で，いずれかの段階の製品を生産する企業が，製造段階での川上段階ないし川下段階へ進出することによって実現される製品多様化である。

第３のタイプは異質的多様化である。これは，既存製品とまったく関連性のない製品分野に進出することによって実現される製品多様化である。

なお，製品戦略として最も基本的な製品多様化は，第１のタイプの水平的多様化であり，第２のタイプの垂直的多様化ないし第３のタイプの異質的多様化は，通常の製品戦略の枠を超えた問題であり，一般に経営多角化ないし事業多角化として捉えられる概念である（木綿2007，pp.52-53）。

第３節　製品のライフサイクル

製品には寿命がある。製品の寿命とは，新製品として市場に導入されてからしだいに普及し，やがて代替品の出現により市場から消滅してしまうまでのプロセスである。このように新製品が開発され市場に導入されてから最後に廃棄されるまでのプロセスを，製品のライフサイクルあるいは製品周期と呼んでいる。製品のライフサイクルにおいては，それぞれの段階で特徴がみられ，それによって４段階説ないし５段階説をはじめいくつかの説があり，そのなかには製品開発期を含む説もある（Kotler & Armstrong 1980，p.289）。当然，製品のライフサイクルの各段階によってマーケティング戦略が異なっている。

1.　製品のライフサイクルの基本パターン

製品のライフサイクルについて，ここでは導入期，成長期，成熟期，衰退期という４つの段階に分けて説明していこう。図4-2は，製品のライフサイクルの各

段階における売上曲線と利益曲線を示したものである。また，製品のライフサイクルの特徴と企業の反応を示したものが表4-1である。そこで，図4-2と表4-1を参考にしながら，各段階の主な特徴を要約すると，次のようになる（Kotler & Armstrong 1980, pp.290-295, 岩永2007, pp.82-83）。

図4-2　製品のライフサイクル

売　上
および
利　益

0

損　失
および
投　資

| 導入期 | 成長期 | 成熟期 | 衰退期 |

売上

利益

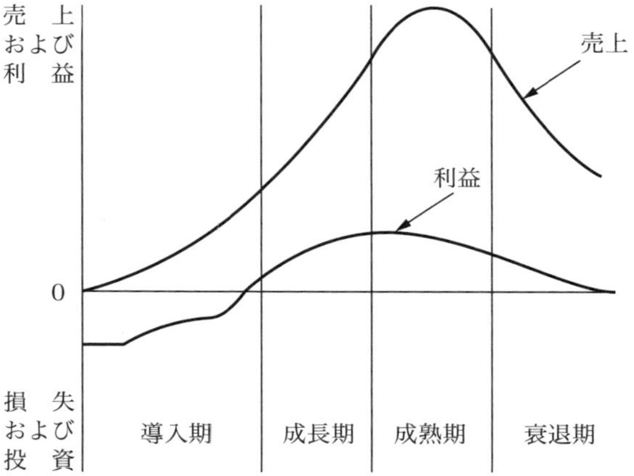

注：この図は原点図の製品開発期を削減したものである。
出所：Kotler & Armstrong 1980, p.289.

表4-1　製品のライフサイクルの特徴と企業の反応

	導入期	成長期	成熟期	衰退期
各段階の特徴				
売上高	低い	急成長	低成長	低下
利益	ほとんどなし	ピークに到達	低下	低いかゼロ
キャッシュフロー	マイナス	ほどほど	高い	低い
顧客	革新者	大衆	大衆	保守的採用者
競合企業	ほとんどなし	増えている	多い	減ってくる
企業の反応				
戦略の焦点	市場拡大	市場浸透	シェア維持	生産性の確保
マーケティング支出	高い	高い	低下していく	低い
マーケティング強調点	製品認知	ブランド選考	ブランド・ロイヤルティ	選択的
流通チャネル	未整備	拡張的	拡張的	選択的
価格	高い	やや低い	最低	上がっていく
製品	基礎開発	改良	差別化	合理化

出所：Kotler & Armstrong 1980, p.295. 村田監修 1983, p.420.

（1）導入期

第1段階の導入期においては，新製品が市場に導入され売上（売上高）はゆっくりと増加するが，新製品導入への過剰出費のために利益は期待できない。 この段階では，新製品が初めて市場に出回り購買者に購買され始め，売上はゆっくりと増加していく。 しかし，プロモーション支出などの費用が高いために，利益はマイナスかあるいはかなり低い。 多くの資金は，有能な流通業者の確保や十分な製品ストックにもちいられ，同時に消費者に新製品を知らせるためのプロモーション活動に向けられる。 また，競争企業が少ないために，企業は基本的な製品の生産に専念して，高所得グループへの販売に集中する。 製品価格は少量生産による高い生産コストや高いプロモーション支出のために高い水準にある。

（2）成長期

第2段階の成長期においては，新製品が急速に市場に受け入れられ，利益が増加する。この段階では，売上が急速に増加し始め，初期の購買者である高所得グループとともにしだいに一般の購買者へ広がっていく。そのために新しい競争企業が利潤機会の魅力に引かれて市場に参入し始める。その結果，新製品が導入されて市場が拡大し，また競争企業の増加が流通チャネルの増加や流通業者の在庫品の増加をもたらす。製品価格は現状のままかあるいはわずかに低下してくる。企業は競争企業と対抗するためにいっそうプロモーション支出を増加させ市場の維持・管理を図る。利益は売上の伸びと単位当たり製造コストの低下のために増加する。この段階では，品質の改良と新モデルや新しい特徴の追加，新市場と新販路の開拓，製品の報知広告から製品の説得・購買広告への変化，価格引下げなどのさまざまなマーケティング戦略が展開される。それによって企業は，高い市場シェアと高い利益を獲得し，さらに製品改良・プロモーション・流通チャネル構築のために多くの資金を使用することによって市場での支配的地位を獲得する。

（3）成熟期

第3段階の成熟期においては，製品はほとんどの潜在的な購買者にまで受け入れられ，売上はゆっくりと低下していき，利益は競争激化に対するマーケティ

ング経費の増加のために横ばい状態かあるいは減少していく。そのために，この段階ではマーケティング戦略が強く要求される。つまり，過剰生産はマーケティング競争を激化させ，売上の低下が企業を販売に集中させる。また，製品価格の低下，プロモーション支出の増加，製品研究開発費の増加などによって利益が減少してくる。さらに弱小企業は市場から撤退し始める。そのために企業は，既存製品に固守することなく，積極的な製品開発・改良や市場開拓などによって，マーケティング・ミックス戦略を変化させ修正しなければならない。

(4) 衰退期

第4段階の衰退期においては，売上が急激に低下し，利益が減少する。この段階では，ほとんど製品の売上が徐々にあるいは急速に減少する。この売上の減少は技術の進歩，消費者嗜好の変化，競争の激化などによるものである。このように売上と利益が減少し赤字になる企業も出てくるので，多くの企業は市場から撤退し，堅実な企業が残存する。残存企業は，既存製品の生産と販売を減少させ，市場開拓と流通チャネルを縮小させることによりプロモーション予算をカットし，さらに価格を低下させることもある。そのために，マーケティング戦略としては，既存製品を維持するか撤退するかを決定しなければならない。

2. 製品のライフサイクルの変形パターンないし延命策

製品のライフサイクルは，すべての製品が図4-2に示したようなパターンをたどるわけではない。製品によっては導入期に失敗して市場から脱落していくケースもかなりみられる。また，ある製品は導入期のゆるやかな売上の推移を経ないで最初から急速に成長期に突入したり，あるいは急速な成長期を経ないで導入期からいきなり成熟期に移行することもある。さらに，ある製品は成熟期を過ぎて再び急速な成長期に入るケースもある。この場合，このように変形パターンをとる代表的なものとしては，「反復型」ないし「波打ち型」パターンが存在している。

この変形パターンのなかには，マーケティング戦略として製品が成熟期あるいは衰退期に到達した際に，リポジショニングを通じて製品の寿命の延長を図

ろうとするものもある。それは，当該製品についての新たな特性，新たな使用者，新たな用途ないし新たな市場の発見などによって，製品のライフサイクルが何度も続けて形成されていくパターンである。たとえば，ナイロンの場合は，パラシュート・靴下・シャツ・カーペットなど新たな用途が次から次へと開発されたことによって，波打ち型パターンがみられる（Kotler & Armstrong 1980, p.275　村田監修 1983, p.408）。

第4節　製品計画

　製品計画[注2] は，製品戦略の1つであり，いかなる製品を生産すべきかというプリ・プロダクションとして，メーカーの計画活動にもちいられている（橋本 1973, pp.215-216）。それは新製品開発を中心に，製品改良，製品廃棄などが含まれる。

1.　新製品開発

　戦後のマーケティングは，技術革新と結びついたマネジリアル・マーケティングとして特徴づけられているかぎり，技術革新と結びついた新製品の開発が活発に行われ，その導入の成否が企業の存在を左右する。一般に，新製品の導入には巨額の設備投資を要しリスクも大きく，それだけに新製品開発が現代の製品計画の核心をなすものといえる（森下 1969, p.230）。

　一般に，新製品開発は，新製品を開発し新しく市場に導入するまで多くのプロセスを経てようやく実現される。橋本勲は新製品開発プロセスを次の3段階に分けている（橋本 1973, p.225）。

　第1段階は，新製品についてのアイディアを探究し，技術的な開発にかかるまでのアイディア（着想）段階である。

　第2段階は，新製品の技術的開発段階である。

　第3段階は，技術的にいちおう出来上がった製品を商品として発売する商品化段階あるいは発売段階である。

また，スチュアート（John B. Stewart）は次の6段階に分けている（Stewart 1965, p167, 橋本 1973, pp.225-229）。

第1段階は，アイディア探究・収集であり，企業目的に合致した製品のアイディアを探究する段階である。

第2段階は，アイディアの審査（スクリーニング）であり，前段階で提案されたアイディアを審査し取捨選択する段階である。

第3段階は，アイディアの明細化であり，スクリーニングを通過したアイディアが具体的に製品の特質やプログラムに変形した明細書を研究開発部へ提案する段階である。

第4段階は，製品の開発であり，明細書に示されたアイディアによって実際に生産可能な製品を技術的に開発する段階である。

第5段階は，製品の市場テストであり，技術的に完成した製品が特定の市場でテスト・マーケティングされ，消費者の受容性が試験的に測定される段階である。

第6段階は，商品化であり，完成した製品を実際に生産して全国的に発売する段階である。この段階で製品のライフサイクルの導入期に突入する。

このように，新製品開発は多くのプロセスを経て極めて周到に行われる。この新製品開発には，1つには自社が研究開発部門を設置し，そこで新製品の開発が行われる場合がある。もう1つには新製品を開発した企業そのものを買収したり，あるいは他社から特許ないしライセンスを買い取ったりして新製品を開発する場合がある（Kotler & Armstrong 1980, p.275　村田監修 1983, p.383）。

一般に，新製品と呼ばれるものは，次の4つのレベルで考えられる（橋本 1973, p.216）。

（1）本来的使用価値の創造といった新技術による新製品

（2）使用価値の部分的改良といった部分的改良製品

（3）副次的使用価値の改良といった外観的改良製品

（4）技術的改良を伴わない新用途の発見ないし新市場の発見

これらの新製品のうち，本来的使用価値の創造といった真の意味での新製品

と呼ばれるものは多くない。たいていは使用価値の部分的改良製品や外観的改良製品といった製品改良，さらに既存製品の新用途の発見ないし新市場の開発といった場合が多くみられる（橋本 1973，p.216）。

2. 製品改良

製品のライフサイクルが成熟期に近づいてくると，当該製品に対する市場は飽和状態となり売上も伸び悩む傾向にある。このような状態を打開するために，しばしば製品改良ならびに新用途の発見が行われる。この製品改良には，品質改良，特徴改良，スタイル改良といった3つの形態が考えられる（橋本 1973，p.230）。

(1) 品質改良は，製品の材質・構造・エンジニアリングなどの改良で，製品それ自体の信頼性・耐久性を高める改良である。

(2) 特徴改良は，製品の使用回数を増加したり，使用の便利性・安全性・多面性・能率性などを改善することにより，製品が進歩的・革新的であるというイメージを与える改良である。

(3) スタイル改良は，外観の審美的アピールを高めようとする改良である。

これら3つの製品改良の区別は，必ずしも明確でなく，混合した形態で行われる。また新用途の発見ないし新市場の発見は，たいてい新しい標的となる市場セグメントの発見に基づき，それに対応する新たな製品コンセプトの形成を通じて行われる。この場合，付随的には基本的機能の高度化を伴うケースもあろうが，基本的には新たな副次的機能の開発によって対応することが多い（木綿 2007，p.56，岩永 2007，p.86）。

3. 製品廃棄

製品廃棄は，製品ミックスのなかから製品ラインあるいは製品アイテムを削減することである（橋本 1973，pp.230-231）。ほとんどの製品は，製品のライフサイクルの衰退期に近づくにつれ売上や利益が減少し，赤字が増加してくる。これは，新技術や新素材に基づく代替的な新製品の開発による場合もあれば，消費者の関心が流行・好み・ニーズの変化などを通じて低下していく場合

もある。さらに企業自体が戦略的に製品を陳腐化し廃棄する，いわゆる製品の計画的陳腐化の場合も考えられる。

　製品の計画的陳腐化戦略とは，寡占企業が最大限利潤追求のために使用価値の持続性を計画的に破壊し，製品のライフサイクルを短縮して消費者を収奪する戦略であり，その意味では製品のライフサイクル戦略の1つの形態といえよう（橋本 1973，p.210）。つまり，それは，寡占企業が戦略的に製品を陳腐化し計画的に廃棄していくものであり，本来，環境条件の変化に伴って推移する製品ライフサイクルの動きを恣意的に管理し短縮化することによって，絶えず消費市場の活性化を図るものである（木綿 2007，pp.56-57）。この製品の計画的陳腐化戦略には，次の3つの形態が考えられる（橋本 1973，pp.210-211，角松 1978，pp.89-90）。

　(1) 製品の機能的陳腐化―これは，製品の機能ないし本来的使用価値そのものが陳腐化する場合である。

　(2) 製品の心理的陳腐化―これは，製品の機能ないし本来的使用価値そのものに変化がなくても，流行による欲望の変化によって心理的に陳腐化する場合である。

　(3) 製品の材料的陳腐化―これは，故意に短命な製品を生産する場合であり，材料的に消耗が早くなって陳腐化する場合である。

　このように製品の計画的陳腐化戦略は，消費者の購買意向に戦略的に介入し，消費者の過度の買増しないし買替えを促すものといえる（木綿 2007，p.57）。

　ともあれ，企業にとっては，製品のライフサイクルの衰退期にある製品に対して製品廃棄をいつ行うかが重要な課題となる。

第5節　ブランド・包装・ラベル戦略

1.　ブランド（商標）

　ブランド（商標）は，製品に付与されその主要な構成要素とみなされているかぎり，製品戦略の主要な領域として重要な役割を演じている。今日では，ほ

とんどの製品にブランドが付与され，それによって業者間の取引がスムーズに行われるばかりでなく，消費者もまたブランドによって製品を認識・評価して購買している。

　ブランドは，「販売者あるいは販売者集団の商品またはサービスであることを明示し，他の競争者のそれから区別することを目的とした名称，用語，記号，象徴，デザイン，またはそれらの結合である」（日本マーケティング協会訳 1963, p.21）と定義づけられている[注3]。

　また，コール（Jessie V. Coles）によると，「ブランドとは，特定の販売者の商品を同一のものと確認するために取引で使用される独自のマーク・デザイン・シンボル・言葉あるいはそれらの組み合せである」（Coles 1949, p.66）と規定されている。

　ブランドは，もともと製品の品質や性能を保証するものとして，その出所と責任の所在を証明するものであった。それが，今日のマーケティング戦略のなかでは，他の同種製品と比較してより良いイメージをもって消費者に受容されるように，心理的差別化を図るための手段としてもちいられる。それによって消費者の愛顧を獲得し，市場の維持・拡大を図るものとして考えられている。

　そこで，ブランドの役割についてみると，ブランドは，第1に，ブランドによって製品を同一化し，製品の取扱い全般を容易にする。第2に，消費者に対して提供者の出所と責任を明確にする。第3に，差別化の基礎として製品を特徴づけて，付加価値を高める。第4に，流通をコントロールし，価格・広告・プロモーションへの影響力を高め，それによって消費者に直接訴えることができる。第5に，模倣を防ぎ，法的なトレードマークや特許の基礎となっている。その結果，ブランドは，消費者にブランド・ロイヤルティを生み出し，当該ブランドへの価格影響力を弱めながら，継続的な反復購買の可能性をもたらす（嶋口 1986, p.173）。

　一般に，ブランドに対する消費者の意識や態度の度合はブランド・ロイヤルティ（商標忠誠度）によって示され，それはブランド認知，ブランド選好，ブランド固執という3つのレベルで捉えることができる。まず，ブランド認知は，

消費者がブランドを見たりブランドネームを聞いたりして，単にそのブランドを認知している状態である。次に，ブランド選好は，消費者がブランドを認知しているばかりでなく，商品の購買に際して特定のブランドを慣習的に選好する状態である。さらに，ブランド固執は，消費者が商品の購買に際して，特定のブランドを入手するために複数の商店を探したり入荷を待つなど，ブランドに強い愛顧をもつ状態である（久保村 1965, p.44）。

次に，マーケティング戦略としてのブランド戦略は，ブランド・ロイヤルティと密接に関連して，次の3つのレベルで展開される。最初に，商品の識別機能である。これは，ブランド本来の機能が商品の品質とその出所・責任を証明し，品質に対する同一性を保証するものである。これによって消費者は，他生産者の同種商品と識別することができる。次に，選択的需要の刺激機能である。これは，ブランドが特定製品に対する選択的需要を喚起・刺激するものである。つまり，ブランドの付与によって消費者の反復的購買活動に刺激を与えることができる。最後に，市場支配機能である。これは，ブランドによる商品の識別化が消費者の反復的購買を刺激し，消費者の愛顧を獲得することによって市場シェアを高め，さらに強まると一種の独占状態が発生する。この場合は，ブランドに対する愛顧独占といえる（徳永 1966, pp.262-263）。

さらに，ブランドの付与に関する戦略としては，次の3つの戦略が考えられる。

第1に，自社製品にブランドを付与するか否かの決定である。第2に，自社のナショナル・ブランド（NB）を採用するか，流通業者のプライベート・ブランド（PB）を利用するか，あるいはそのミックス・ブランドを採用するかの決定である。第3に，自社製品全体のブランド統合戦略をどのようにするかということである。これには，個々の製品アイテムあるいは製品ラインごとに独自の個別ブランドを設定する個別ブランド戦略を採用するか，また自社の全製品あるいは複数の製品ラインに共通して設定する総合ブランド戦略あるいは統一ブランド戦略を採用するか，さらに自社の全製品あるいは複数の製品ラインに統一ブランドを設定するとともに，その製品アイテムあるいは製品ラインごとの個別ブランドをも設定する複数ブランド戦略を採用するなどの戦略が考え

られる（嶋口 1986, pp.171-181)。

2. 包装（パッケージ）

　包装（パッケージ）は，もともと製品の保護を目的として製品に装いを施すもので，運送や保管の期間中の保護や取扱い上の便宜性を与える物的流通である。日本工業規格（JIS）によれば，包装は「製品の運送・保管などに当たって，適当な材料・容器を用い，製品の価値および状態を保護する技術並びに保護した状態」（日本規格協会 1982, p.1132）と定義づけられている。

　この包装は，次の個装・内装・外装に分けられる（柳川 1958, pp.225-226）。

(1) 個装—これは，製品の包装をいい，製品価値を高めるために，または製品個々を保護するために，適切な材料・容器などを製品に施す技術および施した状態をいう。

(2) 内装—これは，製品の内部包装をいい，製品に対する水・湿気・光熱・衝動などを考慮して適切な材料・容器などを製品に施す技術および施した状態をいう。

(3) 外装—これは，製品の外部包装をいい，製品を箱・袋・缶・樽などの容器等に入れて結束し，記号・荷印などを製品に施す技術および施した状態をいう。

　ちなみに，今日のマーケティング戦略における包装は，単に製品の保護や運送・保管の取扱い上の便宜性を与えるといった本来的機能のみならず，さらにプロモーションの手段として重要な役割を果たすものとなってきている。すなわち，包装は，ラベルやブランドと密接な関係を維持しながら，「ものいわぬセールスマン」として消費者にアピールするプロモーションの手段と利用されている。特に消費財分野において，包装がスタイル・素材・色彩・ブランド・デザインなどを通じて製品を差別化し，顧客の反復購入を促進するためのプロモーションとして重要な役割を演じている（久保村・荒川 1982, p.229）。

3. ラベル

ラベルは，包装の一部として製品に付与されている単純な荷札，あるいは複雑なグラフィックである（Kotler & Armstrong 1980, p.259）。すなわち，ラベルには，絵・図案をはじめ，ブランド，製造業者名または流通業者名，商品の数量，製造された場所，包装された時期，有効期間，商品の大きさ，商品の型・種類，商品の成分，用途および利用法，取扱い上の注意，保証，品質および効能，政府・公共団体の検査証などが記載されている（柳川 1958, p.226，宇野 1959, pp.160-161）。

ラベルの目的は，ブランドと同じように，消費者に製品についての情報を提供することであり，その目的から情報記載・等級ラベルと保護的ラベルの2つのタイプに分けられる。情報記載・等級ラベルはグラフィック，印刷物，書き物，使用明細書，規格等級など内容を記述したラベルである。それに対して，保護的ラベルは，使用者が危険に対する警告として用心させ法律によって要求されるラベルである（Fisk 1967, p.517）。

また，ラベルの役割は，①製品やブランドを同一なものと確認する。②製品に等級を付ける。③製品に生産者・生産場所・生産時期・製品内容・使用方法・使用可能期間などの事項を記述する。④魅力的なグラフィックを通じて製品の販売を促進させるといったことがあげられる（Kotler & Armstrong 1980, p.259）。

今日，多くの製品は，何らかの形態で包装されており，その一部にラベルが付いている。ラベルは，製品が包装されて取引されるようになり，製品内容を購買者に理解させる必要から付与されたのである。このようにラベルは，製品の包装と密接不離の関係で発達したものであるが，包装化が進むにつれて，ラベルはますます販売業者と購買者を結合させるものとして重要な役割を演じる。つまり，販売業者は，購買者に製品についての情報を知らせるとともに，自社製品を他製品と識別させようとする手段にもなっている（宇野 1959, p.161）。

第 4 章　製品戦略　79

注

1 ）製品の分類はこれまで多くの学者によって多種多様な方法で行われているが，マーケティング論では一般にコープランド（M. T. Copeland）による分類方法がベースになっている（Copeland 1927, p. 27）。
2 ）製品戦略は製品計画，製品政策，製品管理，製品開発，製品決定，マーチャンダイジングなどの表現で使用されているが，その内容は大同小異である。特に製品計画はいかなる製品を生産すべきかというプリ・プロダクションとして，メーカーの計画活動について使われている（橋本 1973, pp.215-216）。
3 ）ブランド・ネームとは言葉で言い表わせる（すなわち発音可能な）ブランド部分である。また，ブランド・マークとはシンボル，デザイン，識別色，文字形態などのように，知覚可能であるが発音不可能なブランド部分である。

　　また，トレード・マークとは排他的占有が可能であるがゆえに法的保護を与えられているブランドないしはその一部を指す。すなわち，トレード・マークは，売り手がそのブランド・ネームおよびブランド・マークを排他的に使用する権利を保護する機能をもっている（Kotler & Armstrong 1980, 村田監修 1983, pp.443-445）。

　　さらに，わが国で一般にもちいられている商標という用語はおおむねトレード・マークに相当するものといえよう（木綿 2007, p.57）。

参考文献

1 ）岩永忠康（2007）『マーケティング戦略論（増補改訂版）』五絃舎。
2 ）宇野政雄（1959）「マーチャンダイジング」清水 晶編『マーケティング・マネジメント』青林書院。
3 ）恩蔵直人（1990）「製品戦略」田中由多加編著『新・マーケティング総論』創成社。
4 ）角松正雄（1980）「製品戦略と価格戦略」橋本 勲・阿部真也『現代の流通経済』有斐閣。
5 ）木綿良行（2007）「製品政策」木綿良行・懸田 豊・三村優美子『テキストブック現代マーケティング論（新版）』有斐閣。
6 ）久保村隆祐（1965）「商標政策」深見義一編『マーケティング論』有斐閣。
7 ）久保村隆祐・荒川祐吉編（1982）『商業辞典』同文舘。
8 ）嶋口充輝（1986）『統合マーケティング― 豊饒時代の市場志向経営―』日本経済新聞社。
9 ）徳永 豊（1966）『マーケティング戦略論』同文舘。
10）日本規格協会（1982）『JIS 工業用語大辞典』日本規格協会。
11）橋本 勲（1973）『現代マーケティング論』新評論。
12）村田昭治（1965）「製品計画」深見義一編『マーケティング論』有斐閣。
13）森下二次也（1969）「経営販売論」馬場克三編『経営学概論』有斐閣。
14）森下二次也（1994）『現代の流通機構』世界思想社。
15）柳川 昇編（1958）『商業論』青林書院。
16）アメリカ・マーケティング協会編 / 日本マーケティング協会訳（1969）『マーケティング定義集』日本マーケティング協会。

80

17) Jessie V. Coles(1949), *Standards and Labels for Consumer' Goods*, The Ronald Press Company.

18) George Fisk(1967), *Marketing Systems : An Introductory Analysis*, Harper & Row, Publishers, Inc..

19) Philip Kotler and Gary Armstrong(1980), *Principle of Marketing, 4th ed.*, Prentice-Hall Intenational, Inc..(村田昭治監修, 和田充夫・上原征彦訳(1983)『マーケティング原理― 戦略的アプローチ―』ダイヤモンド社)。

20) John B. Stewart(1965), "Product Development," in George Schwartz (ed.), *Science in Marketing.*

21) M.T. Copeland(1927), *Principles of Merchandising*, Chicago : A. W. SHAW COMPANY.

第5章 価格戦略

第1節 価格の概念

1. 価格の概念

今日の社会では，人間にとって商品・サービスなど価値あるものは，ほとんどその貨幣的表現である価格によって表示されている。価格とはある商品（財貨）が他の商品と交換される場合にどれだけの商品量を獲得することができるのかを示す交換価値である。伝統的な経済理論によると，一般に価格は商品・サービスの需要と供給との市場関係によって決定されるということがよく知られている。

しかし，現実の価格は，必ずしもこのような需要と供給との市場関係によって規定される価格ばかりではなく，政府または企業などの意図のもとに恣意的に規定される価格も存在している。それゆえ，ある程度市場支配力のある企業は，供給条件ならびに需要条件を自ら有利にコントロールすることによって，有利な価格戦略を展開することができる。このように，価格は制度的条件や取引慣行ならびに政府（行政）等によって大きく規定されている。

一般に，価格が形成・設定される制度的条件を整理してみると，価格設定主体者の観点から，次の4つのタイプに分類することができる（小林 1990, pp.50-51）。

(1) 需要と供給との市場条件が強く反映される価格
(2) 政府等によって決定される価格もしくは政府・公共機関の意向に強く反映される価格
(3) 生産段階とりわけ大規模生産者の意向が強く反映される価格

（4）流通段階とりわけ大規模小売業者の意向が強く反映される価格

（1）のタイプは，現実に価格が需要と供給との市場関係に規定される市場価格を反映したものである。この市場価格は，今日では野菜・果物・魚介類など，主として第一次産業に代表される多数の小規模生産者によって生産された生産物などに典型的にみられる。

（2）のタイプは，米価のように政府によって決定される公定価格，ならびに鉄道運賃・水道料金などの公共料金のように政府ないし公的機関によって認可ないし統制されている統制価格があげられる。

（3）のタイプは，自動車・家電製品といった工業製品にみられるように，業界における市場支配力に基づいた寡占企業の価格戦略によって意図的に設定・管理された，いわゆる管理価格に典型的にみられる。この管理価格は，競争価格のように需給関係によって絶えず変動することなく，ある程度の安定性をもっている。

（4）のタイプは，流通段階において総合スーパー・百貨店・専門量販店などの大規模小売業が，主にメーカーや納入業者に対して行使するバイイング・パワーという市場支配力との関連で設定される価格である（小林1990, p.51）。

なお，本章におけるマーケティング戦略としての価格戦略は，（3）のタイプの管理価格にみられるように，寡占企業がある程度の独自の意思で意図的に設定・維持するができる価格を対象とするものである。

2. 価格戦略

現代の資本主義経済のもとで，生産と資本を集積・集中した少数の寡占企業の価格戦略は，全体として客観的に定まる市場価格に追随するのではなく，逆に供給を調整するなど市場を操作することによって価格を操作することができる。つまり，寡占企業の価格戦略は，自己に最も有利な水準で価格を設定し維持することである。その意味では，管理価格であり，いわば一種の独占価格といえよう。

ともあれ，巨大な資本設備を擁し絶えず巨大な配当と減価償却を不可欠とす

る寡占企業にとっては，利潤の確保は長期的かつ安定的なものでなければならない。そのために，寡占企業は，長期的かつ安定的な利潤の極大化を実現するような価格を設定し，それを維持・管理することが不可欠な課題となる（鈴木 1973, p.124）。この寡占企業の価格設定や維持管理が，ここで展開する価格戦略にほかならない。

　こうして寡占企業の価格戦略は，価格設定と価格管理をその中心課題とするものであり，競争手段としての価格競争はなお行われるとしても，それはこの基本的な価格戦略の枠内で補完的に行われるものにすぎない（森下 1969, p.224）。この場合，価格設定は個々の製品に対する基本的な価格の設定に関わる活動であり，価格管理は基本的に設定された価格を維持しながらその価格を市場環境に合わせて適合させる活動である（懸田 2007, p.64）。

第2節　価格設定の要因と目標

　価格戦略にとっての基本的な戦略の1つとして価格設定があげられる。寡占企業が価格を設定するに際しては，まず企業を取り巻く環境要因を考慮し，次に価格設定の指針となる目標を明確にすることによって，価格設定が可能となる。そこで，価格設定の要因ならびに価格設定の目標をあげれば，次のようになる。

1.　価格設定の要因

　寡占企業が価格を設定するに際しては，まず最初に企業を取り巻くさまざまな環境要因を考慮しなければならない。これらの要因には，内部要因としては価格設定の目標，コスト，製品ミックス，製品差別化の程度，マーケティング・ミックス，マーケティング組織などいわば内部統制可能な要因があげられる。外部要因としては経済条件，需要，競争，製品ライフサイクル，流通業者，供給業者，法律などいわば内部統制不可能な要因があげられる。これら価格設定の内外要因のなかでも，コスト，需要，競争が最も基本的な要因としてあげら

れる（懸田 2007, p.68, 沼野 1990, pp.100-103, 岩永 2007, p.98）。

(1) コ ス ト――製品コストは，原材料費・労務費・経費の3要素からなる製造原価に販売費や一般管理費を加えたものである。この製品コストは，価格設定にとって最も重要な要素であり，この製品コストをベースとして販売価格が規定される。

(2) 需 要――需要は，供給との関連で市場を形成するものであり，価格によって規定される。一般に市場での競争が正常に機能するかぎり，価格が上昇するにつれて減少し，逆に下落するにつれて増大する傾向にある。つまり需要は価格の上下によって変化する。このように，価格の変化によって生ずる需要変化の割合を需要の価格弾力性というのであるが，この需要の価格弾力性も価格設定に大きな影響を与える。

(3) 競 争――競争は，市場における売手と買手の取引・売買関係に基づく需要と供給の市場関係状態であり，それは市場構造と市場行動から規定される。市場構造は，売手と買手の規模と数に規定されるもので，その程度によって独占ないし寡占競争から完全競争にいたるまでさまざまである。また，市場行動は売手と買手との取引ないし売買関係に規定された行動である。当然，この市場構造ないし市場行動が価格設定に大きな影響を与える。

2. 価格設定の目標

価格設定は，コスト，需要，競争などの環境要因を考慮しながら，一定の目標ないし目安を定めなければならない。この価格設定の目標が明確になると，より具体的な価格設定が容易になる。そして，価格は，製品コストをベースに販売量や利潤量を予測し，買手や競争企業の反応などを考慮して，いくつかの代替案のなかから設定される。その場合，企業のマーケティング戦略として決定されるのであるが，価格設定の指針としては，次の6つの目標をあげることができる（懸田 2007, pp.65-68）。

(1) 利益の極大化――これは，期間利益が最大になるように価格を設定し

第5章　価格戦略　85

ようとするもので，単位当たり利益と販売量の積が最大になるように価格
を設定するものである。

(2) 目標利益率の達成——これは，企業の資本コストに対する利益の割合
である投資効率を基礎として，投下資本の回収が可能になるような目標利
益率を設定し，それを達成するように価格を設定するものである。

(3) マーケット・シェアの獲得——これは，業界全体の販売額に占める自
社の販売額であるマーケット・シェアが企業の収益性に大きな影響を与え
ることから，それを最大になるように価格を設定するものである。

(4) 安定価格——これは，生産コストや需要に多少の変動があっても，価格
競争をさけ，業界の価格秩序を守るように価格を設定するものである。

(5) 競争への対応——これは，競争に対応しながら価格の設定を行うもので
ある。通常，業界の実勢価格に合わせて価格を設定するものである。

(6) 需要への対応——これは，顧客の価格に対する反応に即応しながら，需
要への価格弾力性を考慮して，価格を設定するものである。

第3節　価格設定の方式

価格は，上述の6つの設定目標を考慮に入れながら，基本的にはコスト，需
要，競争の要因のうち，どの要因にウェイトをおくかによって4つのタイプの
価格設定方式に分けることができる。すなわち，価格設定方式はコスト重視型
価格設定方式，需要重視型価格設定方式，競争重視型価格設定方式，多段階的
価格設定方式である（Kotler 1967, p.523. 村田監修・小坂他訳 1983, p. 333）。

1.　コスト重視型価格設定方式

コスト重視型価格設定方式はコストに基づいて価格を設定するものである。
これには，長期安定的利潤の極大化をめざす寡占企業の価格設定において，最
も一般化しているコスト・プラス方式（原価加算方式）があげられる。この原
価加算方式は，製造コストやマーケティング・コストなどに一定のマージンを

加えたものが価格となる。具体的には，単位当たりの直接費を算出し，それに一定比率の間接費配賦のマージンを加算したものを総コストとし，それに業界の慣習的マージンあるいは目標利益マージンを加算して価格を設定するものである（懸田 2007, p.71）。つまり，それは，標準操業度を基にして推計した標準原価に，目標利益率を基にした目標利益を加算して価格を設定しようとするものであり，標準操業度も目標利益率も恣意的に算定できるために，寡占企業の意図する利潤獲得にとって極めて巧妙な手段となるものである（鈴木 1973, p.125）[注1]。

そのほかには，一定期間の平均費用に一定の割合を付加して価格を決定する平均費用法，生産費と単位当たりコストの関係を経験として価格を決定する経験曲線法，総費用に対する目標利益率を達成できるよう価格を決定する目標利益率，総売上高と総費用が等しくなる損益分岐点を目安として価格を決定する損益分岐点法などがあげられる（沼野 1990, pp.105-108）。

なお，流通業者においては，コスト・プラス方式の一種として仕入原価に対するマークアップ率を算出して価格を決定するマークアップ方法がもちいられている（懸田 2007, p.71）。

2. 需要重視型価格設定方式

需要重視型価格設定方式は，コストを基礎としながらもむしろ需要に重点をおいて価格を設定する方式である。これには，消費者が知覚する商品価値を基準にして価格を設定する知覚価格法・慣習価格法・差別価格法などがある。また消費者が価格に対して抱く心理を利用して価格を設定する端数価格法・名声価格法・価格ライン法・特価品法などがある。そこで，これらの価格設定方式の種類と特徴をあげると，次のようになる（懸田 2007, pp.71-74，岩永 2007, pp.100-101）。

(1) 知覚価格法――これは，消費者が当該商品にどれだけの価値を知覚するかに基づいて価格を設定する方法である。その場合，類似商品や代替商品を価格帯から推計する方法や市場調査によって直接消費者の知覚価値を測定するなどの方法がもちいられる。

第5章　価格戦略　87

(2) 慣習価格法——これは，商品によっては長期的に価格が一定していて，消費者の心理に慣習化した価格が形成され，それに基づいて価格を設定する方法である。たとえば，お菓子や清涼飲料水などのように購入頻度の高い商品に多くみられる。

(3) 差別価格法——これは，市場がいくつかのセグメントに分けられ，セグメントごとに需要の強度が異なっているので，同じ商品もしくは類似商品に異なった価格を設定する方法である。たとえば，運賃や料金に大人・子供料金の顧客対象別，劇場の座席などの場所別，衣料品などの季節や流行の時期別，鮮魚などの時間帯別によって価格に差異をつけるものである。

(4) 端数価格法——これは，顧客が心理的に割安と思える端数価格を設定する方法である。たとえば，1,000円の商品を980円のように端数を付けて価格を設定するものであり，大台を若干下回ることによって消費者に安い印象を与えるものである。

(5) 名声価格法——これは，消費者が品質を評価しにくい商品の場合には，消費者は価格によって商品を評価しようとする。さらに，価格それ自体が商品価値を表わす場合，このような商品に対して，企業は意識的に高い価格を設定する方法である。たとえば，宝石・高級衣料品・高級化粧品・高級車などのブランド品や高級品にみられる価格設定方式である。

(6) 価格ライン法——これは，顧客が商品を選択しやすいように，いくつかの価格帯ごとに価格を設定する方法である。価格帯は一定水準の品質を表わす価格層または値頃であり，商品の品質に基づいて高い価格帯，中間の価格帯，低い価格帯に分類する場合がある。

(7) 特価品法——これは，通常の値入率よりも低い値入率をもちいて特別価格ないし低価格を設定する方法である。これは，プロモーションを目的として特別に低い価格を設定するもので，特価品を目玉ないし「おとり」として，関連商品の購買増進を図ろうとするものである。たとえば，小売業者が特価品を目玉ないし「おとり」として顧客の誘引を高めようとする集客戦略にみられる。

3. 競争重視型価格設定方式

競争重視型価格設定方式は，コストを基礎としながらも競争企業の価格を基準として価格を設定する方式である。これは，製品の差別化の程度や企業イメージなどの非価格競争要因，競争上の地位などを考慮して設定されるものである。これには，実勢価格法・競争価格法・入札価格法などがあげられる（懸田 2007, p.74, 沼野 1990, p.113）。

(1) 実勢価格法——これは，業界の平均価格とほとんど同じ価格を設定する方法である。一部の業界では主導的な地位の企業がプライス・リーダーシップをもち，その企業の設定する価格に各社が追随して価格を設定するものである。

(2) 競争価格法——これは，マーケット・シェアの極大化といった目標のもとで採用される価格設定の方法である。これは，競争企業の価格を基準にして，それよりも低い価格を設定し，市場の拡大を図ろうとするものである。

(3) 入札価格法——これは，入札によって価格を設定する方法である。入札とは書面で価格を提示して申し込むもので，一番安い入札価格を提示した企業に落札つまり決定される方法である。日本では公共事業に関わる特注設備機器産業・防衛産業・建設業などの請負の際の価格設定にみられる。

4. 多段階的価格設定方式

これまで，価格設定方式としてはコスト重視型価格設定方式，需要重視型価格設定方式，競争重視型価格設定方式について類型化してみてきたが，現実的には3つの要素を基礎としてすべての要素を重視して設定しなければならない。

そのアプローチの1つとしては，オクセンフェルト（Alfred R. Oxenfeldt）の多段階的価格設定方式が知られている。この方式は，価格設定に関する種々の情報や検討方法を系統的・段階的にみていくために，価格設定方式としては非常に有効なものである。そのために価格設定の主たる要素としては，①マーケット・ターゲットの選定，②ブランド・イメージの選択，③マーケティング・ミックスの構成，④価格政策の選択，⑤価格戦略の決定，⑥具体的な価

格設定の6つをあげ，その6つの要素ないしプロセスを経て価格が設定されていくという方式である（Oxenfeldt 1967, p.457. 片岡他訳 1972, p.445）。それによって，第1に，企業イメージやブランド・イメージに関するあらゆる価格行動の永続的効果に重点をおくことによって，長期的な価格設定方式になっている。第2に，あらゆる価格問題を同時に解決するというよりも，段階的に価格設定を行っている点に特徴がみられるのである（Oxenfeldt 1967, p.464. 片岡他訳 1972, p.451）。

また，ローゼンベルグ（Larry J. Rosenberg）の戦略的価格設定方式がある。この価格設定方式は，標的市場の選定とマーケティング・ミックス形成を軸とするマーケティング戦略のプロセスを基礎として，消費者行動，競争，コストと需要を考慮して戦略的価格設定を行うものである（Rosenberg 1981, pp.329-331, 市川 1993, p.192）。

第4節　新製品の価格設定

新製品が既存製品分野ないし代替製品分野に導入される場合，新製品の価格はそれらの現行価格によって大きな影響を受ける。そのために，新製品の価格は，現行価格を基準にして考慮して設定される。そこで，新製品の価格設定にあたっては，第1に新製品の市場受容をいかに図るか，第2に競争製品ないし代替製品へいかに対処するかということを配慮することが必要である（木村 1981, p.240）。

戦後の技術革新のマーケティングは，その中核的戦略として新製品の開発・導入が行われており，新製品の価格設定が企業の存立を左右するほどの大きな影響を与える。新製品の価格設定は，製品の販売量や利益量を規定するものである。そのため新製品の価格設定には，①市場への受け入れ，②市場の維持，③利潤の獲得を考慮しなければならない（Dean 1967, p.465. 片岡他訳 1972, p.440）。

そして，この3つの指針ないし目標を基本として，新製品に対する長期需要

90

の見通しならびに新市場の受容状況などによって，次の2つの新製品の価格設定が考えられる。そこで，表5-1を参考にしながら，新製品の価格設定戦略をみていこう。

表5-1　新製品の価格設定の目的・効果・条件

		上層吸収価格戦略	市場浸透価格戦略
目　　的		○導入期における利潤最大化	○市場へのすみやかな浸透と長期的市場確保
効　　果		○多額の開発費を短期で回収でき，急速な陳腐化戦略にも耐えることが可能となる。	○低マージンであるため競争企業の参入を防ぐことができ，大きな自己の市場を固めることができる。
背景・条件			
	費用・生産	○経済的生産体制がそれほど大きくなく，生産設備を段階的に拡張できる場合。	○大量生産による制約が大きく，初期に巨額の設備投資を必要とする場合。
	競　　争	○パテントなどによる参入障害がある場合。	○潜在的競争があったり，新規参入の脅威がある場合。
	需　　要	○需要の価格弾力性に違いがあり，市場の分割が可能な場合	○広い全体市場を相手にする場合。
		○需要の価格弾力性（とくに上の部分の）が低い。	○需要の価格弾力性（とくに下の部分の）が高い。

出所：木村 1981, p.241.

1.　上層吸収価格戦略

　新製品の価格設定方式の1つは，上層吸収価格戦略（上澄み吸収価格戦略）あるいは初期高価格戦略と呼ばれているものである。これは，新製品の導入期から高い価格を設定して，競争企業が参入する前に市場の上澄みを吸収し，その後しだいに価格を下げていく戦略である。この価格戦略は，画期的な新製品にみられるように，市場の不確実性が高い場合に採用されている。

　この上層吸収価格戦略が採用される理由としては，第1に，販売できる製品の数量が，価格によって影響を受ける度合いが少ない。第2に，市場の大部分を占める大衆市場に浸透する前に，高い価格によって市場での有利な顧客（高

所得者層）を獲得することができる。第3に，需要を探る方法としては，初期には高い価格で始め，製品需要の実態を知ったうえで価格を下げた方が非常に容易である。　第4に，市場開発の初期の段階においては，高い価格を設定する戦略が低い価格を設定するよりも，より多くの販売量をもたらすことがしばしばありうる（Dean 1967, pp.465-466. 片岡他訳 1972, p.440）などがあげられる。

　このように，上層吸収価格戦略は，新製品に対する需要の価格弾力性が低く，しかも価格にあまりこだわらない新製品需要がある場合，また新製品の生産力に対する限界や特許などによる参入障害があって急激な大量生産方式の採用が困難な場合，さらに競争相手の新規参入が困難な場合などに有効である。しかし，この価格戦略は，高い利益を保証する市場で行われるだけに，この新製品市場には競争企業にとっても魅力のある市場であり，それだけ急速に競争企業が出現しやすい（沼野 1990, p.116）。

2.　市場浸透価格戦略

　新製品の価格設定方式のもう1つは，市場浸透価格戦略あるいは初期低価格戦略と呼ばれるものである。これは，新製品の導入期から低い価格を設定してすばやく大衆市場に浸透していこうとする戦略であり，いち早く市場における支配的地位を築くことによって，競争企業の参入を抑制しようとする戦略である。

　この市場浸透価格戦略が採用される理由としては，第1に，市場参入の初期段階において，製品の販売量が価格に非常に影響されやすい。　第2に，単位当たりのコストが低く，大量生産によって生産や流通の合理化がもたらされる。第3に，市場導入後まもなく，新製品が強力な潜在的競争企業の脅威に直面する。第4に，最新かつ最高の製品を購入するために，より高い金額でも購買可能な高所得者層のようなすぐれた市場が存在していない（Dean 1967, p.466, 片岡他訳 1972, p.441）などがあげられる。

　このように，市場浸透価格戦略は，新製品に対する需要の価格弾力性が比較的に高く，しかも価格に敏感な消費者の需要がある場合，また単位当たりのコストが低く，大量生産が可能な新製品の場合に有効である（沼野 1990, p.117）。

92

さらに改良型新製品のように，製品需要が成熟期段階にあるような場合に多く
みられる。

第5節　価格管理

　価格戦略は，価格設定とともに価格を維持・管理することも重要な戦略であ
る。寡占企業が長期的かつ安定的な利潤を獲得するためには，価格が高い水準
に設定されるだけでなく，その設定された価格が維持・管理されなければなら
ない。そのためには，寡占企業が生産段階において価格を設定しながら価格の
維持・管理を図り，さらにそれを流通段階末端まで貫徹することによってはじ
めて価格の維持管理が実現されるのである。そこで，価格が，生産段階レベル
および流通段階レベルにおいて維持・管理される具体的な形態をみていこう。

1.　生産者レベルの協調価格戦略

(1) カルテル価格

　寡占企業にとっては，価格が高い水準に設定されるだけでなく長期的かつ安
定的に維持されなければならない。そのために寡占企業は，価格設定に際して
協調行動をとることが多い。価格設定に際しての価格協調の行動は公然と行わ
れることも秘密裡で行われることもある。このうち公然と協定し設定される価
格がカルテル価格であり，それは，同種商品を生産する生産者が価格協定を結
ぶことによって実現するものである。

　このカルテル価格は，他の種類のカルテルと同じく自由な競争を排除するた
めに，消費者の利益に反し国民経済の発展を妨げる恐れがある。したがって，
不況時とか中小企業関係などの特別な場合を除き，原則として独占禁止法に
よって禁止されている。たとえば，不況カルテルは，不況のために業界の大部
分の企業が事業を継続することができない恐れがある場合に特に認められるカ
ルテルであって，生産数量・販売数量・設備投資などについて制限を行うが，
それらによっても事態を克服できなければ，価格協定としてのカルテル価格が

認められる（久保村 1968, p.106）。

（2）価格先導制

　寡占企業が価格設定に際して協調行動をとることは，原則として独占禁止法によって禁止されている。そこで，寡占企業によって一般に行われている価格面での協調行動には，秘密裡で暗黙の了解によって行われる価格先導制（プライス・リーダーシップ）と呼ばれるものがある。これは，一般に価格設定に際して業界内で主導的地位を占めている寡占企業が価格先導者としてまず価格を設定し，続いて他の寡占企業が価格追随者としてそれに従うものである。　この価格先導制によって統一的に設定された価格が管理価格にほかならない。

　この価格先導制においては，価格先導者となる寡占企業は原価加算方式に基づいて価格設定を行うのであるが，その場合，超過利潤を獲得するために市場における需給状況を考慮しながら価格の動揺を未然に防止するとともに，価格追随者である他の寡占企業の行動も考慮して価格を設定するために，そこで形成される価格はかなり安定性の高いものとなっている（鈴木 1973, pp.127-128）。

　さて，カルテル価格にせよ価格先導制による管理価格にせよ，これらの価格は，さしあたり生産者レベルにおいて設定され維持・管理されたものであるが，この価格が流通段階において崩れるとすれば，いずれ生産者価格にもはね返ってくるものとみなければならない。　そのために寡占企業は，流通チャネルを管理することによって，生産段階で設定された価格を流通末端まで維持しながら商品販路を確保することが不可欠の課題となってくる。

2．流通段階レベルの協調価格戦略

（1）再販売価格維持

　寡占企業は，流通支配に依拠して流通段階での価格の安定を図るための手段として，再販売価格維持戦略を展開する。　再販売価格維持とは，「ある商品の生産者等が，あらかじめその商品が再販売される各段階の販売価格を定め，その商品を再販売する各段階の販売業者に定められた価格で再販売される慣行な

いし制度」（長谷川 1969, p.13）である。この再販売価格を維持する手段ない
し方法の最も典型的なものとしては，生産者が販売業者と契約を締結して，販
売業者に生産者が定めた価格で販売することを義務（長谷川 1969, pp.15-16）
づけるという，いわば価格の維持を契約によって義務づける再販売価格維持契
約があげられる。

　この再販売価格維持契約は，基本的には表示価格を維持することにあるが，
守った場合は一定のマージンを保証したりリベートなどの報奨を与え，違反し
た場合は出荷停止や違約金の徴収などの制裁措置をとるといった，いわばアメ
とムチの両戦略によって行われている。これによって，寡占企業は垂直的次元
で価格管理を貫徹することができるが，他方では販売業者は価格設定の自由を
奪われることになる。そのために，これらの行為は独占禁止法に違反するとこ
ろから，今日では多くの国で実施されていない。ただ，わが国では例外的に一
部の化粧品および医薬品などの商品に認められている（岩永 2007, p.107）。

(2) メーカー希望小売価格（標準小売価格）

　再販売価格維持契約が競争制限的効果をもつものとして禁止されていること
から，それに代わるものとしては，寡占企業が販売業者になんら義務を課すこ
となく流通段階での標準的な価格を定めてその価格を推奨する，いわゆる建値
制が多くの消費財寡占企業によって広く採用されている。この建値制による流
通末端価格が，メーカー希望小売価格あるいは標準小売価格である。

　建値制に基づくメーカー希望小売価格の目的は，自社製品の値崩れを回避
することにある。なぜならば，値崩れは，販売業者のマージンを圧迫すること
から，販売業者の販売意欲を弱めやがて自社製品を取扱ってもらえなくなる。
そのうえ，小売段階での値崩れは，製品ないしブランドのイメージや信用を損
ない，企業そのものを危うくするからである（小林 1990, p.52）。

　さらに，メーカー希望小売価格は，寡占企業にとっては自社製品の価値を価
格というかたちで消費者に訴え，商品選択に際しての目安となるため，販売戦
略的にも重要である。また消費者や販売業者にとっては，商品選択や販売価格
設定において重要な役割を果たすものとなっている。すなわち，消費者にとっ

ては，商品の価値に関する情報源としての商品選択を行う際の目安となる。また販売業者にとっては，販売価格の設定や仕入価格の交渉を容易にするなど取引業務を行う際の目安となる。さらに価格訴求型小売業者にとっては，商品の低価格性を端的に消費者に訴える際の有効な手段となっている（鈴木 1989, pp.106-107, 田島 1988, p.49）。

　しかし，メーカー希望小売価格が再販売価格維持契約に代替しうる効果をもつものとして登場してきたものであるだけに，寡占企業間の競争がみられない場合や小売業者の寡占企業への依存度合が強い場合には，寡占企業によるメーカー希望小売価格は硬直化する傾向にある。また，小売業者の寡占企業への依存傾向は，寡占企業が小規模零細小売業者を援助し組織化して，安定的な流通チャネルを構築していく過程でもある。そのためには，標準的な価格体系を販売業者に提示して取引の便宜を与えることが有効と考えられ，他方，販売業者もこれを歓迎することによって価格体系が強化されてきたものと考えられる。そのうえ，マージンやリベートを保証した寡占企業のチャネル戦略が，今日まで寡占企業と販売業者との間の利益共同体的意識をつくりだしてきたこともあって，寡占企業の価格戦略が流通末端まで浸透しやすくなっていることも事実である（鈴木 1989, pp.107-108）。

3.　業者間取引価格戦略

　寡占企業が相互に協調して設定・維持するカルテル価格や管理価格，さらにそれらが流通支配を通じて維持される再販売価格維持やメーカー希望小売価格はある程度管理可能な価格であるとしても，それは需要までも管理できるものではない。そのため，寡占企業は，長期安定的な利潤極大化のために，一方では相互の利益を図って価格面での協調行動を取りつつ，他方では個別的視点に基づいて単独で価格行動を展開することが多い。この場合は，生産段階で設定された管理価格ないし流通段階まで維持されているメーカー希望小売価格に代表される基本的な価格戦略の枠内で，それを補完・補充するための二次的な価格戦略としての価格競争を展開する（森下 1969, p.227）。その具体的なものと

しては，割引戦略やリベート戦略があげられる。これらの二次的な価格戦略は，主に生産者と販売業者との業者間で行われるチャネル戦略に基礎をおく価格競争であり，あくまでも管理価格ないしメーカー希望小売価格を維持しながらプロモーション戦略を目的とした価格戦略である（岩永 2007, pp.109 -110）。

(1) 割引戦略

割引戦略とは商品の表示価格ないし指定価格から取引状況に応じて一定額（率）を割引ないし控除するものであり，次のようなものがあげられる（大橋 1966, pp.309-318, 懸田 2007, p.77）。

①業者割引——これは，生産者が自社製品の販売機能を販売業者に代行させる機能割引であり，いわば商品の生産と流通の社会的分業を基盤におき，販売チャネルを維持しながらプロモーションを図るものである。

②数量割引——これは，商品の取引量ないし購買量の大きさ，つまり大口取引に対する割引であり，販売や物的流通にかかる費用の節約分を販売業者に還元するものである。これには1回ごとの取引に対して行われる非累積割引と，一定期間における取引ないし購買総量に対して行われる累積割引とがある。また，数量割引は購買数量だけでなく購買金額に応じた割引も含まれる。

③現金割引——これは，掛払いや手形払いにおける支払期日（満期）以前の現金支払いに対する割引である。これは金利や貸倒れ損失に相当する部分を販売業者に還元するものである。

(2) リベート戦略

リベートとは一定期間の取引高に基づいて期末に取引代金の一定割合を販売業者（得意先）に対して払い戻すものである（懸田 2007, p.77）。リベートは，わが国において商慣習の1つとして行われ，利益を得る機会に対する報奨の性格をもっていた。しかしながら，今日ではこのような単純な形態のリベートはほとんどみられず，その目的や形態があらゆる業界で複雑多様化してきている。これは，リベートがマーケティング戦略の重要な手段として利用され，リベートのもつ機能に変化が生じたからである（柳沢 1966, p.298）。

第5章 価格戦略 97

　元来，リベートの機能は，プロモーションにあるといえようが，今日ではリ
ベートの機能ないし目的が細分化され，それぞれの機能ないし目的の相乗効果
の結果として，プロモーションに貢献するものと考える方が妥当であろう。
そこで，リベートを機能的に分類すると，次のようなものに大別できる（柳沢
1966, pp.299-302）。

①　プロモーション的リベート——これは，取引実績を基準にして，それに
　　相応したかたちで支給され，次への購買の刺激となる機能を果たすもので
　　ある。 この種のリベートとしては，売上割戻し・販売奨励金・販売報奨金・
　　割戻金・出荷奨励金・運賃補助金などがある。

②　報奨的リベート——これは，販売を促進させるものであるが，さらに販
　　売能率・店頭陳列の位置や特別コーナーの設置などによる販売努力を考慮
　　して支給されるものである。本来は生産者サイドの予定収益を超過した利
　　益の配分，いわば大入袋的なものであったが，現在では販売業者の協力度
　　に対する報奨の色彩が濃い。この種のリベートとしては，謝恩金・特別
　　報奨金・報奨金・特別協力金などがある。

③　統制的リベート——これは，生産者が流通段階で支配的地位を確立する
　　ための統制ないしコントロールを意図したものである。この統制的リベー
　　トが，今日のマーケティング戦略で最も重要な手段として利用されてい
　　る。 たとえば，乱売傾向の強い業界では値崩れを防ぎ，生産者の指示価格
　　通りに販売するための手段にリベートをもちいる。また代金回収を促進す
　　るための回収率や期間を基準にするリベート制度，さらに債権保全のため
　　の預り金として生産者が留保するといったリベート制度などがある。この
　　種のリベートとしては，決済リベート・現金報奨金・価格維持協力金・取
　　引保証金・預り保証金・割引預り金・会積立金などがある。

　このように，リベートはもともとプロモーションにその主たる役割や機能が
あった。しかし，今日のリベートは，マーケティング戦略としてその目的や形
態が複雑多様化して，それだけに機密性を帯びたものとなり，その意味で，リ
ベート戦略はいわば隠蔽された価格競争といえる。

第6節　最近の動向

1. 価格戦略の動向

　一般に，日本の商品価格は海外のそれと比べてずいぶん高くなっており，そのうちブランド品はメーカーや流通業者の戦略によって高く設定されていた（伊藤 1995，p.5）[注2]。

　既述したように，従来のマーケティングとしての価格戦略は，高い価格設定とその維持・管理が基本方向であり，その具体的なものとして生産者段階でのプライス・リーダーシップに基づく管理価格ならびに流通段階での建値制によるメーカー小売希望価格やそれを補完する割引ないしリベートがあった。

　しかし，近年では，価格破壊や価格革命（宮澤 1995a，p.71）[注3]にみられるように，メーカー主導の価格形成ないし価格戦略に変化があらわれている。その変化の1つとして メーカー建値制 から オープン価格制 とそれを支えてきたリベート制の簡素化や廃止などがあげられる。

　これら価格戦略の変化は，当初は景気の調整過程でみられた特定商品の一時的な現象であった価格破壊から，景気循環に伴う一時的なものではなく既存の流通システムや経済全体を構造的に組み換えながら多くの商品分野へと波及していった価格革命とみるべきであろう（宮澤 1995a，pp.71-72）。

　これら価格戦略の変化の背景ないし要因としては，長期にわたる景気の後退と消費の低迷などの経済不況，円高の進展と製品輸入の拡大などにみられる国際化の進展，消費者の価格志向（価格に対する意識）の向上，規制緩和の進展など政策志向の変化，ディスカウントストアなどの新たな小売業態の台頭などによる大規模小売業へのパワー・シフト，大規模メーカーと大規模小売業者の提携関係にみられる製販統合による低価格商品開発（PB商品など）ならびにサプライ・チェーン・マネジメント（SCM）によるコスト削減志向，商慣行の変化などによる流通分野での競争激化があげられる（宮澤 1995b，p.20）。そこで，最近の価格戦略の動向に影響を与えている要因の1つとして，消費者の低価格

志向について考察しておこう。

2. 消費者の価格志向

　従来の消費者の価格志向は，食料品・日用衣料・日用雑貨など生活必需品については安価な商品を求めようとする低価格志向が強く，他方，ファッション商品・教養娯楽関連商品など趣味・余暇関連商品についてはブランド志向にみられる高価格志向が強い，いわば価格志向の二極分化傾向がみられた。

　しかし，最近のバブル経済後の長期不況下での消費者の価格志向は，納得価格志向ないし低価格志向がみられる。これは，現象面では百貨店での買物頻度の減少，ディスカウントストアの盛況，短期間で低価格な国内外旅行の人気の上昇，プライベート・ブランドの増加などがあげられる（宮澤 1995b, p.31）。

　その背景には，第1に，バブル時代の消費者自身の買い物行動に対する反省ならびにその後景気の低迷の長期化による必要な時に必要な分量の商品を安い価格で購入しようとする賢い消費者行動が広まったこと。第2に，円高の進展による内外価格差の拡大，円高による海外旅行の増加やアジア諸国からの安価で品質的にも国産に劣らない輸入品の増加ならびにその購買機会の拡大が内外価格差に対する消費者の不満を喚起して価格に対する意識を強めていること。第3に，ディスカウントストアなど低価格販売を行う小売業態の台頭が消費者の商品に関する選択機会を拡大したことなどがあげられる（田村 1995, pp.181-182）。

　ともあれ，上記のような社会経済の変化を背景として，消費者の購買行動や価格意識が大きく変化したことは，従来の価格形成や価格戦略に大きなインパクトを与えている。

注

1）これについて，角松正雄は，「この方式が，寡占企業に採用されるのは，標準原価の採用によって，コストや需要の短期変動に伴う設定価格の短期的かつ頻繁な改訂から解放され，価格維持行動を容易にしうるからである。需要が増加すれば過剰能力を稼働させて操業度を引き上げることで供給を増加させ，需要が減少すれば操業度を引き下げて供給を減少させる。つまり，操業度操作による需給調整がおこなわれるからである。……しかし，実際操業度が損益分岐点を越えて低下したような場合，大企業は価格支配力を行使して価格の引上げを図るのである。……要するに，この価格決定方式は好況で儲け不況でも損をしない方式であることは明らかである」（角松 1980, p. 92）と述べている。

2）日本の価格が高いケースとして，①米のように輸入制限が行われている。②ブランド品のようにメーカーや流通業者の戦略によって高く設定されている。③住宅や高速道路の公共料金のように多くの規制が関わっている。④タクシーや金融などの非貿易財のように海外から輸入することができないために価格が高くなるなどがあげられる（伊藤 1995, p.5-8）。

3）ここでの価格革命とは，景気の調整過程でみられた一時的な現象である「価格破壊」ではなく，それを契機として既存の流通システム全体あるいは経済全体が構造的に大きく変化している価格構造や価格戦略の変化を意味するものである（宮澤 1995a, p. 71）。

参考文献

1）市川 貢（1993）「価格管理」三浦　信・来住元朗・市川 貢『新版マーケティング』ミネルヴァ書房。

2）伊藤元重(1995)『日本の物価はなぜ高いのか—価格と流通の経済学—』NHK 出版。

3）岩永忠康（2007）『マーケティング戦略論（増補改訂版)』五絃舎。

4）大橋周次（1966）「ディスカウント政策」深見義一編『マーケティング講座（第2巻）価格政策』有斐閣。

5）懸田 豊（2007）「価格政策」木綿良行・懸田 豊・三村優美子『テキストブック 現代マーケティング論（新版)』有斐閣。

6）角松正雄（1980）「製品戦略と価格戦略」橋本 勲・阿部真也編『現代の流通経済』有斐閣。

7）木村立夫（1981）「価格戦略」田内幸一・村田昭治編『現代マーケティングの基礎理論』同文舘。

8）久保村隆祐（1968）『マーケティング』ダイヤモンド社。

9）小林逸太（1990）「日本的価格形成とリベート制度」『ジュリスト』有斐閣, 950 号。

10）鈴木 武（1973）「価格政策」森下二次也監修『マーケティング経済論（下巻)』ミネルヴァ書房。

11）鈴木 武（1989）『商業政策講義案』九州流通政策研究会。

12）田島義博編（1988）『メーカーの価格政策と競争—メーカー希望小売価格の実態と

問題点―』公正取引協会。

13）田村正紀（1995）「価格革命の戦略とその意味」宮澤健一編者『価格革命と流通革新』日本経済新聞社。

14）沼野 敏（1990）『現代マーケティング管理論―戦略的プランニング・アプローチ―』同文舘。

15）長谷川 古（1969）『再販売価格維持制度』商事法務研究会。

16）宮澤健一（1995a）「『価格革命』に向けた流通革新」宮澤健一編者『価格革命と流通革新』日本経済新聞社。

17）宮澤健一（1995b）「価格形成の変化とその背景」宮澤健一編者『価格革命と流通革新』日本経済新聞社。

18）森下二次也（1969）「経営販売論」馬場克三編『経営学概論』有斐閣。

19）柳沢 孝（1966）「リベート政策」深見義一編『マーケティング講座（第2巻）価格政策』有斐閣。

20）Joel Dean(1967), "Pricing a New Product," in William Lazer and Eugene J. Kelley (eds.), *Managerial Marketing : Perspectives and Viewpoints A Source Book*, 2nd ed., Richard D. Irwin.（片岡一郎・村田昭治・貝瀬 勝共訳（1972）『マネジリアル・マーケティング（下）』丸善）。

21）Philip Kotler(1967) , *Marketing Management: Analysis, Planning and Control,* 2nd ed., Prentice-Hall, Inc..（村田昭治監修，小坂 恕・疋田 聡・三村優美子訳（1983）『マーケティング・マネジメント―競争的戦略時代の発想と展開―（第4版）』プレジデント社）。

22）Philip Kotler and Gary Armstrong(1980), *Principles of Marketing*, 4th ed., Prentice-Hall International, Inc..（村田昭治監修，和田充夫・上原征彦訳（1983）『マーケティング原理―戦略的アプローチ―』ダイヤモンド社）。

23）Alfred R. Oxenfeldt(1967), "Multi-Stage Approach to Pricing," in William Lazer and Eugene J. Kelley (eds.), *Managerial Marketing : Perspectives and Viewpoints A Source Book*, 2nd ed., Richard D. Irwin.（片岡一郎・村田昭治・貝瀬 勝共訳（1972）『マネジリアル・マーケティング（下）』丸善）。

24）Larry J. Rosenberg(1981), *Marketing*, 2nd ed., Prentice-Hall, Inc..

第6章　流通チャネル戦略

第1節　流通チャネルの概念

　一般に，商品は，生産者から卸売業者へ，卸売業者から小売業者へ，小売業者から消費者へと，それぞれの段階における売買取引によって流通している。流通チャネル（流通経路）は，このように商品が市場関係に規定されながら，そこで行われる売買の継起的な段階の全体である（風呂 1984, p.36）。たとえば，最も基本的な流通チャネルは直接に生産者と消費者との間で行われる売買取引である。次に生産者と消費者との間に商人が介入する売買取引はいっそう発達した流通チャネルである。

　流通チャネルは商品の種類によって異なり，また同じ種類の商品が複数の流通チャネルをもつこともある。それにもかかわらず経済発展の一定の段階においては，その段階において一般的・支配的なある流通チャネルが抽出される。このような一般的・支配的な流通チャネルを全体としての商品流通のなかに位置づけてみると，その具体的な商品流通の姿あるいはその仕組みないし形式を流通形態と呼び，特にこの流通形態を経済発展の一定の段階における固有の生産方法ないし生産関係に関連させたものを流通機構と呼ぶことができる（森下 1994, pp.14-15）。

1.　自由競争段階の流通機構

　資本主義の自由競争段階における流通機構ないし流通チャネルは，基本的には商業組織を媒介とした商品流通が一般的であった。この段階では，商業は生産者から社会的に独立したものとして存在する。つまり，商業は多数の生産者

から商品を購入し，それを自己の責任のもとで取扱い再販売する。つまり，商品の価値実現の過程は，個々の生産者の意図とは無関係に商業によって社会化された過程として進行する（石原 1973，p.143）のである。

ともあれ，この段階では，一般的に生産者はもっぱら生産に専念し，卸売業者や小売業者は生産された商品を購入して再販売するという商品流通に携わる専業者として，個々の生産者の意図と無関係に定型化されていた。 つまり，生産と流通との社会的分業関係が確立し，生産者と商業者はそれぞれ独立した意思によって遂行されていたのである。たとえば，多くの消費財の場合，生産者→ 卸売業者→ 小売業者→ 消費者という流通チャネルが最も一般的・支配的なものであった（森下 1994，p.68）。

また，この段階においては，販売問題がそれほど緊急な課題とはならなかった。その理由としては，全体としての消費力がいちおう生産力の伸びに相応していたからである。さらに大きな理由としては，販売問題つまり商品価値の実現が，もっぱら社会的に分業した商業の利用によって，いわば生産者全体にとって解決されていたからである。つまり，生産者は原則として商業を利用することによって販売問題を解決してきたのである。 この場合，商業は販売の専門家として販売問題をいっそう能率的に遂行することができたのである。

商業は，生産者の販売代行者ではあるが，特定生産者の代理人ではなく多数の生産者の共同販売代理人として機能していた。その意味では，商業の販売は販売の社会化といえよう。もちろん，それで販売問題が完全に解消されたわけではないが，全体として販売がいっそう容易になり販売費用も大幅に節約された（森下 1969，p.215）。 そこに，商業の存立基盤が存在していたのである。

2. 独占段階の流通機構

資本主義が自由競争から転化した独占段階になると，そこでの流通機構ないし流通チャネルは，配給組織を媒介とした商品流通が支配的となってくる。そこでは，「独自の存在としての商業資本が否定され，商業資本の自立性が制限され，商品資本の直接無媒介の運動が一般化」（森下 1994，p.46）してくる。

つまり，「流通機構全体が独占資本（寡占企業—岩永）による流通過程の包摂を可能にし，その縦系列を規定的な要素として組織されるものとなっている」（森下 1994, p.53）のである。

この段階においては，生産者の生産力は飛躍的に高められ，そのわりに消費力は増大しない。その結果，過剰生産が恒常化し，販売問題が激化し，いわゆる市場問題が発生した。そこで生産力を飛躍的に増大させた大規模製造業者ないし寡占企業は，相対的に狭隘化した市場でその地位を維持・強化しながら独占利潤を獲得するために，市場を確保・拡張することが不可欠の課題となってきた。つまり，寡占企業はもはや販売問題を単なる商業への販売問題として処理することが許されなくなった。そのために，寡占企業が販売問題を自己の経営問題として自ら解決しようとする，いわゆるマーケティングが不可欠な課題となったのである（森下 1993, pp.158-159, 岩永 2007, p.5）。

ともあれ，独占段階における流通機構ないし流通チャネルは，従来の商業を媒介として自然発生的に形成された社会的な流通チャネルを存続させながら，基本的には寡占企業による人為的・意識的に選択・構築される私的な流通チャネルへとその支配的な形態を変化させていった。つまり，商業の介入によって遮断され隔離されていた社会的流通チャネルが，寡占企業の意図のものに私的・個別的な流通チャネルへと再編成されていく過程でもある。しかも寡占企業は単にそうすることが必要であるだけでなく，価格設定力をもつことによってそれを行うだけの能力をもっているのである（石原 1973, p.144）。

第2節　流通チャネル戦略

現代の独占段階における流通チャネルは，商業による社会的流通チャネルとしての自由流通チャネルと寡占企業による私的な流通チャネルとしての垂直的流通チャネル・システムないしマーケティング・チャネル・システムに大別することができる。自由流通チャネルは，流通チャネルが生産と流通の社会的分業体制のもとで自然発生的に形成され，しかも個々の生産者の意図と無関係に

定型化されており，そこではもっぱら商業によって社会的流通チャネルが形成されている。 他方，垂直的流通チャネル・システムは，流通チャネルの管理者ないしキャプテンが生産から消費までの流通チャネルを統合化・調整化・同調化することによって，技術的・管理的・促進的な経済性を達成するために計画・構築された流通チャネルである（沼野 1990，p.145）。

　このような垂直的流通チャネル・システムには会社システム，契約システム，管理システムという3つの形態があげられる。このうち，会社システムは，流通チャネルのある段階あるいはすべての段階を資本力や役員派遣をもって統合した流通チャネルである。それによって完全所有と流通チャネルの管理が達成される。また，契約システムは，多くの独立した組織体が統一的に流通チャネル・システムを形成する当事者間の契約によって形成された流通チャネルである。さらに，管理システムは，主として寡占企業が経済力や管理力に基づく積極的な戦略や活動によって形成された流通チャネルであり，それによって流通チャネルを支配・管理するものである（沼野 1990，p.146，石居 1998，p.187）。

　ともあれ，現代の流通チャネルは，自由流通チャネルと垂直的流通チャネル・システムとの2つの形態に代表される。そのうち垂直的流通チャネル・システムが支配的な形態であり，それが寡占企業による流通チャネル戦略の主たる対象領域となっている。なお，この流通チャネル戦略としては，商業を媒介としない直接販売，商業を媒介とする間接販売との2つの形態があげられる。

1. 直接販売

　寡占企業の流通チャネル戦略における最も端的な形態としては，寡占企業自らが直接に販売問題の担い手となり，流通チャネルに関するかぎり商業依存から完全に脱却して直接販売の方法をとることである。いわゆる文字通り商業排除と呼ばれるものである。これは，寡占企業が自己の販売組織を構築することであり，そのために新しく販売部門を設置したり既存の販売組織を吸収合併したりすることである。この具体的形態としては通信販売や訪問販売，販売営業所・支店の設置ならびに販売会社の設置などがあげられる。この場合，これら

は形式的には独立の企業として存在しているが，実質的には内部販売組織となんら異なるものではない（森下 1969, p.219）。

このような直接販売は，資本力によって流通チャネルを統合するものであり，それによって完全な所有とチャネル管理が達成される。その意味では，最も強力に流通チャネルを管理することができる。しかし，寡占企業が流通チャネルの末端まで資本投下することは，資本の固定化を招き流通チャネル・コストの負担を大きくするとともに，寡占企業にとっては市場危険を一手に引き受けることにもなる（木綿 2007, p.121）。さらに，たとえ寡占企業が流通チャネルを完全に管理したとしても，市場経済に基づく見込み生産であるかぎり販売の困難は依然として残っているのである。

2. 間接販売

寡占企業の流通チャネル戦略におけるもう1つの形態としては，寡占企業が商業に依存しながらそれを系列化して利用することである。この場合，そこで市場危険を可能なかぎり商業に転嫁させながら，同時に商業が本来的にもっている社会的性格を利用しながら否定するものである（風呂 1968, p.144）。こうした意図のもとに展開される活動こそ商業の系列化にほかならない。

このような商業の系列化は，一方では商業独自の活動を前提としながら，他方ではその独自の活動を制約するという矛盾を内包している。このように，特定の寡占企業の意図を実現するために個別的に系列化した商業を媒介とする流通チャネルをマーケティング・チャネルと呼んでいる。流通チャネル戦略はマーケティング・チャネル戦略としての商業の系列化ないし流通系列化を重要な課題としている（石原 1973, pp.150-151）。

第3節 マーケティング・チャネル戦略

寡占企業の流通チャネル戦略における1つの形態としてのマーケティング・チャネル戦略（以下，チャネル戦略）は，既存の商業の系列化を通して流通チャネル

を支配・管理することである。そのためには，まずマーケティング・チャネルを
構築することが必要であり，それによってチャネル戦略を展開することができる。

1. マーケティング・チャネルの構築

チャネル戦略は，寡占企業が商業の伝統的な活動領域である流通機構に介入
し，程度の差こそあれ，寡占企業自らが商業を管理して，流通チャネルを管理し
ようとするものである。そのためには，最初にマーケティング・チャネルの構
築が課題となる。マーケティング・チャネルは，消費者・市場・製品特性・そ
の他の環境要因を考慮しながら，収益性・市場成長性・市場占有率などの観点か
ら確実で安定したものを構築しなければならない（沼野 1990, p.146-148）。

次に，寡占企業はどのような流通チャネルを利用するのか，いわばマーケ
ティング・チャネルの構成や構造が課題となる。それは，まず流通チャネルの
長さの問題であり，具体的には卸売業ないし小売業のどの段階までの商業を流
通チャネルとして利用するのかである。次に，マーケティング・チャネルに
おける商業者の数の決定ないし流通チャネルの分布密度の問題である。さらに，
マーケティング・チャネルを一元的な流通チャネルにするか多元的な流通チャ
ネルにするかの問題などがある（岩永 2007, p.122）。

2. マーケティング・チャネル戦略の展開

チャネル戦略は，寡占企業の生産力や販売努力の程度，競争の状況，商業と
の力関係，費用の負担関係などによって規定されるのであるが，それは次の3
つの次元から考えることができる（石原 1973, p.156）。

(1) 製品次元

製品次元は取扱う製品に関連する問題である。一般に，寡占企業は多種類
の製品を生産しており，各製品がもつ市場支配力ないし消費受容力の程度は異
なっている。一般に製品の市場力が強ければ，寡占企業にとっては商業の系列
化が容易であり，それだけチャネル戦略を有利に展開することができる。した
がって，製品次元でのチャネル戦略は，まず市場力の強い製品をベースに，今

第6章　流通チャネル戦略　*109*

度はそれを市場力の弱い製品にまで拡張しようとするかあるいは弱い製品を抱
合わせて販売しようとするのである。この場合，前者が拘束付製品戦略，後者
が抱合わせ製品戦略と呼ばれている。なお最高の形態は，寡占企業が生産する
すべての製品の取扱いを義務づける全製品取扱いを強制したものといえる（石
原 1973, p.157）。

(2) 商業機能次元

商業機能次元は商業機能つまり再販売購入活動に関連する問題である。商業
は，多数の生産者の共同販売代理人として社会的性格をもつものであり，商業の
再販売購入活動のなかに独自の活動・機能を果たしている。さて，チャネル戦略
のなかで最もゆるやかな形態は，競争製品との併売を前提としながら自社製品の
推奨販売を要請するものである。次のレベルでは，商業の再販売購入活動に直接
に関わりをもち，競争製品との併売を原則としながら，そのなかで常に自社製品
を一定比率取扱うことを義務づけるものである。つまり，そこでは商業の品揃え
そのものが寡占企業の意図のもとにおかれることになる。そして最高の形態は，
競争相手の製品の取扱いを禁止する場合であり，そのとき商業は寡占企業の専属
的流通チャネルの構成要素となるのである（石原 1973, pp.156-157）。

(3) チャネル類型次元

チャネル類型次元は寡占企業の製品を取扱う商業ないし販売店（販売業者）
の数に関わる問題である。これは，一般に開放的チャネル戦略，選択的チャネ
ル戦略，専属的チャネル戦略の3つのタイプに分けて考えられる（橋本 1973,
p.253）。

開放的チャネル戦略は，販売店を差別・選択しないで広くすべての商業ない
し販売店に開放して自社の製品を取扱わせる戦略である。その意味では，自由
流通チャネルとなんら変わらない。というのは，このチャネル戦略は，消費者
が最寄りの商店で購買するような食料品・日用品・薬品などの単価の低い最寄
品の販売に多くみられるように，生産者は広範囲に分散している多数の商店に
販売する必要があるからである。したがって，チャネル戦略は，次の①選択的
チャネル戦略ならびに②専属的チャネル戦略に限定すべきであろう。

①選択的チャネル戦略

選択的チャネル戦略は，寡占企業が何らかの基準によって一定の協力的な販売店を差別・選択するものであり，それによって選定された販売店に自社製品の取扱いを義務づけながら優先的に製品を取扱わせるなど優遇措置をとる戦略である。このような選択的チャネル戦略は，製品単価が比較的高い家電製品・高級衣料品などの買回品や専門品など，ディーラーの推奨が必要な製品に多くみられる（橋本 1973, p.254）。

②専属的チャネル戦略

専属的チャネル戦略は，一定の販売地域に特定の販売店のみを選定し，その販売店にその地域における自社製品の専売権を与える戦略である。したがって専属代理店制ないし排他的販売制などと呼ばれている。この専属的チャネル戦略は，一定の販売地域に一店のみの販売店を選ぶときは一手販売代理店契約を結び，数店の販売店に販売権を与えるときは共同専売代理店契約を結ぶことによって実現される。これらの専属的チャネル戦略は，自動車・電気器具・機械器具・ピアノ・ミシンなどの専門品または高額耐久消費財や石油などの業界に多くみられる（橋本 1973, p.255）。

3. マーケティング・チャネル管理

寡占企業は，自社のマーケティング・チャネルを構築したら，自社製品がチャネル内でスムーズに売買できるように，マーケティング・チャネルを維持・管理することが不可欠な課題となる。このマーケティング・チャネル管理の目的は，チャネルメンバー間の衝突を最小にしながら販売と利益の増大を図ることにある。マーケティング・チャネルは，チャネルメンバーの相互依存関係に基づいて，製品の円滑な売買を通じてチャネル全体の利益の増大を図るという共通目標とともに，個々のメンバーの利益の増大を図るという独自の目標も存在している（沼野 1990, p.154）。

（1）チャネルメンバーの相互依存関係

チャネルメンバーの相互依存関係は，協調と衝突ならびに支配力の行使に分け

て考えることができる。マーケティング・チャネル内で，チャネル全体の利益を増大させるという共通目標を実現するためには，チャネルメンバーがそれぞれの役割を遂行しながら協調していかなければならない。その場合，協調は，チャネルメンバーがともに行動したいという状態から生起するものであり，共通目標に対する共同的な努力行動である。他方，衝突は，チャネルメンバーが独自に行動したいという欲求から生起するものであり（沼野 1990, p.155），具体的には相互依存関係にあるメンバーの撲滅・損傷・妨害・コントロールを意図した行動（Stern & El-Ansary 1977, p.13）といえよう。

この衝突の要因には，目標の不一致，役割範囲の不一致，コミュニケーションの欠如，現実認識の不一致，考え方の不一致などがあげられる（Bowersox 1980, pp.74-80）。このような衝突は，一定限度内であれば戦略や手続の改善をもたらしチャネル効率を高める場合もある。しかし，一般に，チャネルメンバー間に不信をもたらしチャネル効率を低下させることが多い。さらに，マーケティング・チャネルの安定的な関係やマーケティング・チャネルそのものを崩壊させる場合もありうる。

(2) チャネルメンバーの管理

マーケティング・チャネルを安定的かつ効率的なものにするためには，チャネルメンバー内でリーダーシップを有する寡占企業が，その支配力を行使してチャネルを管理することが不可欠な課題となる。この場合の支配力は，生産力・市場力・資本力からなる経済力であり，この経済力に基づいて強制力・専門力・指示力などを発揮することができる（沼野 1990, p.158）。もし，チャネルメンバー間に衝突が発生したならば，寡占企業は，この支配力に基づいて共通目標の設定，コミュニケーションの改善，政治，説得，交渉などを通じて問題解決を図ろうとする。なお，組織行動研究の分野では，衝突解決のための方法としては問題解決・説得・交渉・政略をあげている（Bowersox 1980, pp.108-113）。

さて，寡占企業は，自社のマーケティング・チャネルに参加する商業と共通の利害関係にあるが，商業は寡占企業の内部組織ではない。商業はチャネル戦略によって制限されているとはいえ，なお独自性をもっている。しかも他方では，

寡占企業は有能な商業をめぐって他の寡占企業と激しい商業獲得のための競争関係に立たされている。そこで、寡占企業は商業の系列化を強化しながら、チャネル戦略を維持・強化するために不断の努力をしなければならない。これら一連の努力がいわゆる販売店援助（ディーラー・ヘルプス）と呼ばれるものである。その内容は多種多様であり、具体的には招待、報償、店主・店員の訓練、経営指導、広告指導、共同広告、販売指導、設備資金貸与や出資、経営者派遣などがあげられる（森下 1969, p.221）。さらに、販売店に対する割引ないしリベートによる価格戦略も重要な役割を演じている。

第4節　流通系列化

　日本で行われているチャネル戦略の典型的なものとして流通系列化があげられる。流通系列化は、「製造業者（寡占企業―著者）が自己の商品の販売について、販売業者の協力を確保し、その販売について自己の政策が実現できるよう販売業者を把握し、組織化する一連の行為」（野田 1980, p.13）と規定されている。これは、ふつう寡占企業と販売業者との間に締結された協定に基づいて、寡占企業が販売地域・顧客・商品・価格などに関して販売業者の自由裁量の余地を制約することによって達成される（白石 1986, p.62）。

1.　流通系列化の形成

　わが国の産業界において流通系列化が広く採用されるようになったのは、高度経済成長期において、寡占企業が流通分野に介入して自社製品の販売価格を維持・管理しながら販売を確実なものにしようとするために、積極的にマーケティング活動を展開したからである。その背景には、第1に、1950年代後半から技術革新による新生産方式の導入や新製品開発が活発に行われ、大量生産システムが確立し、それに対応して大衆消費社会が到来した。第2に、高度経済成長のもとでの急速な消費市場の拡大に対応するためには、従来の小規模零細で分散的な販売網を整備するとともに自社の販売組織を確立しなければならなかった。第

３に，戦後急成長している家電製品や自動車などの耐久消費財寡占企業は，自社製品の専門的知識や技術支援を必要とするために，販路の拡張，小売店への資金的・技術的な援助，アフターサービスの充実などを含めた独自の流通チャネルを構築する必要があった。第４に，寡占企業は相互間のマーケティング競争に勝ち抜く手段として，また自社製品の販売を強化するためにも，優れた販売店を組織化して排他的な流通システムを構築することが競争上有利であったからである（石居 1998, p.195-196）。

このように流通系列化は，寡占企業が卸売業者や小売業者から消費者にいたる流通チャネルを管理・支配することによって，マーケティングをより有効なものにしようとするチャネル戦略の現実的な形態である。わが国の独占禁止法研究会報告書では，このような流通系列化の具体的形態として，(1) 再販売価格維持，(2) 一店一帳合制，(3) テリトリー制，(4) 専売店制，(5) 店会制，(6) 委託販売制，(7) 払込制，(8) リベート制の８つの類型をあげている。このうちチャネル戦略として販売店（販売業者）を拘束・支配するものとしては (1) ～ (6) の６つの類型があげられ，(7) 払込制，(8) リベート制は価格戦略の範疇に属する。

2. 流通系列化の形態

流通系列化の具体的形態として，次の６タイプを簡単に説明しておこう（白石 1986, pp.63-64）。

(1) 再販売価格維持

再販売価格維持は，寡占企業が販売店の再販売価格を直接拘束するもので，販売店の間の価格競争を消滅させることによって価格の安定化を図ろうとするものである。これによって垂直的価格硬直化がもたらされる。このことはまた，同じ寡占企業によって供給される同一ブランド品については，流通段階での価格競争が一般に消滅することを意味する。なお，この再販売価格維持は一部の医薬品・化粧品などの商品を除いてわが国の独占禁止法で禁止されている。

(2) 一店一帳合制

一店一帳合制は，寡占企業が卸売店（卸売業者）に対してその販売先である

小売店（小売業者）を特定しようとするもので，小売店に特定の卸売業者以外のものと取引することを禁止させる制度である。これにより，寡占企業は流通チャネルをコントロールすることができ，直接に価格拘束を行わないで価格水準の維持を図ることができる。

（3）テリトリー制

テリトリー制は，寡占企業が自社製品の販売にあたり特定の販売地域に販売店を指定したり，あるいは特定の販売店に販売地域を指定する制度である。さらに，これには販売地域を限定し当該地域に単一の販売店しか認めないクローズド・テリトリー制，販売地域は限定するが当該地域に複数の販売点を認めるオープン・テリトリー制，営業拠点の設置場所を一定の地域内に制限するロケーション制などがある。これらは，いずれも販売店の販売先が地域的に制限されるため，ブランド内競争は制限ないし消滅する。

（4）専売店制

専売店制は，寡占企業が販売店に対して他社製品の取扱いを禁止または制限するものである。これは，販売網の掌握，販売の拡充，アフターサービスの充実，競争企業の新規参入阻止などを基本的な目的としたものであり，流通系列化の手段のうちで最も閉鎖性の強いものである。

（5）店会制

店会制は，寡占企業が販売店の系列化をいっそう強固なものにするため，販売店をして横断的な組織を結成させるものである。この店会制は，代理店とか特約店などを組織して販売店の間の協調を促進するものであり，それによって寡占企業の価格維持を容易にすることができる。

（6）委託販売制

委託販売制は，寡占企業が自社製品の販売に際して販売店に一定の手数料を支払い，商品の所有権を留保しながら販売を委託するものである。つまり，自社製品について自社の指示と監督のもとで販売価格を遵守させながら販売させることを目的とするものである。

3. 最近の動向

　わが国の産業界で実践されてきた流通チャネル戦略の基本方向は，寡占企業が既存の卸売業や小売業から消費者にいたる流通チャネルを管理・支配するチャネル戦略であった。その場合の基本的な関係は，寡占企業が中小卸売業・小売業を支配・従属する商業系列化を特徴としていた。つまり，高度経済成長期以来の大量生産・大量販売・大量消費という大量集中原理に基づき，市場シェアの向上をめざし，それを基盤とする市場支配力 によって市場創造を行おうとする，いわゆる寡占企業によるパワー・マーケティング（田村 1996, 序文 p.1）としての流通チャネル戦略ないしチャネル戦略であったといえよう。

　しかし，近年，内外価格差，各種の規制緩和，独占禁止法の運用強化，開放経済体制への移行，情報技術の発達，マイカーの普及，価格破壊・革命など社会経済の変化ないしそれに基づく市場構造の変化によって，従来の寡占企業によるパワー・マーケティングの有効性はますます制約され，その有効性を支えてきた制度的な前提が崩壊し始めている。その主要な契機としては，大規模小売業へのパワー・シフトや消費者意識・行動の変化などがあげられる（田村 1996, pp.2-3）。

　量販店や価格訴求型大規模小売店の台頭にみられる大規模小売業へのパワー・シフトは，従来の流通チャネル戦略に大きな影響を与えた。たとえば，最近，家電製品の流通チャネルにみられる特徴は，量販店のシェアの増大傾向に対して系列店のシェアの減少傾向があげられる。このような量販店の台頭に直面して，系列店の少ない家電メーカーは従来の系列店重視から量販店重視へと戦略転換を図っている。また，1万店以上の系列店を抱えている大手家電メーカー各社は，量販店のシェアの拡大に対して，販売会社（販社）と系列店の再編強化に乗り出している（近藤 1989, p.45）。

　さらに，1990年代からは，寡占企業と大規模小売業との連携関係が新たな動向として注目されてきている。いわゆる製販統合（戦略提携ないし戦略同盟，パートナーシップなど）と呼ばれる現象ないし傾向である。この製販統合は，寡占企業と大規模小売業が対等な立場で流通さらには生産における機能分担関係をもつものである。なお，流通系列化と製販統合の相違についていえば，流通

系列化は，小売業が実質的に寡占企業の管理・統制のもとにあり他律的な状況にあるのに対して，製販統合は，小売業に対等な立場で自立性が存在している（尾碕 1998，pp.135-136）。

　この製販統合における垂直的戦略提携の関係は，①限定的だが長期的な共通目標の設定，②経営資源の統合効果，③関係の互恵性・対等性といった基本要素で成り立っている（矢作 1994，p.326）。この場合，店頭品揃えの最適化や商品供給の効率化といった既存業務の効率改善に主眼をおく「機能的戦略提携」と，新市場の創造や新製品開発を目標とした「包括的戦略提携」との製販統合がみられる（矢作 1994，pp.329-340）。いうまでもなく，寡占企業と大規模小売業との間における取引・提携関係である製販統合は，双方の協調関係として把握することができるが，これによって寡占企業と大規模小売業との利害対立の関係が完全に消滅するわけではない。

第5節　物的流通と情報流通

　流通チャネルは，商品が生産者から消費者まで流通するという商品の商的流通（商品の所有権の移転）だけではなく，当該商品に関わる各種サービス提供のチャネル，商品情報や市場情報に関わる情報流通のチャネル，商品そのものの移転に関わる物的流通（物流）のチャネルとしても重要な役割を果たしている。

　流通は，生産と消費の間に位置し，それを連結するという重要な機能を遂行している経済領域である。今日の経済においては，生産と消費の間の懸隔がますます拡大する傾向にある。この生産と消費の間の懸隔には人格的懸隔，時間的懸隔，場所的・空間的懸隔が存在している。人格的懸隔は，所有の懸隔ともいわれ，生産者から消費者への商品の所有権を移転する商的流通（取引流通）によって架橋されている。

　これまで流通チャネル戦略は，もっぱら生産と消費の人格的懸隔を架橋する商的流通を対象として考察してきた。しかし，この商的流通が効果的かつ効率的に遂行されるためには，時間的懸隔を埋める保管，場所的・空間的懸隔を埋める

第6章　流通チャネル戦略　*117*

輸送（運送）などの商品そのものの移転に関わる物的流通が重要な役割を演じている。さらに商品情報や市場情報などの商的流通に関わる情報ないし輸送・保管などの物的流通に関わる情報などの情報流通もまた不可欠な活動である（岩永 2007, pp.110-111）。

1.　物的流通

　物的流通は，産業構造審議会流通部会の第5回中間答申「物的流通の改善について」において，「有形，無形の物財の供給者から需要者に至る実物的な流れのことであって，具体的には，包装，荷役，輸送，保管および通信の諸活動をさしている」（通商産業省企業局 1968, p.70）と定義づけられている。さらに，最近の情報流通の重要性の増大に伴って，「物流とは，有形・無形の一切の財の廃棄・還元も含め，供給主体と需要主体を結ぶ，空間と時間の克服，ならびに一部の形質の効用創出に関する物理的な経済活動であり，具体的には輸送・保管・包装・荷役・流通加工等の物質の流通活動と，物流に関連した情報活動をさす」（阿保 1983, p.10）とあるように，物的流通と情報流通とに大別する傾向もみられる。

　そこで，図6-1を参考にしながら，物的流通の種類と内容を列記してみると，次の通りである（篠原 1990, pp.308-319）。

　（1）輸送活動——これは，生産と消費との間に存在する場所的・空間的・地理的な懸隔を埋める活動であり，仕入れのための輸送活動，販売のための配送・配達活動，企業内移転活動に大別できる。

　（2）保管活動——これは，生産と消費との間に存在する時間的な懸隔を埋める活動であり，具体的には商品を貯蔵・管理する活動である。保存・貯蔵活動，流通在庫活動，在庫統制活動に大別できる。

　（3）荷役活動——これは，財貨の移転に付随して必要になる活動であり，積込み活動，荷卸し活動がある。

　（4）包装活動——これは，包装が，「製品の運送・保管などに当たって，適当な材料・容器を用い，製品の価値および状態を保護する技術並びに保護した

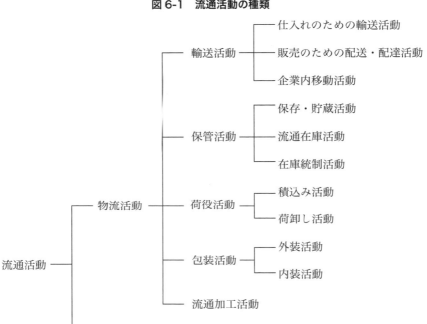

図 6-1 流通活動の種類

出所：篠原 1990, p.310.

状態」（日本規格協会 1982, p.1132）と規定されているように，財貨の保護や移転を前提にして発生するものであり，商品の損傷防止など商品の保護を基本的機能としている。この包装は，今日のマーケティング戦略においては製品差別化手段あるいはプロモーション手段として重要になってくる。

(5) 流通加工活動——これは，包装活動と同様に商品の移転を前提として発生するものであり，流通部門が行う製品の形態変化や品質の変更などに関する活動である。切断，加工，組立，再包装・小口化包装，ラベリング，値札付け，プリパッケージング，トランスファー加工（ナマコンなど），混

第6章　流通チャネル戦略　*119*

合，小分け，詰合せ，縫製などがある。

　これらの物的流通は，マーケティング戦略にとって次の2点で重要な役割を果たしている。第1に，輸送費・保管費などの物的流通費用との関係から重要である。これらの物的流通費用は商品価格に追加され，最終的には消費者が負担することになるが，それだけに寡占企業にとっては合理的な物的流通を選択し利用することで競争を有利に展開することができるからである。第2に，供給を現実の需要に即応させることから重要である。つまり，プロモーション活動などによってせっかく需要が喚起されても，商品が実際にそこに存在しないため，商品販売が実現できないこともありうるからである（森下 1969，pp.222-223）。

2.　情報流通

　情報流通は，製品の技術や機能が高度なものになるにつれ，一方では生産者から消費者への多種多様な商品情報や各種サービスの提供が要請されるとともに，他方では消費者ニーズの多様化の進展に伴い消費の市場情報をフィードバックするための消費者情報も重要になってくる（木綿 2007，p.105）。

　マーケティングは市場を対象とした活動ないし戦略であり，もともと市場や消費者需要に関しては不確実性を免れえない。そこで，市場や消費者需要に関する不確実性の程度を小さくするために多くの情報を収集し，整理し，分析することが必要である。そのために行われるのが市場調査あるいはマーケティング調査である（森下 1994，p.84）。

　マーケティング調査とは「商品やサービスのマーケティングに関する諸問題についての資料を組織的に収集し，記録し，分析すること」（日本マーケティング協会訳 1963，p. 41）と定義づけられる。なお，マーケティング調査の対象となるものは，経済情勢，市場における需給の規模・構成・変化，流通チャネルの現状と動向，消費者の選好，購買動機，購買慣習，マーケティング活動に対する競争企業・販売業者・消費者の反応などさまざまなものがある（森下 1994, p.84）。

　近年，高度情報化社会といわれるように，コンピュータ技術，光ファイバーを利用した高速のインターネットなどの情報通信技術の急速な発達が，社会・

経済の各方面に大きなインパクトを与えている。特に情報ネットワーク型流通システムの展開による消費者ニーズの的確な把握を通じて，マーケティングの効率化や取引の効率化が飛躍的に高められている。たとえば，POS（Point of Sales）システムとそれに基づく流通データサービスは，消費者情報を迅速かつ正確に把握し，消費者ニーズに適合した商品品揃え，小売店舗の在庫管理，会計システムの合理化等を可能にしている。

　他方では，POS システムにより蓄積された消費者情報を幅広く活用することによって，メーカーや販売業者の生産・販売活動の合理化ならびに物的流通の合理化が飛躍的に高まってきている。また，消費者への商品や店舗に関する情報としては，インターネットやビデオディスクによる商品情報提供，小売店舗におけるテレビの画像による情報提供などが試みられている。そして，これらニューメディアによるホームショッピングの発達は消費者の便宜性志向と品揃え志向を満たすことが可能であるほか，高齢化社会の進展，女性の社会進出など各層の消費者ニーズに対応することができる（鈴木 1989，pp.176-177）。

　さらに，情報流通は物的流通の管理を的確かつ効率的に行うためにも重要な活動である。流通における情報のネットワーク化が進展するにつれて，情報システムと連動した物流システムや物流情報システムの開発が重要となってくる。たとえば，JAN コードや ITF コードのような共通物流コードにより，企業間取引における集荷包装や運送包装の単位が共通になり，それを利用して共同物流や共同情報システムの設計が可能となる。もちろん，このことはコンピュータとデータ通信を利用することによってはじめて可能となるのである（篠原 1990，p.325）。

参考文献
1 ）阿保栄司（1983）『物流の基礎』税務経理協会。
2 ）石居正雄（1998）「独占禁止法と垂直的流通」田中由多加編著『入門商業政策』創成社。
3 ）石原武政（1973）「経路政策」森下二次也監修『マーケティング経済論（下巻）』ミネルヴァ書房。
4 ）岩永忠康（2007）『マーケティング戦略論（増補改訂版）』五絃舎。
5 ）尾崎久仁博（1988）『流通パートナーシップ論』中央経済社。

6）木綿良行「マーケティング・チャネル政策」木綿良行・懸田 豊・三村優美子（2007）『テキストブック　現代マーケティング論（新版）』有斐閣。

7）近藤文男（1989）「家電」糸園辰雄・中野 安・前田重朗・山中豊国編『マーケティング』大月書店。

8）篠原一壽（1990）「物流活動と物流管理」田中由多加編著『新・マーケティング総論』創成社。

9）白石善章（1986）「商業構造」合力　栄・白石善章編『現代商業論―流通変革の理論と政策―』新評論。

10）鈴木 武（1989）『商業政策講義集』九州流通政策研究会。

11）田村正紀（1984）『マーケティング力―大量集中から機動集中へ―』千倉書房。

12）通商産業省企業局編（1968）『産業構造審議会流通部会中間報告集』。

13）日本規格協会（1982）『JIS 工業用語大辞典』日本規格協会。

14）沼野 敏（1990）『現代マーケティング管理論―戦略的プランニング・アプローチ―』同文舘。

15）野田 實編著（1980）『流通系列化と独占禁止法―独占禁止法研究会報告―』大蔵省印刷局。

16）橋本 勲（1973）『現代マーケティング論』新評論。

17）風呂 勉（1968）『マーケティング・チャネル行動論』千倉書房。

18）風呂 勉（1984）「流通チャネルの変遷」久保村隆祐・原田俊夫編『商業学を学ぶ（第2版）』有斐閣。

19）森下二次也（1969）「経営販売論」馬場克三編『経営学概論』有斐閣。

20）森下二次也（1993）『マーケティング論の体系と方法』千倉書房。

21）森下二次也（1994）『現代の流通機構』世界思想社。

22）矢作敏行（1994）『コンビニエンス・ストア・システムの革新性』日本経済新聞社。

23）アメリカ・マーケティング協会編／日本マーケティング協会訳（1963）『マーケティング定義集』日本マーケティング協会。

24) Donald J. Bowersox, M. Bixby Cooper, Douglas M. Lambert, Donald A. Taylor(1980), *Management in Marketing Channels*, McGraw-Hill, Inc..

25) Louis W. Stern and Adel I. El-Ansary(1977), *Marketing Channels*, Prentice-Hall, Inc..

第7章　プロモーション戦略

第1節　プロモーションの概念

1.　プロモーションの概念

　プロモーション（販売促進）という用語は，1930年頃からアメリカで使用され始めたもので，その領域が確定している概念ではない（橋本 1973, pp.269-270）。元来，プロモーション（promotion）という用語は，わが国では販売促進と訳されていたが，最近では英語をそのまま使用し，プロモーションと呼ばれている。現代の販売は，売買当事者間では，買い手である消費者が取引締結以前に，すでにマスコミ広告などによって商品や売り手の情報を受けている，いわゆる事前販売（preselling）が行われている状況にある。このような状況にあっては，商品の販売そのものよりも，事前販売活動それ自体が重要な役割を演じるようになる。他方，事前販売活動に対する事後販売活動も看過できない。すなわち，取引締結以後に，消費者との良好な関係の維持・発展をねらって行われる各種サービスの提供など，いわゆるアフターサービスがある。これらも販売活動の領域の1つである。このように，販売活動の領域が事前販売・販売・事後販売の諸活動を含むように拡大し，その領域に対するプロモーションという概念が適用されたのである（猿渡 1999, pp.158-159, 橋本 1983, pp.20-21）。

　プロモーションの最も広い概念としては，製品戦略・価格戦略・流通チャネル戦略をも含めたプロモーションに貢献するすべての諸活動ないし戦略を意味することがある。　この場合，プロモーションは需要創造としてのマーケティング活動全般とほぼ同義に解されている（上岡 1973, p.161）。しかし，このよ

うにプロモーションを最広義に解釈すると，プロモーションがそのままマーケティングとなり，マーケティングにおけるプロモーションの活動ないし戦略の位置づけがわからなくなってしまう。

AMA の定義をみると，プロモーションは，「(1) 特有の意味では，面接的販売，広告活動，パブリシティ等を除くマーケティング諸活動のことであり，消費者の購買やディーラーの効率性を刺激するような陳列，展示，展覧会，実演その他定式過程のようには繰り返して行われることがない，販売諸努力である。(2) 小売活動においては，面接的販売，広告活動，パブリシティを含む，顧客の購買を刺激するすべての方法である」(日本マーケティング協会訳 1969，pp.51-52) と規定されている。

また日本商業学会用語定義委員会の定義によると，プロモーションは，「広義においては，広告，人的販売，狭義の販売促進を含む。 狭義の販売促進は，広告ならびに人的販売を補足し，それらの活動をいっそう効果的にする諸活動である」(日本商業学会用語定義委員会 1971，p.50) と規定されている。

両定義にみられるように，プロモーションは広義・狭義に分けて解釈されているが，一般に，今日のマーケティング戦略としてのプロモーションは，広告，人的販売，狭義のプロモーションを含む広義の概念を意味している。特に狭義の概念をもちいる場合には，狭義という形容詞をつけた狭義のプロモーションとして広告，人的販売を除いたそれ以外の活動を意味している。 したがって，本章でも，プロモーションを広告，人的販売，狭義のプロモーションという3つの範疇に分けて考察していくことにする。

2. プロモーションの役割

現代のプロモーションは，単に商品の販売増進を図る活動だけではなく，情報の収集・伝達，販売資料の整理，苦情処理，その他顧客サービスの提供など広範な活動を行って，顧客や消費者との間の良好な関係を確立するという，いわばコミュニケーション活動を含めた概念として考えられている (来住 1993a，pp.233-234)。

第7章　プロモーション戦略　*125*

コミュニケーションとは，もともとラテン語の communis - common に由来し，2つ以上の主体が意味 を共有することによって意思を疎通し，情報や思想，態度などを共有する状態もしくはその過程のことである。つまり，コミュニケーションは，送り手によって特定の意味を付与されたメッセージが，チャネルを通して受け手に伝達され，受け手が送り手にとって好ましい態度や行為をとることを期待されている一連のプロセスである（川嶋 1981，p.308）。そのためにマーケティング戦略としてのコミュニケーションは，コミュニケーションの送り手としての生産者・販売業者が，受け手である購買者・消費者に望ましい売買関係を求めて行う一連の活動である（沼野 1990，pp.123-124）。

したがって，プロモーションの役割は，販売活動の対象である買い手（消費者・購買者）の持つニーズや欲求を刺激・喚起することによって自社商品を購入するように仕向ける。そして，いったん商品が購買されたならば，次に買い手により自社商品の反復購買やオピニオン・リーダーなどの口コミによる購買およびブランド・ロイヤルティなどを育成・強化するように働きかけることである（猿渡 1999，p.161）

また，プロモーションは，その形式からみると情報の伝達活動ないしコミュニケーション活動であり，そこで伝達されるものは製品ないし企業などに関する情報であり，消費者はこの情報に基づいて商品の購買を決定する。しかも，それは，消費者の合理的な購買を可能にすると同時に，消費者の欲望を刺激しながら，基本的には企業の属する産業へ，最終的には自社企業の製品へ消費者の関心を引き寄せて需要を操縦することである。つまり，プロモーションは，自社企業のための需要の創造・開拓を図る活動であり，その意味では，説得活動であり（森下 1969，p.233），そのために行われる情報活動である。

そして，マーケティング戦略におけるプロモーションは，広告，人的販売，狭義のプロモーションを組み合わせることによって最大のプロモーション効果を発揮することが最も重要なことであり，これらの組み合わせがプロモーション・ミックスと呼ばれている。したがって，プロモーション戦略は，最適のプロモーション・ミックスが行われるように，広告，人的販売，狭義のプロモー

126

ションのウェイトを考慮することが大きな課題となってくる(木綿 2007, p.83)。

3. プロモーションとしての人的販売と広告の特徴

　マーケティングとしてのプロモーションは，広告，人的販売，狭義のプロモーションの３つの範疇ないし手段があげられる。このうち，広告は，新聞・雑誌やラジオ・テレビなどのマス媒体を中心にさまざまな物的手段を通じて，比較的広範囲にわたる消費者を対象に情報活動を行うことによって，消費者が商品を購買するように引き込むいわゆるプル戦略としての役割を演じている。また，人的販売は，セールスマンによる口頭・会話・態度などの人的手段を通じて，特定の販売業者（販売店）あるいは消費者に集中的な情報活動を行うことにより，商品を押し込むいわゆるプッシュ戦略としての役割を演じている。さらに，狭義のプロモーションは，広告と人的販売を補完するものとして，各種の物的・人的サービスを通じて企業内部の関係者や販売業者ならびに消費者へのプロモーション活動を行うものである（岩永 2007, p.139，木綿 2007, p.83）。特に，人的販売と広告は，プロモーション・ミックスの両輪として商品のプロモーションにおいて極めて重要な役割を演じている。そこで，人的販売と広告を対比しながらそれぞれの特徴をあげてみよう（来住 1993a, pp.231-232，坂本 1993, pp.99-100）。

　第１に，人的販売は，セールスマンによる口頭・会話・態度などの人的手段を通して行われる情報の伝達ないしコミュニケーション活動である。それに対して，広告はテレビ・ラジオ，新聞・雑誌，カタログなどの物的手段を通して行われる情報の伝達ないしコミュニケーション活動である。このような人的手段によらない販売は機構的販売とも呼ばれている。

　第２に，人的販売は，セールスマンと消費者が直接に対面して行われる双方的な情報の伝達ないしコミュニケーション活動である。そのために，販売アプローチに対する消費者の反応に対応した情報の伝達方法や説得の仕方で即応できるという柔軟性かつ適応性のあるプロモーションといえよう。それに対して，広告は，一方的な情報の伝達活動ないしコミュニケーション活動であるが，同

一の情報を何回も長期間にわたって伝達することにより消費者に印象を持続させることができる。

　第3に，人的販売は，特定の顧客ないし消費者に標的を絞って重点的な情報の伝達や購買の説得を行うことができる。その意味では販売活動に必要な時間やコストを節約できる効率的なプロモーションといえよう。それに対して，広告は，不特定多数の人々を対象とするものであり，その対象市場の範囲が広く遠隔地の消費者も対象にすることができる。

　第4に，人的販売は，製品に対する消費者の欲求を喚起するとともに，その場で同時に注文を受けて直ちに販売を実現することができる。それに対して，広告は，消費者の需要を喚起することはできても，それと同時に注文を獲得することはできない。

　資本主義経済の発展に伴う資本の有機的構成の高度化によって，生産過程の発達に照応して流通過程もしだいに高度化・技術化していくと，その主体的推進者としてのセールスマンの地位が広告などの機構的販売にとって代わられる。そのために流通過程において補助的役割を占めるにすぎなかった広告などの機構的販売が，しだいに流通における価値実現過程の中心となってくるのである（橋本1973，pp.287-288）。

　さらに，資本主義経済における市場問題の激化は，セールスマンの役割そのものを変化させ，かつては販売行為の完結という役割が中心であったが，近年ではコミュニケーション活動ないし説得活動による購買の刺激という役割が中心になってきた。その結果，セールスマンの間にも分化が進み，配達人や集金などが登場し，本来のセールスマンは，コミュニケーションによる商品販売ないし価値実現の専門的担当者と考えられるようになってきたのである（橋本1973，pp.288-289）。

4.　プロモーションの対象

　プロモーションは，その対象によって，①企業内部や関係機関に対するプロモーション，②販売業者に対するプロモーション，③顧客や消費者に対するプ

ロモーションという3つの活動に分けられる（刀根 1965, pp.144-145）。

①企業内部や関係機関に対するプロモーション

これは，企業がプロモーションの実施に際して，企業内部において直接・間接に関係する販売部門・広告部門・市場調査部門などと協力しあって，各部門の業務を遂行しながら全体としてプロモーションを行うものである。

②販売業者に対するプロモーション

これは，企業が自社製品を取扱う販売店（販売業者）に自社製品の販売ないしプロモーションに協力してもらうために，自社製品の知識を十分に熟知させたり商品の陳列を改善させたりする活動である。そのために企業は，販売店に対する各種の援助を行うのであるが，これは販売店援助（ディーラー・ヘルプス）と呼ばれている。

③顧客や消費者に対するプロモーション

これは，企業が顧客や消費者の関心を促すことによって需要を刺激し喚起するプロモーションであり，消費者ないし使用者に直接的に働きかけるものである。

第2節　広　　告

1.　広告の概念

広告は，企業や消費者に製品・サービスに関する情報を伝達し，それに対する購買欲求を喚起させるための重要な役割を演じている。とりわけ，今日の高度情報化社会におけるテレビ・ラジオ，新聞・雑誌など各種の情報媒体やコンピュータ技術の発達とともに，寡占企業の大量生産に対応した大量販売の要請と相俟って，広告が最も重要なプロモーションの手段として位置づけられている（森下 1969, p.234）。

広告とは「名前を明示したスポンサー（広告主）による，すべての有料形態の，アイディア，商品あるいはサービスの非面接的な提示および宣伝である」（日本マーケティング協会訳 1969, p.19）とあるように，広告[注1]は，特定の企業のために，有料で，特定のメッセージを，物的（非人的）手段をもちいて行う

プロモーション活動として特徴づけられる。換言すると，広告は「明示された送り手が有料の媒体を通じ，多数の受け手を対象に製品やサービスなどの名称，機能，特長を知らせる情報伝達活動であり，それは受け手の意識，態度，行動に変容を与える目的で伝播される説得活動である」（根本 1985, p.83）ともいえる。したがって，この定義からもわかるように，広告は情報伝達活動と説得活動を担っている。

ちなみに，マーシャル（Alfred Marshall）は，広告の基本的性格について情報的広告と説得的広告とに分類している。このうち，情報的広告は本源的需要を刺激し社会的に必要なものであるが，説得的広告は選択的需要を刺激し，ある生産者から他の生産者へ需要をシフトするにすぎないから社会的に浪費であると主張している（村田 1969, p.16）。しかし，このような広告の二面的性格を区別する客観的基準はなく，また両者は表裏一体の性格を有していると考えられるため選別することは不可能である（木綿 2007, p.85, 岩永 2007, p.143）。すなわち，広告は，その本質において特定ブランドないし商品に対して消費者の愛顧を確保する目的で行われるため，情報的側面と同時に説得的側面を有していなければならないのである（岩永 2007, p.143）。

このように広告は，情報を伝達することであるが，その技術的側面では広告の心理的影響を通して消費者大衆の操作や誘導が行われ，その経済的側面では商品の価値を実現するものである。したがって，資本主義社会における広告の本質は，物的（非人的）コミュニケーション活動を通じて行われる商品の価値実現機能にあるといえる（橋本 1973, p.297）。

2. 広告の種類

現代の高度情報化社会における情報技術の発達に伴って，広告の種類や媒体は非常に多様化・細分化してきている。そこで，以下のように分類することができる（橋本 1973, p.298）。

①広告主体——これは，広告発達の初期には地方の小売店や百貨店などの商業による小売広告ないし商店広告が中心であったが，20世紀においては

マーケティングの発生・発展に伴って，その中心は製造業による製品広告ないし企業広告へと移行していった。さらに今日では，政府・学校・医療機関・宗教団体など各主体による広告も多くみられる。

②広告範囲——これは，主として商業による地方的広告から製造業による地域的広告ないし全国的広告などに分かれる。

③広告客体——これは，広告客体からみると，商業や製造業による商品広告から企業広告などに分かれる。

④広告対象——これは，消費者向け広告のほかに，原料や機械設備などの産業用品の購買者を対象とする産業広告，流通業を対象とする業界広告，医者や建築家などの職業的専門家を対象とする専門的職業者向け広告などに分かれる。

3. 広告目標の設定

広告目標は最終的には企業の長期安定的な最大限利潤の追求にある。この目標は企業目標でありマーケティング全体の目標でもある。したがって，広告目標を設定する場合には，まずマーケティング・ミックスを考慮し，その一環としてのプロモーション・ミックスを設計し，その関連において広告目標を設定することが必要である。

広告は，潜在的購買者に商品ないし企業に対する一定の好意的反応を与えることができるが，直ちに商品を購買させるまでにはいたらない。そのために商品の購買までには適切なマーケティング・ミックスが不可欠な課題となってくる（橋本 1973, p.302）。

次に，広告の具体的目標を明確にすべきである。広告の具体的目標は広告の対象によって違ってくる。たとえば，商品広告は消費者の購買動機に訴求することを目標としており，企業広告は消費者の愛顧的動機に訴求することを目標としている。また企業広告の目標は，直接に売上の増加を図るという短期的目標だけではなく，ブランドや企業の名声を印象づけて将来の売上の増加を図るという長期的目標にある場合も多い。

第7章　プロモーション戦略　*131*

　さらに，広告目標の効果を具体化するプロセスとして，広告コミュニケーション・スペクトル，すなわち広告の効果を表現する潜在購買者の心理的プロセスが開発されている。たとえば，コーリィ（R. H. Colley）は知名→理解→確信→行為，またホイートレイ（J. J. Wheatley）は知名→知識→愛好→選好→確信→購入というフローチャートを提示している。このように，それぞれの段階で，どれだけの効果があったかを表現する指標としては，知名率→理解率→好意率→意図率→行動率というフローチャートがもちいられ，その効果測定によって広告目標の達成度を明らかにしている。一般に，最初の知名率は比較的高いが，理解・好意をもつ人々はしだいに減少し，さらに購買を意図したり購買行動を行う潜在購買者は極めて少なくなる。そのために広告目標の設定においては，まず知名率を高め，次いで理解率，好意率，意図率，行動率を順次に高めていくようにしていかなければならない（橋本 1973, pp.302-303）。

4.　広告媒体の決定

　広告メッセージが消費者の注意を引き認知され記憶されるためには，それが適切な手段を通して呈示・伝達されなければならない。その場合，広告媒体にはテレビ・ラジオの電波媒体，新聞・雑誌の印刷媒体の4大媒体をはじめとして各種の媒体や形態があり，それぞれに機能上の特徴をもっている。それゆえ，それぞれの媒体の特徴を十分に把握したうえで，対象とする消費者に広告メッセージを最も有効的かつ効率的に伝達できる媒体を選択することが重要である（来住 1993b, p.222）。なお，広告媒体は，いくつかの媒体を組み合わせて使用する方が相乗効果を発揮することができる。そのために，最も有効的かつ効率的な媒体の組み合わせを決定して広告媒体ミックスの最適化を図ることが重要である（来住 1993b, pp.223-224）。

5.　広告予算の設定

　広告予算は広告活動のために必要な経費である。広告が効果的に行われるためには，それに支出される予算が科学的かつ合理的に決定されなければならな

図 7-1　4 大広告媒体の特徴

媒体	長所	短所
テレビ	・映像，音声，動きの総合的組み合わせにより，視覚と聴覚の両方に訴求できる ・注目率が高い ・到達範囲が広い ・同時性・即時性がある	・費用が高い ・瞬時的で広告寿命が短い ・視聴者の受信の選択性が小さい
ラジオ	・地域や聴取者層の選択性が高い ・多数の人々を対象にできる ・テレビに比べて費用が安い ・同時性・即時性がある	・聴覚への訴求しかできない ・瞬時的で広告寿命が短い ・テレビより注目率が低い
新　聞	・地域的な選択性が高い ・タイムリーな広告メッセージを送れる ・地域市場のカバレッジが高い	・印刷の質が雑誌や DM にくらべて劣る ・広告寿命が短い ・広告メッセージの閲読率が小さ
雑　誌	・地域や読者層の選択性が高い ・広告寿命が長い ・閲覧率が高い	・広告が掲載されるまでに時間がかかる ・発行部数と購買部数が一致しない ・メッセージ・コピーの修正や変更についての弾力性がない

出所：来住 1993, p.230.

い。広告予算の設定方法は，主観法，定率法，目標法の 3 つに大別することができる。このうち，主観法は最も単純なもので経営者の判断や経験に頼る方法である。次に，定率法は一定の基準に対して固定比率または変動比率を適用して広告予算を設定する方法である。さらに，目標法は一定の目標達成を実現するように広告予算を設定する方法である（チャールズ 1973, pp.98-99）。その代表的なものを 3 つあげると，次のようになる（来住 1993b, pp. 219-221, 坂本 1993, pp.122-123）。

　①目標―課業法（目標課題達成法）――これは，広告予算の設定のなかで理論的には最善の方法であり，最も現実的なアプローチでもある（橋本 1973, p.315）。これは，マーケティング活動における広告目標あるいは課題を設定し，これを達成するために必要とされる広告予算を計上する方法である。そのために，最初の段階では，一定の広告目標を設定しなければならない。この目標としては，売上の増加といった目標だけでなく，知名率や記憶率の増大などのコミュニケーション効果といった目標も考慮しな

第7章　プロモーション戦略　*133*

ければならない。 次の段階では，その目標達成に必要と思われる広告活動の種類と量が決定される。 最後の段階では，それらの活動に必要とされる媒体費，コピー費などの費用が推計され，広告予算が決定されるのである。

②対抗企業法——これは，競争企業の広告費を基準にして，それに対抗するかたちで当該企業の広告費を決定する方法である。

③売上高比例法——これは，売上高の一定比率を基に広告費を決定する方法である。

6.　広告効果の測定

　広告効果とは広告目標の達成度を意味するものである。この広告効果は，広告活動による影響や成果からさまざまな意味にもちいられ，社会的効果，経済的効果，コミュニケーション効果，売上高効果などさまざまなレベルや局面が考えられる（川嶋 1981, pp.321-322）。このうち，マーケティングにおける広告効果は，企業の広告目標に対する達成度を意味するものであり，その指標としては売上高効果とコミュニケーション効果が中心になっている。 売上高効果とは広告によって売上高がどれほど増加したかという広告の売上高への貢献度を意味するものであり，コミュニケーション効果とは広告によって引き起こされた消費者の心理的変化の程度を意味するものである（来住 1993b, p. 224）。

第3節　人的販売

1.　人的販売の概念

　人的販売とは，「販売を実現することを目的として，一人またはそれ以上の見込顧客との会話によって口頭の提示を行なうこと」（日本マーケティング協会訳 1969, p.44）と定義づけられている。さらにいえば，販売員と消費者との直接的な人的接触を通して商品・サービスに関する情報伝達と購買説得を行うコミュニケーション活動といえる。そして，その主体者はセールスマン（販売員）

であることから販売員活動とも呼ばれている（来住 1993a，p.231）。

　セールスマンによる人的販売は，古くから存在し，最初のころは個人の才能や経験など個人的かつ秘伝的な販売技術の性格に委ねられていた。しかし，経験や勘による販売技術ないし心理法則がマーケティング論や心理学によって研究され，その秘伝的な性格がはぎとられ，個人的な主観的性格から社会的な客観的性格をもつようになって近代的な人的販売が確立された(橋本 1971, p.84)。

　この人的販売は，販売技術の近代化によって従来は不可能であった系統的・組織的な教育訓練が可能となり，さらにマーケティングの発展に伴い著しく精巧でしかも体系化された。この基本原則は一般にセールスマンシップと呼ばれている（橋本 1971，p.84）。　つまり，現代の人的販売は，従来のように個々のセールスマンの個人的な能力や経験に委ねられた個人的な活動としてではなく，統合的なマーケティング・システムのなかに組み込まれ，組織的に統一された活動として展開されなければならない。

　そのためには，セールスマンシップを客観的に整備・体系化するとともに，マーケティング活動の中でのセールスマンの役割を的確に把握して，統一的かつ効率的なセールスマン活動が展開できるように，セールスマンを組織・管理・統制しなければならない。これが狭義の販売管理ないし販売員管理である（来住 1993a，p.234）。販売管理とは「事業単位の面接的販売活動の計画，指揮ならびに統制であって，補充，選定，訓練，装備，割当，行路決定，監督，報酬，動機づけなどのような面接的販売要員に適用しうる作業を含む」（日本マーケティング協会訳 1969，p.51）と規定されている。

　セールスマンとは製品に対する見込顧客の欲求を喚起し購買の説得を行い，販売を完結させる業務を継続的に遂行する個人であり，このセールスマンのグループを販売部隊（sales force）という（来住 1993a，p.234）。　現代の販売活動は，個々のセールスマンの個人的な能力や技量にのみ依存するのではなく，チームワークによる展開を必要としている。　それゆえ，この販売部隊をどのように構築・設定するかが，現代の販売員管理における重要な課題となっている。販売部隊の構築は，販売活動ないしマーケティング活動の有効性と効率性

を高めるために，企業がその販売・営業部門をいくつかのグループに分割・組織化し，個々のセールスマンを特定のグループに適正に配置することである（来住 1993a，p.239）。

　この販売部隊にはいくつかの組織があげられるが，ここでは，①地域別組織，②製品別組織，③顧客別組織をあげておこう（来住 1993a，pp.239-241）（第2章マーケティング管理参照）。

　①地域別組織は，販売部隊が市場の地域的・地区的・地方的区分に基づいて分化し，そこで全製品ラインを販売させる組織形態である。

　②製品別組織は，販売部隊が製品ラインないし製品グループごとに分化している組織形態である。

　③顧客別組織は，販売部隊が見込顧客ないし市場別に部門化されている組織形態である。

　これらの販売部隊の組織形態は，通常，それらが単独で構成されるよりも，いくつかのパターンを組み合わせて複合的な組織として構築されることが多い。

2．セールスマンの種類

　セールスマンは人的販売の担当者であり，顧客と直接に接触して顧客を説得し取引を締結し，商品の価値を実現する。その意味では販売従業員ということができる。販売従業員には営業部で事務処理をする事務員，店頭でお客に接する「売り子」ないし店員，訪問販売員などさまざまな形態がみられる。このうち，本来のセールスマンは，店頭販売員でなく訪問販売員，外売販売員，外交販売員などと呼ばれ，主として外売りの販売員に限定されてもちいられる場合が多い（橋本 1983，p.286）。

　セールスマンは，マーケティングの発展とともに単に数が増加するばかりでなく，その種類や役割も複雑化・細分化していった。すなわち，セールスマンは，かつて販売行為の完結という役割が中心であったけれど，販売の困難性が増大するにつれ，コミュニケーション活動ないし説得活動による購買の刺激と販売の促進という役割が中心となってきた。その結果，セールスマンの間に

も分化が進み，商品を配達する配達人，商品の代金を回収する集金人，本来の
セールスマンとして文字通り商品販売の専門的担当者などに分化していくのである（橋本 1973，p.289）。

そこで，このように多種多様化したセールスマンを実質的なセールスマン活動
に基づいて分類すると，次のように分類することができる（池上 1981，p.287）。

①取引対象別分類——メーカーへのセールスマン，販売業者へのセールスマ
　　　　　　　　　ン，消費者へのセールスマン
②商 品 別 分 類——生産財セールスマン，消費財セールスマン，サービス
　　　　　　　　　セールスマン
③機 能 別 分 類——創造的セールスマン，維持的セールスマン，支援的セー
　　　　　　　　　ルスマン

このうち③機能別分類について説明すると，まず，創造的セールスマン活動
は，主として潜在的需要を発見しそれを顕在化させる最も困難な課業である。
それだけに苦労も伴い優秀なセールスマンをあてなければならない。企業の発
展は，この創造的セールスマンに依存するといっても過言ではなかろう。次に，
維持的セールスマン活動は，すでに成立した取引関係の維持が中心的業務とな
り，配達，注文，補充，事務的業務あるいはディーラー・ヘルプス（販売店援助）
が主たる課業となる。さらに，支援的セールスマン活動は，原則として注文活動
はせず，技術的な説明のためのセールス・エンジニアあるいは卸売業者のために
自社製品の注文をとるミッショナリー・セールスマンなどがこのタイプに該当
する（池上 1981，p.288）。

現代のプロモーションとしてはコミュニケーション機能が重要な役割を担っ
ている。この点でミッショナリー・セールスマンがプロモーションとして本来
の機能に専門化し，さまざまなディーラー・ヘルプスを付帯的活動として展開
することによって，チャネル・プロモーションを実践していくために期待され
ている（木綿 2007，p.96）。たとえば，わが国の医薬品業界に幅広く活動して
いる MR（Medical Representative，俗称：プロパー）がミッショナリー・セール
スマンの代表的なものである。彼らは医薬品メーカーによって自社の医薬品を

第7章　プロモーション戦略　*137*

販売する薬局・薬店やそれを使用する病院などに派遣され，新薬の紹介や各種医薬品の臨床データを提供するなどの情報提供活動のほか，薬局・薬店に対してさまざまなディーラー・ヘルプスを行っている（木綿 2007，p.96）。

3.　セールスマンの役割と課業

　現代のセールスマンはプロモーションの中心的な担い手であり，その役割や担うべき責任と課業も複雑多岐にわたっている。そこで，その役割と課業をあげると，次のようになる（来住 1993a，pp.236-239，坂本 1993，pp.101-103）。

　第1に，セールスマンは，顧客と直接に接触して製品を呈示し，購買に対する刺激と説得を行い，売買契約を締結して販売行為を完結させるという，本来的な意味での販売活動を遂行する。しかし，現代のセールスマンは，所与の製品の売り込みや既存顧客の維持という活動だけでなく，潜在的顧客の探索や新しい顧客の開拓という，いわば市場創造ないし市場開発という課業を遂行することが重要である。すなわち，今日では創造的販売がセールスマンの役割として重要になってくる。

　第2に，セールスマンは，消費者のニーズや行動ないし競争企業の動向などについて的確に調査・分析し，その結果を企業にフィードバックしなければならない。そのためにセールスマンは，十分な教育訓練を受けることによって，市場を分析・理解する能力を養わなければならない。かくしてセールスマンは，単なる販売担当者ではなく，いわゆるフィールド・マンとしての役割を担うことになる。

　第3に，セールスマンは，製品について十分な技術的な専門知識をもち，見込顧客ないし消費者にとって技術コンサルタントの役割を果たすことが要請される。すなわち，今日の技術革新のマーケティングのもとでは，新製品が絶えず開発・生産・販売されているので，製品それ自体が複雑・多様化している。そのためにセールスマンは，消費者に製品について的確な技術情報を提供したり，使用上の助言を与えることが重要になってくる。そこでは，セールス・エンジニアとしてのセールスマンの役割がますます重要になってくる。

第4に，セールスマンは，製品の販売に付随して多種多様なサービスを提供しなければならない。そのためにセールスマンは，製品の価格・品質をはじめ，配達条件，クレジットの条件などについて，正確かつ十分な知識をもっていなければならない。そこで，セールスマンは，セールス・コンサルタントとしての役割を担っている。

第5に，セールスマンは，単に売上の増加にのみ関心を払うのではなく，自己の担当地域を1つの企業のように運営し，自己の時間と費用を効率的に使用することによって，企業の収益に貢献しなければならない。そこで，セールスマンは，アカウント・マネジャーないし財務アドバイザーとしての役割を担っている。

このように現代のセールスマンは，単なる販売業務を遂行するだけではなく，さまざまな課業を遂行することが要請されている。しかも1人のセールスマンが，これらの業務を単独で遂行するのではなく，企業内の他のメンバーとのチームワークによって遂行している。そして，セールスマンがマーケティング・システムとしてプロモーションの重要な構成要素として認識されているかぎり，現代のセールスマンは，もはや単なる販売という技術的操作の担当者ではなく，企業のマーケティング・コンセプトの代弁者であり，マーケティング機能の遂行者でなければならない（来住 1993a, p.238）。

第4節　狭義のプロモーション

1．狭義のプロモーションの概念

狭義のプロモーションは，すでに述べたように，「面接的販売（人的販売），広告活動，パブリシティ等を除くマーケティング諸活動のことであり，消費者の購買やディーラーの効率性を刺激するような陳列，展示，展覧会，実演，その他定式過程のようには繰り返して行われることがない，販売諸努力である」（日本マーケティング協会訳 1969, pp.51-52）と規定されている。

狭義のプロモーションは，プロモーションの一領域として人的販売と広告を補完・補充するものとして位置づけられ，これまで企業のプロモーションのな

かではそれほどウェイトの高いものではなかった。しかし，今日のマーケティングが高度化・複雑化し，それに伴う人的販売や広告が高度化し活発化するにしたがって，それらを補完・補充する狭義のプロモーションも当然重要視されてくるのである（鈴木 1985，p.119）。

　狭義のプロモーションの目標ないし目的としては，①需要の喚起・刺激ないし需要の創造，②販売抵抗の除去，③製品ないし店舗に対するロイヤルティの促進，④販売増進のための調整（社内の部門間調整や対販売業者の調整）などがあげられる（鈴木 1985，pp.120-121）。これらは，あくまでも全体のマーケティング戦略，さらにはプロモーション戦略の一環として位置づけられなければならない。すなわち，狭義のプロモーション戦略は，全体のマーケティング戦略が最大の効果を発揮できるようなマーケティング諸活動の組み合わせとしての最適マーケティング・ミックスを考慮しながら，その下位のプロモーション戦略としての最適プロモーション・ミックスを補完・補充するものでなければならない。

　狭義のプロモーションは，以下のように，①社内に対するプロモーション，②販売業者に対するプロモーション，③消費者や顧客に対するプロモーションに分類することができる。

2．社内に対するプロモーション

　社内に対するプロモーションは，社内の販売部門，営業部門，広告部門などに働きかけて，それぞれの活動を助成・強化するとともに，それらをプロモーション・ミックスとして統合し調整して，企業全体としてのプロモーション効果を引き出そうとするものである。具体的には，販売部門に対しては，セールスマンに必要な各種の商品情報のデータ化，カタログやパンフレットなどの企画・作成，セールスマン・コンテストの企画・実施などがあげられる。広告部門に対しては，効果的な広告の作成に必要な商品情報や各種資料の収集・整理・提供などがあげられる。そして，それぞれに部門のキャンペーン実施に際しては，その目的や意図を他の部門に正確に伝達し，全社的な効果をいっそう

140

高めるような活動などを含んでいる（木綿 2007, p.99）。社内に対する狭義のプロモーションは，次のようなものがあげられる（鈴木 1985, pp.131-132）。

①社内調整——これは，社内における部門間の調整である。この部門間の調整としては，販売部門と広告部門をはじめ，販売部門と経理部門，販売部門と製造部門，狭義のプロモーション部門と営業部門などの調整があげられる。

②販売会議——これは，新市場開拓のための会議，新チャネル開拓のための会議，販売割当達成のための会議などがある。

③セールス・マニュアル——これは，販売のための手引書である。

④社内コンテスト——これは，販売員の販売意欲と販売技術の向上を目的とした社内コンテストである。これには研究発表コンテスト，売上コンテスト，アイディア・コンテスト，販売改善コンテストなどがある。

⑤社内向けハウス・ヴォーガン——これは，企業の内部関係者向けに企業の実情・実態を知ってもらうために，継続的に特別に編集・発行される印刷物である。

3. 販売業者に対するプロモーション

販売業者に対するプロモーションは，自社製品を取扱う卸売業者や小売業者に働きかけ，さまざまな形態でそれらの販売活動を援助して自社に協力するように方向づけるとともに，流通チャネル全体に自社のマーケティング戦略を徹底させようとするものであり，次のようなものがあげられる（鈴木 1985, pp.126-128）。

①ディーラー・コンテスト——これは，販売業者を対象に各種のコンテストを実施して，自社製品に対する販売意欲を増進させることである。これには売上高コンテスト，陳列コンテスト，接客技術コンテスト，POP コンテスト，チラシ・コンテストなどがあげられる。

②ディーラー・ヘルプス（販売店援助）——これは，生産者が取引先の販売店に与えるさまざまな援助である。これには経営や店舗に対する指導・援

助，店主・従業員に対する教育・訓練，資金援助，情報提供などがあげられる。

③店頭販売助成——これは，小売店頭での販売助成に関する活動である。これには POP 広告材料の提供，陳列用具の提供，推奨販売員の派遣などがあげられる。

④アローアンス提供——これは，生産者が特に要請した特定の拡販努力の実施に対する報奨として現金を提供することである。これには陳列アローアンス，宣伝広告アローアンスなどがあげられる。

⑤条件付帯出荷——これは，何らかの特別な条件を付帯することによって出荷を促進させることである。このうち，ディーラー・プレミアムとしては招待（旅行など），物品・現金プレミアムなどがあげられ，また特別出荷としては内増し付出荷，現金割引出荷などがあげられる。

4. 消費者や顧客に対するプロモーション

　消費者や顧客に対するプロモーションは，消費者の関心を刺激して需要を喚起し増進させるようなプロモーション活動である。この典型的な活動がアフターサービスである。それは，消費者が商品購入後の一定期間に限って商品の無料修理等を受けられるもので，品質保証サービスや修繕サービスなどの実質的サービスがあげられる。　たとえば，ある程度長期間にわたって使用される自動車や家電商品などの耐久消費財は，その使用期間中に発生する部品の交換や修理などのサービスが必要な場合，それらのサービスの提供は一種のプロモーション活動であり，さらに商品の配達などもこれらのサービスに含まれる（藤澤 1992, p.170）。以下，次のようなものがあげられる。

①サンプリング——これは，主として商品を購買したことのない消費者に対して，試用ないし試食してもらい商品の価値を知ってもらうという方策である。これには添付サンプリング，店頭サンプリング，メディア・サンプリング，ダイレクトメール・サンプリング，ドア・ツー・ドア方式などがある（鈴木 1985, pp.129-130）。

②消費者プレミアム（景品付販売など）——これは，消費者を引き付ける目的のために，商品販売に付随して消費者に提供される物品やサービスなどの経済的利益つき販売である。つまり，商品に付随した商品以外の要素によるプロモーションである，具体的には景品付販売，懸賞付販売，クーポン付販売，スタンプなどがあげられる。たとえば，クーポン（切り取り式切符）には割引券，見本請求券，優待券，景品券などがあり，割引券の場合は，新聞雑誌の広告の一部分に印刷されている割引券を切り取って返送あるいは持参したりすると，指定の金額分だけ値引きしてもらえる（藤澤 1992, pp.171-171）。

③値引——これは，消費者に商品の通常価格から一定の値引をすることである。これには価格の値引ないし増量がある（坂本 1993, p.145）。

④消費者教育——これは，消費者に対する教育であり，具体的には工場見学，各種講習会，展示会・実演などがある（坂本 1993, p.146）。

⑤消費者コンテスト——これは，自社主催のコンテストに参加するよう広く消費者に呼びかけ，そのコンテストの参加を通じて，企業や商品に対する好意や関心を高めようとするものである。これにはクイズ形式，コンクール形式，アンケート形式などのコンテストがある（鈴木 1985, p.129）。

⑥スタンプ——これは，消費者が商品を購入した際に，金額や購入回数に応じてスタンプを押してもらい，それがある程度まとまってから，景品カタログや交換センターを通じて欲しい商品と交換できるものである（坂本 1993, p.146）。

注

1) 広告と類似の活動として，パブリシティならびに PR（パブリック・リレーションズ）がある。パブリシティとは「商品もしくはサービス，アイディア，あるいは企業について商業上の価値ある情報を非人的方法で提供し，その費用はスポンサーによって負担されない」（日本商業学会用語定義委員会）と定義づけられる。

また，PR とは「企業または組織体の活動に影響をうけるグループに対し，企業または組織体が好ましい態度を開発するため働きかける一切の活動あるいは態度である」

（日本商業学会用語定義委員会）と定義づけられる。

　このように，広告と同じくパブリシティや PR は，マス・メディアを利用して 多くの人々に伝達する活動である点ではよく似ている。しかしながら，広告と異なっているのは，パブリシティは，第 1 に媒体の使用料金を払う必要がない。第 2 に単にプロモーションの目的ばかりでなく，時として非営利的目的のためにも利用される。第 3 に企業は媒体機関に情報を提供するだけであって，掲載や放送を強制することはできない。第 4 にスポンサーの名によって報道されるのでなく新聞社や雑誌社など媒体機関の名によって報道されるので，媒体の信用力を利用して大きな効果を与えることができるなどの点である（橋本 1973, pp. 296-297）。

　また，PR は公衆（企業内公衆：従業員・従業員家族など，企業外公衆：株主・顧客・地域住民・政府など）との関係を良好にすることを目的とする点である（坂本 1993, p.118）。

参考文献

1 ）池上和男（1981）「セールスマン販売」田内幸一・村田昭治編『現代マーケティングの基礎理論』同文舘。
2 ）岩永忠康（2007）『マーケティング戦略論（増補改訂版）』五絃舎。
3 ）上岡正行（1973）「広告政策と人的販売政策」森下二次也監修『マーケティング経済論（下巻）』ミネルヴァ書房。
4 ）川嶋行彦（1981）「広告」田内幸一・村田昭治編『現代マーケティングの基礎理論』同文舘。
5 ）来住元朗（1993a）「販売員管理」三浦 信・来住元朗・市川 貢『新版マーケティング』ミネルヴァ書房。
6 ）来住元朗（1993b）「広告管理」三浦 信・来住元朗・市川 貢『新版マーケティング』ミネルヴァ書房。
7 ）木綿良行（2007）「販売促進政策」木綿良行・懸田 豊・三村優美子『テキストブック 現代マーケティング論（新版）』有斐閣。
8 ）坂本秀夫（1993）『現代マーケティング概論』信山社。
9 ）鈴木 孝（1985）「セールス・プロモーション戦略」宇野政雄編著『最新マーケティング総論』実教出版。
10）刀根武晴（1965）「販売促進」深見義一編『マーケティング論』有斐閣。
11）日本マーケティング協会訳（1969）『マーケティング定義集』日本マーケティング協会，（American Marketing Association, 1960, *Marketing Definitions : A Glossary of Marketing Terms*）。
12）日本商業学会用語定義委員会（1971）『商業用語（マーケティング用語）定義』日本商業学会。
13）沼野 敏（1990）『現代マーケティング管理論―戦略的プランニング・アプローチ―』同文舘。
14）根本昭二郎（1985）「広告戦略」宇野政雄編著『最新マーケティング総論』実教出版。

144

15）橋本 勲（1973）『現代マーケティング論』新評論。

16）橋本 勲（1971）『現代商業学』ミネルヴァ書房。

17）橋本 勲（1983）『販売管理論』同文舘。

18）藤澤史郎（1992）「販売促進政策」尾碕 眞・岩永忠康・岡田千尋・藤澤史郎『マーケティングと消費者行動』ナカニシヤ出版。

19）村田稔雄（1969）「市場競争と広告」久保村隆祐・村田昭治編『広告論』有斐閣。

20）森下二次也（1969）「経営販売論」馬場克三編『経営学概論』有斐閣。

21）チャールズ Y. ヤン（1973）『広告―現代の理論と手法―』同文舘。

第8章　ブランド戦略

第1節　ブランドの概念

1.　ブランドとは

　ブランドの由来は，"burned"（焼き印を押す）から派生し，家畜の所有者が自分の家畜を識別するために付けた印のことであった。かつて牛を放牧していたカウボーイは，他人の牛から自分の牛を区別するために牛のわき腹に所有権をあらわす焼き印を押していたといわれている（小川 2009, p.626）。したがって，ブランドは，過去において単に製造業者の所有物を他者のそれと識別するという「出所表示機能」を有していた。また，トレード・マーク（商標）を付けることで，製造業者の法的保護および消費者に対する「品質保証機能」を有していたといわれている。これらのブランドの本質的機能は，今でも，重要な機能として受け継がれている。しかし，現代におけるブランドの意味は，単に出所表示機能，品質保証機能以上に，重要なものになっている。

　ブランドとは，「売り手あるいは売り手グループからの財・サービスを識別し，競争業者のそれから差別化しようとする特有の（ロゴ，トレード・マーク，包装デザインのような）名前またはシンボル」（Aaker 1991, p.2, 陶山他訳 1994, p. 9）とされている。また，アメリカ・マーケティング協会 AMA（American Marketing Association）の定義では「ある売り手あるいは売り手の集団の製品やサービスを差別化することを意図した名称，言葉，サイン，記号，シンボル，デザイン，あるいはその組み合わせ」（Keller 1998, p.7, 恩蔵・亀井訳 2000, p.37）として捉えている。これらの定義からわかるように，ブランドは，製品に付与されたブランド・ネーム，シンボル，パッケージ，デザイン，色彩などの識別記号により，競合他

社のブランドと差別化を図る重要な要素である。こうしたブランドを識別するさまざまな構成要素をブランド要素と呼ぶ(Keller 1998, p.2, 恩蔵・亀井訳 2000, p.37)。

　一般に，よく知られているブランド要素をもつブランドは知名度が高いが，単に知名度だけではブランドとしての効果は期待できない。ブランドとしての効果は，競合ブランドよりもその価値を高く評価する顧客が多く存在してはじめて，企業にとっても価値のあるものとなる。また，このような効果をもつブランドは，製品やサービスに付与することによって付加価値を得ることで企業に長期的な利益をもたらすのである。

　現代におけるブランドの意味は，競合他社のブランドが付与された製品あるいはサービスと差別化される評価対象だけではなく，企業がもっている中核をなす資産として競争優位を創出できる手段までその概念の範囲は拡大しているのである。

2. ブランドの重要性

　上述のように，ブランドは，消費者に製品の製造元の出所を示しており，製品やサービスの責任の所在を明確にすることで，製品あるいはサービスに対する品質保証としての役割を有している。

　また，ブランドは，消費者の情報探索コストを削減できる（Keller 1998, p.7, 恩蔵・亀井訳 2000, p.43-44）。消費者は過去のブランド購買経験やマーケティング諸活動を通じて蓄積されたブランド知識を用いてブランドを評価する。このような知識および使用経験等により，消費者は購買に伴うリスクや探索コストを軽減し，安心してブランドが付与された製品を購買できる。特に，ブランドが品質シグナルとして重要な役割を果たすのは，探索財よりも，経験財や信頼財の場合である（Keller 1998, p.8, 恩蔵・亀井訳 2000, p.45）。

　たとえば，大きさ，色，スタイル，重さなどの購入する前にその品質を評価できる探索財に比べ，実際に購入しなければその品質を評価できない経験財は，ブランドへの依存度が高まる。

　次に，企業の観点からもブランドは重要な意味を有している。ブランドは，

製品およびサービスに明確なアイデンティティを付与し，また製品にユニークな連想と意味を与え，競合他社のブランドとの差別化をもたらす役割を果たしている（Keller 1998, p.9, 恩蔵・亀井訳 2000, p.46）。企業が強力なブランドを有することで，競合他社の模倣困難な競争優位の構築が可能になる。たとえば，1996年の『フォーチュン』誌による「米国優秀企業」の年次報告では「ブランドがすべて」と宣言し，その根拠として，コカ・コーラ，マイクロソフト，ディズニーといった企業を挙げ，「強いブランド・ネームをもつことが究極の武器である」ことを証明している（Keller 1998, p.9, 恩蔵・亀井訳 2000, p.46）。

　このように，強いブランドをもつ企業は，価値のある無形資産として競合他社の参入障壁をもたらすことで，競争優位性が創出可能となり，企業に財務的成果をもたらす点で重要な意味をもつのである。

3．ブランディングの起源と今日的意義

　今日，ブランドを戦略として捉えたものにブランディングがある。ブランディング（branding）とは，製品やサービスにブランドの力を授けることであり（Kotler & Keller 2007, 恩蔵監修 2008, p.167），どのようなブランドを付与して市場に導入するかは重要な選択要因である。その歴史的起源は，中世のギルドのトレード・マーク，さらに，古代の陶工や石工のマークまで遡ることができる（Keller 1998, p.25, 恩蔵・亀井訳 2000, p.60）。

　まず，中世ヨーロッパのブランディングは，ギルドのマーク誕生から本格的に始まっていたといわれている。職人たちが作った製品にマークを付けることは，顧客に対する品質保証と製造業者を法的に保護すると同時に，職人たちの品質管理の手段として活用されていた（Keller 1998, pp.25-27, 恩蔵・亀井訳 2000, pp.60-61）。たとえば，1266年には，すべてのパン製造業者は，すべての製品にマークを入れることを義務付ける英国法律が布告されたが，これは，品質管理に問題のある製品を生産することを取り締まることがその目的であったという（Keller 1998, p.27, 恩蔵・亀井訳 2000, p.60）。当時のブランディングに対する認識は，製品の品質あるいはブランド所有者をコントロールする意図

148

で行われたため，今日強調されるような資産的性格より，義務的性格が強かったといえよう。

表8-1　ブランディングの歴史と特徴

ブランディングの歴史	特徴
①中世のヨーロッパ	品質保証と製造業者の法的保護 品質管理の手段として活用
②ナショナル・ブランドの登場 (1860年〜1914年)	ブランド・コミュニケーション (マス広告キャンペーンによる販売活動)
③ナショナル・ブランドの普遍化： (1915年〜1929年)	製造業者のブランド成長期
④製造業者ブランドの挑戦： (1930年〜1945年)	ブランド・マネジメント初期のモデル誕生 (P&Gのブランド担当マネージャー制)
⑤ブランド・マネジメントシステムの確立： (1946年〜1985年)	積極的ブランド・マネジメントシステムの導入
⑥ブランディングにおける新たな課題と機会： (1986年〜現在)	企業の潜在的価値としての重要な評価対象

出所：Keller 1998, pp.25-31, 恩蔵・亀井訳 2000, pp 60-69, Keller 2003, pp.52-55 より作成。

　次に，表8-1で示されるように，現代におけるブランディングに大きく影響を及ぼしたのは，アメリカの南北戦争後のブランディングの歴史のなかでみることができる（Keller 1998, pp.25-31, Keller 2003, pp.52-55）。とりわけ，1980年代からアメリカを中心に本格化されたM&Aのブームにより，その時の取引基準の最も重要な評価対象は，企業が保有している企業の潜在的価値としてのブランドに焦点が当てられた。

　この時期にウォール街の投資家は，「強いブランドは企業に大きな収益率と利益率をもたらし，ひいては株主に大きな価値を生み出す」（Keller 1998, p.30, 恩蔵・亀井訳 2000, p.65）と考えていたため，特に，ブランドに対する関心が高まった時期である。では，今日に求められているブランディングとは何を意味しているのだろうか。

　今日では，ブランディングとは，競合他社のブランドと差別化するための活動だけではなく，自社の商品・サービスに対して，競合ブランドがもっていな

い優れた特徴をつくり出すための長期的なイメージ創造活動であり，価値のあるブランドを創造する経営プロセスのことを意味している（小川 2009, p.628）。したがって，ブランディングは，競合他社が模倣困難な付加価値を製品やサービスに付与することで，消費者の購買意思決定を促す活動であり，それが企業の無形資産としての持続的競争優位の源泉をつくり出していく重要な経営プロセスだといえよう。

第2節　ブランド構築

1．ブランド・エクイティ

　従来，ブランドは，今日のように企業の競争優位を生み出す資産として考えられていたのではなく，製品政策の一部であり，あくまで製品成果の高めるための多くの手段のひとつに位置づけられていた(小林 1999, p.116-117)。しかし，1980 年代以降のブランド論では，ブランドという資産を構築するための長期的な投資・管理の対象となり，企業の資産的価値のある無形資産のひとつとして重視するようになったのである（Aaker 1991, Aaker 1996, Keller 1998, 青木 2000, 小林 1999 など）。

　ブランドの重要性に対する認識は古くから存在していたが[注1]，マーケティング領域においてブランドが再度注目されるようになった背景として，①1980 年代盛んに行われた M&A の結果，売買の対象としてのブランド資産評価の問題が重要になったこと，②短期的成果をあげるために行った価格プロモーションやコスト節約型の安易なブランド拡張がブランド・イメージをダウンさせることとなり，そのことに対する危機感が高まったこと，③ブランド・イメージの維持管理や適切な形でのブランド再生や拡張を行った企業が業績を伸ばし，それに対する関心が高まったこと，④セールス・プロモーションの効果を強調する業界および研究者に対する広告業界からの反発，などがあげられる（青木 1995, pp.44-45）。

　アーカー（D.A. Aaker）によれば，ブランド・エクイティ（brand equity）とは「ブ

ランド，その名前やシンボルと結びついたブランドの資産と負債の集合（差し引いて残る正味の価値）」（Aaker 1991, pp.15-16, 陶山他訳 1994, pp.20-21）と定義される。言い換えれば，同じ種類の製品であっても，どのブランドが付いているかによって価値の差が生じるという考え方である（Aaker 1991）。すなわち，ブランドを単にイメージの集合体ではなく，長期的な競争優位の源泉としてとらえるのがブランド・エクイティ概念である[注2]。

一方，ケラー（K. L. Keller）は，顧客ベースの観点からブランド・エクイティを「あるブランドのマーケティング活動に対する消費者の反応に対して，ブランド知識が及ぼす効果の違い（差異的効果）」（Keller 1998, p.45, 恩蔵・亀井訳 2000, p.78）として捉えている。

ここでいうブランド知識によってもたらされる差異的効果とは，消費者がある特定のブランドのマーケティング活動に対して示す反応と，それと同等の製品，サービスであっても架空ないし無名のブランドが行う同等のマーケティング活動に対して示す反応との間の差異である（青木 2000, pp.35-36）。すなわち，企業のマーケティング活動に対して示す消費者の反応は，消費者がもっているブランド知識の違いによって異なり，その反応の差異が結果として売上や利益といったマーケティング効果にも差異をもたらすということである（久保田, 2004, pp.138-139）。したがって，ブランド認知とブランド・イメージから構成されるブランド知識は，顧客ベース・ブランド・エクイティ概念の中心になっており，とりわけ消費者の差異的反応をどの程度引き起こすかは，「ブランド連想の強さ」，「ブランド連想のユニークさ」，「ブランド連想の好ましさ」に依存する（Keller 1993, pp.5-7）。

2. ブランド・エクイティの構成次元

図8-1に示されるように，ブランド・エクイティは，ブランド・ロイヤルティ（brand loyalty），ブランド認知（name awareness），知覚品質（perceived quality），ブランド連想（brand association），他の所有権のあるブランド資産という5つのカテゴリーからなる（Aaker 1991, pp.15-21）。

まず，第1に，ブランド・ロイヤルティとは，消費者のある特定のブランドに対する忠誠心のことである。ブランド・ロイヤルティの高い消費者は，特定ブランドを継続して購入する意向が強く，企業にとっては安定的な収益を上げやすくなる。

第2に，ブランド認知とは，あるブランドがあるカテゴリーに属していることを，潜在的購買層が認識あるいは想起することができるということである（Aaker 1991, p.61, 陶山他訳 1994, p.84）。当該ブランドを識別する消費者の能力を反映したものであるブランド認知は，ブランド再生とブランド再認から構成される（Keller, 1993, pp.3-9）。ブランド再生とは，ある製品カテゴリーが提示された場合やニーズが発生したときに，消費者が特定のブランドを頭に思い浮かべることをいう。たとえば，高級スポーツカーといえば，「……」といったように，高級スポーツカーというカテゴリーが与えられただけでブランド名を思い出すことをいう。また，あるブランド・ネームやロゴなどが提示された場合，消費者が既知であると確認できる状態をブランド再認と呼ぶ。ブランドに対する認知度が高いほど，消費者に購買時の選択対象となる可能性は高まるといえよう。

図 8-1　ブランド・エクイティの構成次元

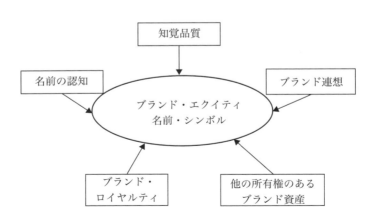

出所：Aaker 1991, p.17, 陶山他訳 1994, p.22 より一部修正。

第3に，当該ブランドに付与された製品やサービスの品質の全般的ないし優位性に関する消費者の評価を知覚品質という（Zeitham 1988, pp.3-5, Aaker 1991, p.85, 陶山他訳 1994, p.115）。消費者は，当該製品の詳細かつ具体的な特性を記憶しているのではなく，総合的かつ全般的な品質として知覚する傾向にある。消費者が感じる製品やサービスに対する品質や優位性の評価は，消費者によって重要度が異なるため，必ずしも客観的な品質評価ではない。特に製品間の明確な差異がない場合，購買意思決定において重要な役割を果たす。

第4に，ブランド連想とはブランドに関する記憶と関連しているすべてのことをいう（Aaker 1991, p.109, 陶山他訳 1994, p.146）。消費者の記憶のなかにあるブランドを考えたときに連想されるもので，たとえば，「バーバリー」といえば，トレンチコート，チェック柄，英国ブランド，高級感，古い歴史があるなど，さまざまなことが連想されるだろう。それらのブランド連想は，消費者に製品を購買する理由を与え，競合ブランドとの差別化およびポジショニングの根拠となる（Aaker 1991, pp.109-113, 陶山他訳 1994, pp.146-152）。

最後に，上述以外のブランド・エクイティの構成要素は，パテント，トレード・マーク，チャネル関係のような，所有権のある資産である（Aaker 1991, p.21, 陶山他訳 1994, pp.28-29）。

3. ブランド・アイデンティティ

これまでみてきたように，ブランド・エクイティ概念の登場をきっかけに，ブランドは長期的な企業の競争優位を創出する無形資産のひとつとして認識されるようになった。

ところが，1990年代に入ると，ブランド戦略の議論の中心が，ブランドの資産的価値の重要性を強調するブランド・エクイティ論から，ブランド・マネジメント論へとシフトしていく（Aaker 1996）。ここでいうブランド戦略とは，マーケティングのもつさまざまな戦略変数のうちで特にブランド価値増大化ということに力点を置いて，さまざまなマーケティング活動を計画し実行していく過程のことであり（田中 2000, p.7），その目的は，ブランドを企業の競争優

位を創出する無形資産とみなし，その維持・構築および有効活用を試みること
にある。ブランド・マネジメントを行う上で重要な概念として注目されるのが
ブランド・アイデンティティ（brand identity）である。ブランド・アイデンティ
ティとは，「ブランド戦略策定者が創造したり維持したいと思うブランド連想
のユニークな集合」であり，ブランド策定者が持つ当該ブランドの目標または
理想像を意味する（Aaker 1996, p.68, 陶山他訳 1997, p.86）。

　ブランド構築において，重要なポイントとなるのは，「ブランドがどのよう
に知覚されているか」ということよりも，ブランド策定者が意図する当該ブラ
ンドのあるべき姿の理想や目標を明確化することにある（Aaker 1996）。言い
換えれば，ブランド・アイデンティティは，企業にとって目標となるブランド・
イメージ，すなわち消費者の頭（心）の中に築きたいと思う望ましいブランド・
イメージ像であり，特にブランド構築において重要な役割を果たす。

　一方，ブランド・イメージは，ブランド構築を図った結果，消費者のブラン
ドに対する現状の知覚を表すものである。しかし，ブランド・アイデンティティ
は，ブランド・イメージとして消費者に知覚されて初めて効力を発揮するもの
でもある（小林 1999, p.129）。

　そのため，企業にとって目標となるブランド・イメージ像と実際に消費者の
有するブランド・イメージとの間にどの程度ギャップがあるかなどを分析し，
企業の意図する望ましいブランド構築に向けて積極的にコミュニケーションを
行うことが重要である。

第3節　ブランドの活用

1.　ブランド拡張の概念

　新製品を開発した後，新規ブランドを育成すべきか，それともすでに確立し
ている既存ブランドを付与して市場導入を試みるべきかについては，企業の意
思決定においても重要な課題である（小林 1994）。ブランド・エクイティの活
用戦略は，長期にわたるマーケティング諸活動や消費者の購買経験等を通じて

蓄積されたブランド資産を戦略的に活用するものであり，ブランド資産価値を成果に結びつけるという意味で非常に重要となる。企業は強いブランドを構築すれば，それを経営資源として活用することができる。

　なかでも，ブランド・エクイティを有効的に活用するための代表的方法として注目されているのがブランド拡張（brand extension）である。ブランド拡張とは，「企業が新製品を導入する際，既に確立しているブランド・ネームを用いること」（Keller 1998, p.451-453, 恩蔵・亀井訳 2000, pp.515-516）を意味し，新製品の成果向上を試みる戦略である。ブランド拡張は，すでに確立した既存ブランドを利用することで，新製品の市場導入に対する失敗リスクを軽減し，また，市場参入に伴うマーケティング費用を抑えるなど，企業に多くのメリットをもたらす（Smith and Park 1992, pp.298, Tauber 1988, pp.27-28）。たとえば，ソニーがマルチメディア対応の新型パソコンを導入する際には，ソニーの既存製品での経験や知識から，消費者はそのパソコンの性能を予想することができる（Keller 1998, p.456, 恩蔵・亀井訳 2000, p.520）。

　ブランド拡張は，その展開方法の相違により，カテゴリー拡張とライン拡張の2つに分類できる（Keller 1998, p.453, 恩蔵・亀井訳 2000, pp.515-516）。

　まず，カテゴリー拡張は，既存ブランド・ネームを用いて新たな製品カテゴリーに新製品を投入することである。カテゴリー拡張の成功例として花王の「ビオレ」をあげることができる。「ビオレ」ブランドは，1980年に「洗顔フォーム」として発売され，今年で34年目を迎えるロングセラーブランドである。「ビオレ」は，洗顔をはじめ肌に対するボディケアまで各製品カテゴリーで個別ブランドを採用せず，「ビオレ毛穴すっきりパック」や「ビオレメイク落とし」，「ビオレ・ふくだけのコットン」，化粧水，乳液，UVカット等，複数の製品カテゴリーに「ビオレ」ブランドを採用し，総合スキンケアブランドとして確立したのである。

　ライン拡張とは，既存ブランド・ネームを同一のカテゴリー内の別の製品に付与する形で行われる。異なる味や成分，異なる形状やサイズ，異なる用途などがある。たとえば，かっぱえびせんのフレンチサラダ，かっぱえびせんのエ

ビマヨ，Miller ビールから Miller Lite ビールなどの拡張は，ライン拡張に該当する。

しかし，ライン拡張は，新たに市場導入される製品（以下，拡張新製品）が既存製品と同じ製品カテゴリーに投入されるため，拡張新製品は既存製品と強い代替関係にある場合が多く，カニバリゼーションを発生させるリスクもある。たとえば，1903 年に発売されたアメリカの代表的ビールブランドのミラー・ハイライフの売上が 1978 年の 21% から 1986 年 12% まで減少した際，その理由としてあげられたのが，ブランド拡張により市場導入されたミラー・ライトの同じ時期における売上増（9.5% から 19%）だった（Aaker 1991, p.222, 陶山他訳 1994, p.309）。このように，ブランド拡張を行う際，拡張新製品の成果向上とともに，同一ブランドが付与されている既存製品に対する影響も同様に考慮する必要がある。

2. ブランド拡張の基本枠組

ブランド拡張は，すでに確立している「ブランド」，ブランドが付与されすでに市場導入された「既存製品」，そのブランドを用いて新たに市場導入する「拡張新製品」という 3 つの構成要素の影響関係として捉えることができる。

図 8-2 は，ブランド拡張の構成要素とその 3 つの影響関係を示したものである（小林 1994, p.71）。

まず，ブランド拡張の基本枠組の中から，既存ブランドが新製品に及ぼす影響，すなわち拡張新製品効果についてみてみよう。ブランド拡張における拡張新製品効果とは，既存製品が既存ブランドを経由して拡張新製品に影響を及ぼすことを指す。とりわけ，この拡張新製品効果は，既存ブランドに対する評価が新製品に反映されることで発生するものであり，したがって，まず，顧客が既存ブランドに対しどのような知識を有し，どのような評価をしているかを考慮する必要がある。

しかし，既存ブランドの高い評価を受けているからといってすべての拡張新製品が成功するわけではない。ある高級時計ブランドが自動車や飲料分野にま

図8-2 ブランド拡張の基本枠組

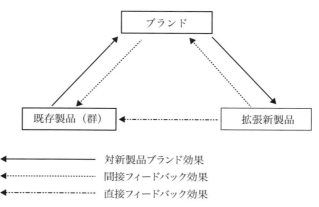

出所：小林 1994, p.71.

で拡張されても成功確率は低いはずである。拡張新製品の効果を高めるためには，既存ブランドの連想が拡張新製品にうまくフィットすることが重要となる。

両者がフィットすることにより，既存ブランドに対する評価が拡張新製品にも反映されることで，拡張新製品は既存ブランドの資産を享受することができる。

一方，図8-2でも示されているように，ブランド拡張は，拡張新製品効果だけではなく，当該ブランドが付与された拡張新製品が市場導入後，既存ブランドに及ぼす影響，すなわちフィードバック効果を有している（小林 1994, Milberg et al. 1997, 洪 2010）。フィードバック効果は，拡張新製品が既存製品に直接影響を及ぼす「直接フィードバック効果」と，拡張新製品がまず既存ブランドに影響を及ぼし，既存ブランドを経由して既存製品に影響を及ぼす「間接フィードバック効果」の2つからなる。

「直接フィードバック効果」は，上述のライン拡張などの拡張新製品が既存製品と強い代替関係にある場合に発生する。そのひとつがライン拡張などによるカニバリゼーションである。「間接フィードバック効果」は，直接フィードバックのように拡張新製品と既存製品の直接的な関係ではなく，既存ブランド

という媒介要因を通して，拡張新製品が既存製品に及ぼす影響をいう。この間接フィードバック効果としてあげられるのが，拡張新製品の成否が既存ブランドおよび既存製品に与える影響である。とくに拡張新製品の失敗は，拡張新製品だけの問題にとどまらず，既存ブランドにネガティブな影響を与える（Romeo 1991, pp.399-406）。

3. ブランドの希薄化

上述のように，ブランド拡張は，既存ブランドを利用することで，新製品の参入リスクを軽減し，市場参入コストを抑えるなど，多くのメリットをもたらす。その場合に重要なのは，ブランドは製品に付与されたブランド・ネーム等の識別記号のため，既存ブランドはそれが付与された既存製品に影響されるということである。たとえば，練り歯磨きで有名な Crest が，ブランド拡張により口腔洗浄液という他のデンタルケア市場への参入を試みたとき，ブランド・マネジャーが最も気を使ったのは，新製品の成功ではなく，ブランド拡張が既存ブランドに与える影響だった（Morrin 1999, p.518）。このように，ブランド拡張では，新製品の成功と同等あるいはそれ以上にブランド拡張が既存ブランドにどのような影響を及ぼすかが重要となる（Aaker 2004）。

ブランド拡張によって市場導入された拡張新製品は，やがて既存ブランドの一部となり，既存ブランドに影響を及ぼす。そして，この拡張新製品が及ぼす影響は必ずしも良いものとは限らず，中にはネガティブな影響を及ぼすものも存在する。このネガティブな影響のなかでも，特に重視されているのが，ブランド拡張による既存ブランドの希薄化の問題である。

一般に，ブランド拡張により特定製品カテゴリーとの一体感が弱まったり，既存ブランド・イメージが拡散してしまうことを希薄化と呼ぶ。すなわち，希薄化は何らかのかたちで既存ブランドのイメージが曖昧になることを意味し，その原因は個々の拡張新製品の問題ではなく，長い年月をかけて行われたブランド拡張の結果によるものである（Keller 1998）。たとえば，グッチが，ライセンス供与により 22,000 アイテムまで拡張し，その結果として高級，社会的

プレスティージ，高品質というイメージが消失したことなどがその典型である
（Keller 1998, pp.467-469, 恩蔵・亀井訳 2000, p.534）。

そして，ブランド拡張により市場導入された製品数が既存ブランドを希薄化
（曖昧）にする程度は，既存製品と異なる製品カテゴリーにブランド拡張する
ほど大きくなる傾向にある（Milberg et al. 1997, pp.119-140）。たとえば，キャ
ドベリーはマッシュポテト，ドライミルク，スープ，飲料といったさまざまな
食品分野にブランド拡張したことで，もともと保有していた「高級なチョコレー
トとキャンディのブランド」といったイメージが不明確になったことがそれで
ある（Aaker 2004, p.211, 阿久津訳 2005, p.268）。

元来，ブランド拡張は，既存ブランドの強みを拡張新製品に活用するもので
あり，ブランド・エクイティの主要な活用方法として注目されていた。しかし，
最近では，ブランド拡張の根幹にかかわる問題である希薄化の影響も，ブラン
ド・エクイティ管理との関係において考慮すべき課題として重視されるように
なった。

4. コ・ブランディング

ブランド・エクイティ活用戦略のもうひとつにあげられるのが，コ・ブラン
ディング（co-branding）である。ここでいうコ・ブランディングとは，2つ以
上の既存ブランドが何らかの形で1つの製品に結合されるか，一緒に販売され
るときに発生することを意味している（Keller 1998, p.283, 恩蔵・亀井訳 2000,
p.322）。すなわち，別企業のブランドが，何らかの形で水平的に結びつくこと
で新製品の市場参入を試みることと捉えることができる。

このコ・ブランディングは，ブランド・バンドリング（brand bundling）やブ
ランド・アライアンス（brand alliance）とも呼ばれることもある。ブランド・
アライアンスは，優れた製品やサービスを創造したり，効果のある戦略的かつ
戦術的ブランド構築プログラムを実行したりするために，2つ以上の企業がそ
れぞれのブランドを結びつけることを意味し（Aaker 2004, p.161, 阿久津訳 2005,
p.206），クレジット・カードなどで多く使われる手法である。

一方，ブランド・バンドリングは，企業が保有する固有の技術やノウハウを前面に押し出し，それを他社の商品ブランドと結合させるやり方であり，たとえば，パソコンメーカーが自社製品の優秀さを宣伝するためにインテルの MPU（ペンティアム）を使用する例などがその典型である（小川 2009, pp.654-655）。市場ですでに確立している自社以外の別のブランドを共同で利用する意味では，ブランド・アライアンスや，ブランド・バンドリングもコ・ブランディングとみなすことができる。

　以上，ブランド・エクイティの活用戦略が，別企業の既存ブランドを何らかの形で水平的に結びつけて活用するコ・ブランディングと企業内の既存ブランドを活用するブランド拡張の 2 つに大きく分類できることを示した（Keller 1998, pp.283-286, 恩蔵・亀井訳 pp.322-326, 小川 2009, pp.654-659）[注3]。両方とも，既存のブランド・エクイティを戦略的に活用することで新製品の成果向上を試みるという点では共通しているが，前者は，どちらかというとそれぞれの企業が保有するブランド・エクイティの相乗効果を狙っているのに対し，後者は過去に蓄積されたブランド資産を単純に有効活用しようとするものである。

＊本稿は，「ブランド拡張の研究課題」（『大阪市大論集』，第 128 号，2011 年），「ブランド拡張のフィードバック効果—拡張新製品が既存ブランドに及ぼす希薄化に焦点をあてて」（『経営研究』，第 61 巻 第 2 号，2010 年）の一部を加筆修正したものである。

注
（注 1）ブランドに注目したのは Aaker(1991) が最初ではない。古くは，ブランドの長期的投資の重要性を指摘した Gardner and Levy(1955) や Cunningham(1956) の研究など，今日のブランド・エクイティ戦略に通じる議論が過去にも存在する。
（注 2）ブランド・エクイティという概念が最初に用いられるようになったのは，アメリカでは 1980 年代のはじめ頃であり，それも広告業界において，ブランドがもつ長期的な顧客フランチャイズ (customer franchise)，その顧客のフランチャイズの財務的価値を意味する用語として使うようになったのが始まりであるという (青木，1994, p.5 ; Barwise,1993, pp.93-104)。
（注 3）小川 (2009) は，ブランド活用戦略として，垂直方向での活用は，ブランド拡

160

張戦略, 水平的方向での展開をブランド提携戦略と分類されている。Keller(1998) も, コ・ブランディング (co-branding) と, ブランド拡張をわけて議論している。したがってブランド活用戦略という意味では, 2つとも同じではあるが, コ・ブランディングは, 相手のブランドと提携することにより, 相互企業間の不足した資源および資産 (ブランド連想など) を活用できる便益をもたらし, ただちに信頼性, 競合他社との差別化要素を創出可能となる。なお, ブランド拡張は, その基本フレームワークでも示されているように, 企業が保有している同一の既存ブランドを複数の製品に付与し, 新製品の成果向上およびそのフィードバック効果を考慮するならば, ブランド拡張の戦略的効果はコ・ブランディングとは異なるものと考えられる。

参考文献

1) 青木幸弘 (1995)「ブランド・エクイティの現状と課題」『商学論究』(関西学院大学), 第 42 巻　第 3 号。
2) 青木幸弘・小川孔輔・亀井昭宏・田中 洋 (1997)『最新ブランド・マネジメント体系』日本経済新聞社。
3) 青木幸弘・岸志津江・田中 洋 (2000)『ブランド構築と広告戦略』日本経済新聞社。
4) 小川孔輔 (2009)『マーケティング入門』日本経済新聞出版社。
5) 久保田進彦 (2004)「ブランド要素戦略」青木幸弘・恩蔵直人編『製品・ブランド戦略』有斐閣。
6) 小林 哲 (1994)「ブランド拡張の基本概念と戦略課題」『経営研究』第 45 巻　第 3 号。
7) 小林 哲 (1999)「ブランド・ベース・マーケティング─隠されたマーケティング・システム効果」『経営研究』第 49 巻, 第 4 号。
8) 洪 廷和 (2010)「ブランド拡張のフィードバック効果─拡張新製品が既存ブランドに及ぼす希薄化に焦点をあてて」『経営研究』第 61 巻 第 2 号。
9) 洪 廷和 (2011)「ブランド拡張の研究課題」『大阪市大論集』第 128 号 .
10) D.A. Aaker (1991) *Managing Brand Equity*, Free Press (陶山計介・中田善啓・尾崎久仁博・小林 哲訳『ブランド・エクイティ戦略』ダイヤモンド社, 1994 年).
11) D.A. Aaker (1996) *Building Strong Brand*, Free Press (陶山計介・小林哲・梅本春夫・石垣智徳訳『ブランド優位の戦略』ダイヤモンド社, 1997 年).
12) D.A. Aaker (2004) *Brand Portfolio Strategy*, Free Press (阿久津聡訳『ブランド・ポートフォリオ戦略』ダイヤモンド社, 2005 年).
13) P.Barwise (1993) "Brand Equity:Snark or Boojum?,"*Internation Journal of Research in Marketing*, 10(1).
14) R.M.Cunningham(1956) "Brand Loyalty: what, where, how much," *Harvard Business Review*, 34(1), pp.116-128.
15) P.H. Farquhar and J.Y. Han eds. (1992)"Strategies for Leveraging Master Brand How to Bypass the Rist of Direct Extention, " *Marketing Research*, 4, pp.32-43 (青木幸弘訳「支配的ブランドの潜在力を活用するための諸戦略」『流通情報』, 1993 年 6 月, 7 月, 8 月).

16) B.B. Gardner and S.J.Levy (1955) "The Product and Brand," *Harvard Business Review*, 33(March-April).

17) K.L.Keller (1993) "Conceptualizing, Measuring, and Managing Customer-Based Brand Equity," *Journal of Marketing*, 57(January).

18) K.L.Keller (1998) *Strategic Brand Management*, Prentice-Hall Inc. (恩蔵直人・亀井昭宏訳『戦略的ブランド・マネジメント』東急エージェンシー, 2000年).

19) K.L.Keller (2003) *Strategic Brand Management: Building, Measuring, and Managing Brand Equity*(2nd Edition), Prentice-Hall(恩蔵直人研究室訳『ケラーの戦略的ブランディング―戦略的ブランド・マネジメント増補版』東急エージェンシー, 2003年).

20) P. Kotler and K.L.Keller (2007), *A framework for marketing management: Kotler Keller marketing management*, Prentice Hall(月谷真紀訳『コトラー&ケラーのマーケティング・マネジメント 基本編（第3版）』ピアソン・エデュケーション, 2008年）.

21) S.J.Milberg and C. W. Park eds. (1997) "Managing Negative Feedback Effects Associated with Brand Extensions: The Impact of Alternative Branding Strategies," *Journal of consumer Psychology*, 6(2).

22) M. Morrin (1999) "The Impact of Brand Extensions on Parent Brand Memory Structures and Retrieval Processes,"*Journal of Marketing Research*,6(November).

23) J.B.Romeo (1991) " The Effect of Negative Information on the Evaluations of Brand Extensions and the Family Brand," *Advances in Consumer Research*, 18.

24) D.C.Smith and C. W. Park (1992) "The Effects of Brand Extension on Market share and Advertising Efficiency," *Journal of Marketing Research*, 29 (August) .

25) E.M.Tauber (1981) "Brand Franchise Extension：New Product Benefits From Existing Brand Names," *Business Horizons*, 24 (2).

26) E.M.Tauber (1988) "Brand Laverage：Strategy for Growth in a Cost-Controlled World,"*Journal of Advertising Research*, 28(August/September).

27) V.A.Zeithaml(1988) "Consumer Perceptions of Price,Quality,and Value:A Means-End Model and Synthesis of Evidence," *Journal of Marketing*, 52(July).

第3編　マーケティングの拡大理論

第9章　国際マーケティング

第1節　国際マーケティング研究の背景

　近年の企業と市場のグローバル化の進展は著しく，いわゆる ICT 革命といわれるようなインターネットの普及，あらゆる分野において電子が進み，従来のマーケティング活動とも異なった動きがみられる。企業活動だけではなく，従来国際マーケティングの対象領域といえば先進諸国を中心としてきたが，1990 年に入ってからは BRICs（ブラジル，ロシア，インド，中国）の市場発展は目覚ましく，従来のグローバル市場構造や競争構造に大きな変化がみられる。

　国際マーケティング研究は，1960 年代以降の，欧米企業を中心とした国際的活動を対象としたものである。政治・経済・文化など様々な基盤が異なる市場において，企業がどのように対応していくのかが課題であり，国境を越えた活動は国内のマーケティングとどのように違うのか，独自性をもっているのかという研究が中心であった。多国籍企業は世界的な活動を行う必要性，国や地域による環境要因の違いを克服し，企業活動を行う必要性があり，国境を越えて行われる企業のマーケティング活動を国際マーケティングと称するようになった[注1]。

　国際マーケティングと国内マーケティングにおける大きな違いは，国が違うことによって生じる違いや共通性をどのように捉えるかということである。つまり，政治・経済・文化など様々な市場の基盤が異なり，消費者も国によって嗜好が異なる。このような市場に対してどのようなアプローチを企業として行っていくのかということが国際マーケティングのもつ基本的な問題である。企業が国境を超えて活動するときに，避けられない問題として生じてくる外部

図 9-1　国際マーケティング環境

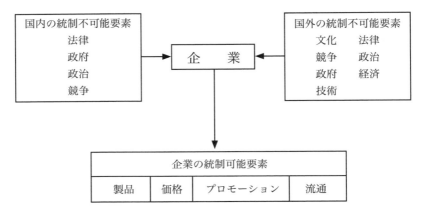

出所：カトーラ＆キーベニー，角松正雄監訳（1989）『マーケティングの国際化－グローバルな視野での活動』文眞堂，pp.28.

要因は図9-1に示すように，文化・法律・経済・競争状況があげられる。これらの要因は国内の統制不可能要素と国外の統制不可能要素との2つにわけられ，企業に影響を及ぼしている（P.R.カトーラ＆S.キーベニー 1989）。この統制不可能要素に対して，企業の内部要因である製品，価格，プロモーション，流通と言ったいわゆるマーケティング要素が企業の統制可能要素としてあげられる。企業が海外に進出してマーケティング活動を行う際にはこの国外統制不可能要素をどのように捉え，マーケティング活動を行うのかが重要となってくる。

現在では，従来からいわれている大企業のみがグローバルな活動をするのではなく，中小企業もグローバルな活動を行うようになってきた。また製造業にとどまることなく，小売やサービスを扱う企業もグローバルな事業を展開している。

本章では，グローバルな活動を行う企業が最初に直面する問題であり，また国際マーケティング研究における伝統的な課題である「標準化・現地適応化」の議論を取り扱うことにより，国が違うことによって生じるマーケティング課題を明らかにしていく。つまり母国市場と進出先市場との違いや共通性をどのように捉え，マーケティング活動を行っているのかということに焦点をあてこ

の章は考察していく。

第2節 「標準化・現地適応化」における問題提起

国際マーケティング研究において，1960年代はじめから「標準化・現地適応化」論争[注2] がみられる。つまり，世界的な活動を行うなかで，国や地域による環境要因の違いを克服し，企業活動を行う必要性があるからである。

R.D.Buzzell（1968）は，それまでの現地適応マーケティングを批判し，規模の経済によるコスト削減，国境を越えて移動するビジネスマンや観光客との取引の一貫性の確保，優れたマーケティング・アイデアの移転などの理由から標準化・統合化がより利益を得られると指摘した。

またその一方で，環境要因による標準化の阻害要因を明らかにした。産業・発展段階，地理や機構などの物的環境，文化的環境，製品のライフサイクル段階や競争などの産業環境，流通システムや広告媒体などのマーケティング制度，および法的制度等の国家的差異などがあげられている。

R.D.Buzzell の論文は，その当時の現地適応化マーケティングを推奨する方向にあったなかで，標準化と現地適応化をマーケティング・プログラムにおいて分析し，その両方のバランスをとる重要性を主張した点で評価されている。

この R.D.Buzzell の論文のあと発表された Sorenson & Wiechmann（1975）の実証分析の成果によると，一般的なマーケティングにおける標準化の傾向はみられると指摘しているものの，機能分野やここの活動側面によって標準化度が異なることを明らかにした。標準化傾向のあるものとして，製品特性，ブランド名，包装形態があげられている。しかし，その標準化度は機能や個別活動側面によって異なることがあげられ，標準化が進んでいない分野として広告メディア，小売価格，小売店舗タイプがあげられている。つまり小売業分野では標準化しにくいことが示されている。Sorenson & Wiechmann は市場の類似性に着目し，その類似度が高いほど，標準化に適し，市場の類似性よりも市場の特殊性が重要視される分野では標準化が進みにくいという実証結果を導き出

した。これに対し，諸上茂登はマーケティングの標準化と現地適応化の適正バランスについて，マーケティング機能分野別対応の実態を明確にしたことに大きな意義があるということができるだろうと指摘している（諸上 1998, p.118）。

さらに標準化戦略を推奨したのが T. Levitt（1983）の市場同質化論である。通信，輸送やその他のテクノロジーの発達により，世界市場の同質化が進むと指摘し，国や地域性の違いに対応する従来型の多国籍企業はグローバル企業にコスト面で対抗できないとした。この現地適応化，あるは標準化という問題は「必然がどちらにあるのか」の問題であるとし，その必然性をもつ企業とは同質化に対応する企業こそがこれから求められる企業であるとする。もちろん地域や国の文化的差異は残るが，その際に対応する企業よりも標準化された製品や販売を広めるマーケティング努力をする企業こそが今後求められる企業である強く述べている。

つまり，現地適応化戦略の最大のメリットである現地市場特有のニーズを満たすという目的は市場の同質化によって効果を発揮できず，現地適応化するためのコストがかかる。つまり，標準化戦略を採る企業と比べてコストがかかり，競争優位性を確保できないとした。この Levitt の規模の経済を享受しうるコスト削減のメリットをもたらす標準化推奨以降，標準化戦略＝グローバル化と捉えられるようになってきた。

Levitt はコストの観点から標準化が推奨されていくと位置づける。しかし，この Levitt の標準化戦略についてはグローバル化の必然であると受け入れられる一方で，多くの批判もあった。S. P. Douglas & Y.Wind（1987）は高級品にのみ世界中でニーズの同質化がみられる一方で，それ以外の製品は現地に適応していると指摘する。

また, J. A. Quelch & E. J. Hoff(1986)はコカコーラ社とネスレ社のマーケティング戦略の比較を行い，コカコーラ社は標準化戦略を行っているが，ネスレ社では現地適応化戦略を行っているという結果を導きだしている。M. C. Particelli（1960）は世界標準化を実際の企業で行っているのは希であると主張した。顧客満足とコスト優位を築くことが競争優位性を持つと指摘する。つまり，顧客満

足が現地適応化であり，コスト優位が標準化戦略であると指摘する。

第3節 「複合化」戦略

　実証研究を行った研究者の指摘によると，企業において標準化かあるいは現地適応化かどちらか一方の戦略を選択して行うのではなく，状況に応じて標準化か現地適応化かを選択している現実がみえてくる。その標準化か現地適応化をどのように組み合わせていくのかといった新たな課題に対して，大石芳裕は「複合化（Duplicaiton）」といった新たな概念を提唱している。「国際マーケティングの複合化とは，国際マーケティングの世界的標準化と現地適応化という一見二律背反的課題を同時に満たすことであり，その目的は多国籍企業が世界規模での競争優位を確保することである」（大石 1996, p.126）と定義している。

　大石（1996）は標準化の最大のメリットはコスト節約であり，デメリットはコスト節約により対象市場の異質なニーズに全面的に対応でいないことであると指摘する。このニーズを満たす活動が現地適応化になる。これらふたつの「コスト優位性」と「顧客のニーズ」を同時に達成する方策として複合化の概念を提唱しているのである。これはよくいわれる"Think globally, act locally"といわれる「グローカル」の概念とは異なると主張する。つまり，「グローカル」の概念の基本にあるのは，市場における同質性と異質性の問題である。この点においてグローカルの考え方は，同質性であればグローバルな標準化を選択するし，また市場が異質であれば，現地適応化を選択する。つまり，二者択一的な選択になるが，大石の指摘はそれを同時達成するような概念の提唱である。

　具体的な方策としてマーケティング・プログラム（いわゆる4P）の複合化をあげている（大石 1993）。①ハイブリット方策，②複数ライン方策，③共通要素方策，④共通分母方策，である。ハイブリット方策とは，マーケティング・プログラム全体において標準化・現地適応化を組み合わせる。つまり広告など標準化しやすいものは標準化を行うが，人的販売や小売システムなどは現地適応化を行う。複数ライン方策とは，プログラム項目において世界的に標準化し

170

た複数ラインを子会社に提示させる方策である。共通要素方策とは，世界的に標準化された共通要素を見出し，モジュラー製品や核製品や広告を提供することである。共通分母方策とは，各市場を細分化し，世界的に共通する部分をクラスター化することである。これら４つの方策を用いて，コストの削減を行う一方で，各国のニーズに適応させることを試みている。

　つまり，標準化か現地適応化かという問題は，論争過程の中で，一概に標準化か現地適応化かという行動パターンで結論づけるのは困難であることを指摘してきていた。標準化か現地適応化というトレード・オフの関係ではなく，その両者の組み合わせ，大石の指摘するような複合化のような概念が現実的な企業行動のように思われる。つまり，国際的な競争の中では多国籍企業の標準化への方向性はマーケティング活動において異なる。これは，さきに紹介したSorenson & Wiechmann の実証研究でもみられるが，ブランド名，製品属性，包装形態，基本的広告メッセージ，販売員の役割および管理，中間業者の役割といった分野は標準化しやすいが，その一方で標準化が困難であるという指摘と一致する考え方である。この標準化しやすい要因と困難である要因について，竹内＝ポーターは以下のように指摘する。

表 9-1　マーケティング諸活動の国際的標準化の難易度

より容易	より困難
・ブランド名	・流通
・製品ポジショニング	・人的販売
・サービス基準	・販売員訓練
・保証	・価格政策
・広告テーマ	・メディア選択

出所：Takeuchi and Poter(1986), p.127.
　　　諸上 (1988), p.128.

　表 9-1 の分類基準は，マーケティング活動の①国際的調整の容易性，②調整のための組織的コスト，③標準化を困難（ないし不適当）なものにする現地の国際的差異である（Takeuchi & Porter 1986, p.127）。ここに指摘されるように，標準化が容易な分野は標準化を進めることによって，規模の経済が働くであろ

うし，困難な分野においては現地適応化を進めることによって，他の企業との差別化につながり，競争優位を発揮することができるといえるであろう。しかし，標準化か現地適応化かの規定要因としては，環境要因・産業要因に基づいた議論が多い。国際マーケティングの標準化の要因は外部環境要因 からきていると Bartels が指摘するように，多くの分析フレームは環境要因アプローチに終始していた。しかし，多くの企業がグローバルな活動を行う今日，企業要因が標準化・現地適応化にどのように影響を及ぼすのかを考える必要がある。

　この考え方に対して，大石は企業要因，製品 / 産業要因，環境要因を考慮したあとに多企業は，国際マーケティング・プロセスと国際マーケティング・プログラムを実行するのである，と主張する（大石 1993, p.140）。国際マーケティング・プロセスと国際マーケティング・プログラムの関係について述べると，国際マーケティング・プロセスとは，①子会社による計画策定，②親会社による統制，③親子間のコミュニケーション，という 3 つで構成される。国際マーケティングのいわゆる 4P であり，製品政策，価格政策，プロモーション政策をいう。この国際マーケティング・プロセスと国際マーケティング・プログラムは，プロセスの標準化の方が容易であると結論付けている。つまり，国際マーケティング・プロセスは，標準化を妨げる外的制限要因を受けにくいという理由からである。

　ここで述べておきたいことは，その比較ではない。諸上茂登が指摘するように，このマーケティング・プロセスやマーケティング・プログラムが，標準化・現地適応化行動を含めて，グローバル・マーケティング戦略の有効な世界的調整や統合化の前提ないし基礎となるということである（諸上 2000, p.163）。

第 4 節　AAA 戦略

　Gemawatt（2007）は Levitt の主張に対して，「セミ・グローバリゼーション」という国ごとにあるいは地域ごとに差異があり，その点を考察することの重要性を説いている。具体的には「コークの味が世界中同じであるべきか」と

172

いう事例をもとに論を展開している。彼は地域，国によって異なる分析の枠組みとして，文化的（Cultural），制度的（Administrative），地理的（Geographical），経済的（Economical）の４つの差異から２国間モデルと多国間モデルからCAGE分析で考察する。企業が国際的な展開を行うときに提唱しているのが，適応戦略（Adaptation），集約戦略（Aggregation），裁定戦略（Arbitrage）の３つの戦略，AAA戦略である。

　適応戦略は進出国の市場に適応させることで，現地での位置を確立するために有効な戦略である。しかしここには多様化の課題がでてくる。進出国ごとに製品を適応させていけば，製品は国ごと，地域ごとに異なる生産を行わなければならないからである。これに対して，適応のためのツール「絞り込み」「外部化」「設計」「イノベーション」を提示していることがGemawattの特徴である。つまり，多様化に対して必然性，負荷，コストを減らす方策や多様化の効果を高める方策を具体的に提示した。

　集約戦略においては複数の国や地域をひとつの市場単位として集約し，規模の経済を追求する戦略である。この集約の戦略はもちろんエリアマーケティングなどで多くの企業が採用し実施している戦略ではあるが，地域戦略のパターンを提示し，さらに具体的に戦略の特徴を明らかにしている。本国と進出国との関係，進出国間との関係を６つのパターンで示している。「地域か本国か」「地域ポートフォーリオ」「地域ハブ」「地域への委任」「地域ネットワーク」のパターンから本国と進出国との管理の範囲の違いを明らかにしている。

　裁定戦略においてはGemawattの独自の提唱がなされている。地域間，国家間で差異は存在し，その差異を活用する戦略である。CAGE分析により明らかになる差異を利用し経済性を追求するものである。この裁定戦略は従来からあるクロスボーダーの考え方が基礎になっている。貿易活動を例に考えてみれば理解しやすいだろう。その国にないものを輸入する，自国にある余剰分を輸出する。それぞれの国がそうやって利益を得ていることは新しい考え方ではない。しかし，GemawattはCAGE分析を行うことにより，差異を国レベル，業種レベルで分析を行い，企業が進出国で背負う不利な条件について明らかに

第9章 国際マーケティング *173*

したうえでどのように価値を生み出すのかの考察の重要性を説いている。

第5節 今後の課題

　国際マーケティングの分野において，標準化・現地適応化問題における論争は1960年代より多くの論争が展開されてきた。この背景には，企業の国際的な競争の激化がある。この論争は当初，標準化・現地適応化のどちらかに比重を置いた論争が多くみられたが，大石の提唱するような「複合比」概念にみられるように，「トレード・オフの関係」ではなく，同時達成できるような方策へと議論が深まってきている。より具体的にその戦略について提唱している戦略が Gemawatt の AAA 戦略である。Gemawatt は市場における特性，つまり母国市場と進出先との差異を CGGE 分析で把握した上で戦略をより具体的に AAA 戦略の実施が求められていると指摘する。標準化・現地適応化における論争は伝統的・古典的な課題であるが，同時に企業が海外進出を行うときに必ず対峙しなければならない課題である。

　特に近年では国境を超えることを厭わず，当初からグローバル市場をターゲットする GAFA（グーグル，アップル，フェイスブック，アマゾン）といわれるプラットフォーマー企業がグローバル競争を加速させ，従来のターゲット市場の範囲を超え，加速度的に成長している。本章では，「標準化・現地適応化」ということを中心に国際マーケティング論の論争をみてきたが，従来の企業概念にない新しいビジネスモデルで新しいターゲット市場を対象とする企業の登場は従来の国際マーケティングの理論枠組みを超えた議論が求めれてきていることは間違いないだろう。

注

1) ここでの形態は輸出・輸入マーケティングや海外マーケティング，多国籍マーケティング，国際マーケティング，グローバル・マーケティングと様々に呼ばれている。本章では，総称して国際マーケティングという用語をもちいて説明していく。
2) この「標準化・現地適応化」の研究の系譜は詳しくは諸上 1986，第4章，諸上

1988，第5章，谷地1994，pp.55-67を参照のこと。

参考文献

1) 大石芳裕（1993）「グローバル・マーケティングの具体的方策」『佐賀大学経済論集』第26巻第3号。

2) 大石芳裕（1996）「国際マーケティング複合化戦略」角松正雄・大石芳裕編『国際マーケティング体系』ミネルヴァー書房。

3) 角松正雄監訳（1989）『マーケティングの国際化－グローバルな視野での活動』文眞堂。

4) 諸上茂登（1986）「標準化と現地適応化の研究系譜」，根本孝・諸上茂登編『国際経営論』学文社。

5) 諸上茂登（1988）「グローバル・マーケティング・ミクスの展開」江夏健一編『グローバル競争戦略』誠文堂新光社。

6) 諸上茂登（2000）「国際マーケティングにおける標準化／適応化フレーム」高井眞編著『グローバル・マーケティングへの進化と課題』同文舘。

7) 谷地弘安（1994）「国際マーケティング政策標準化・適応化の問題図式」六甲台論集第41巻第1号。

8) S. P. Douglas and Y.Wind"The Myth of Globalization" *Columbia Journal of World Business*, Winter 1987, pp.19-29.

9) Ghemawat,Pankaj. (2007) *Redefining Global Strategy: Crossing Borders in a World Where Differences Still Matter*, Boston, MA: Harvard Business School Press.

10) Hirotanaka Takeuchi and Michel E. Porter(1986), *Three Roles of International Marketing in Global Strategy in Competition in Global Industries*, Edited by Michel E. Porter, Harvard Business School Press,1986,p.127.

11) T.Levitt(1983),"The Globalization of Markets", *Harvard Business Review*, May-June, 訳「地球は同質市場へ向かう」『DIAMONDハーバードビジネス』ダイヤモンド社 Aug.-Spt., pp.9-21.

12) M. C. Particelli(1960), "A Global Arena," *The Journal of Consumer Marketing*, Fall, pp.43-52.

13) J. A. Quelch and E. J.Hoff(1986),"Customizing Global Marketing, *Harvard Business Review*, May-June.

14) R. Z. Sorenson and U. E. Wiechmann(1976),"How maultinationals view marketing standardization", *Harvard Business Review*, May-June.

15) R.D.Buzzell(1968),"Can you Standardrize Multinational Marketing?" *Harvard Business Review*, November-December, pp.102-103.

第 10 章　環境マーケティング

第 1 節　環境マーケティングの特徴

1.　環境マーケティングの意義

(1) 環境マーケティングの意義

　21 世紀に人類が，直面する重要な課題の一つは環境問題と言われている。地球温暖化をはじめとするさまざまな「環境問題」が，マスメディアを中心に大々的に取り上げられている。テレビや新聞・雑誌・インターネット等では，環境問題を扱う特集が組まれ，映画の題材としても取り上げられている。またＣＭや広告等では，「環境への配慮」というニュアンスを含んだセールスコピーを目にしない日はない。

　このような環境問題を解決するためには，国の規制・政策だけでなく，企業の技術革新と消費者の価値観，ライフスタイルの変革が必要である。企業が環境問題に取り組もうとすると，多大なコストが掛かり，利益が確保できなければビジネスとしては成り立たない。したがって，環境政策や環境に配慮した製品を消費者に受け入れてもらうための環境マーケティングが必要である。このように現代の社会では，環境問題に対処しながら経済活動ならびにマーケティング活動を取り組んでいくことが不可欠な課題となってきている。

(2) 環境マーケティング発生の背景

　日本における環境マーケティングがクローズアップされてきたのは 1990 年代からである。その背景は 1970 年代から，1980 年代にかけて地球温暖化やオゾン層の破壊などさまざまな環境問題が発生していたことである。その後，1980 年代から環境マーケティングの考え方が現れた。それまで，顧客の短期

176

的な満足を追求するために，大量生産・大量販売を最大の目的をしてき従来の
マーケティングの理論が社会全体に不利益を与えるなど対応できない事例も増
えてきた。(野田 1999, p.69-92)

2. 環境マーケティングの定義

　日本において，最も早く環境マーケティングについて研究を進めたのは大橋
照枝である。　大橋は，環境マーケティングについて次のように定義した。「環
境マーケティングとは，企業や組織が地球環境と生活の質および生活者満足と
の共生と調和を図りながら，ライフサイクルアセスメント[注1]を用いて，商品・
サービスの「ゆりかご」(原材料採取段階)から「墓場」(廃棄後のリサイクル，リユー
スを行う段階)までの全プロセスで環境負荷を最小にするような商品企画・開発，
生産，物流，販売のシステムを構築することである」(大橋 2002, pp.29-42)。
つまり，ビジネスと環境保全をいかに両立させるのかが環境マーケティングの
あり方である。最も地球環境負荷を与えている企業が，エコノミー(経済性)
とエコロジー(環境保全)を両立させるためには，その情報を開示し，同じ地
球市民である他の2つのセクター，つまり，生活者/市民セクターと行政/自
治体セクターが，イコールパートナーとしてのパートナーシップに基づく協働
を確立する義務があると主張した(出家 2008, p.132)。

　齋藤實男は「グリーン・マーケティングとは，企業などが環境への負荷を削
減し，環境を保全す営為・製品・サービスをグリーン・コンシューマー，グリー
ン・インベスターや納入先企業・自治体等に PR し，それらの『売れる仕組みづ
くり』や資金動員の一環に組み込んだマーケティングである」(齋藤 2008, p.iv)
と定義した。ただ，齋藤は現実の生活水準を保ちながら環境を考えるのではなく，
現代化の生活を非近代的な生活水準に戻すことによってグリーン化するという
指摘もある(出家 2008, p.132)。したがって，実現することは難しいといえるで
あろう。

　西尾チヅルは，環境問題を取り入れるマーケティングを「エコロジカル・マー
ケティング」と称し，「環境保全と生活満足と組織利益との共生を実現する製

品・サービスを開発・販売し，それを正しく使用・消費させ，排出された資源を回収し，再生品として還元するプロセスに関わる諸活動」（西尾 1999, p.69）と定義している。つまり，企業は顧客や社会のニーズを満たし，かつ，環境負荷の低い製品を開発し販売すると同時に，消費者にそれを効率よく伝え，かつ正しく認知させることも重要な課題となっている（長沢・蔡 2003, p.1）。消費者が負荷の少ない製品を適切に選択するためには，製品の環境配慮をめぐって企業から提供される情報が正確で信頼できること，誤解を招かない表示であること，理解しやすい表示となっていることが必要である。

大橋は環境マーケティングにおいて，環境コミュニケーションに重要な位置づけをし，企業，行政と市民の３セクター間のコミュニケーションの実践を通じ，循環型システム社会の構築を提唱した。その上，西尾チヅルは環境コミュニケーションの実践にあたっての方向性を示した。

このように，三者の主張は，社会システムは社会，経済と政治の３セクターによって構成されていることを念頭において論じられているところに共通点がみられ（出家 2008, p.141），以下の４点にまとめることができる。そこで，４点を簡単に説明しておこう。

1. 顧客満足と地球環境保全の両立
2. 商品・サービスの全プロセスにおける環境負荷の最小化
3. 循環型システムの構築
4. 企業，消費者・生活者，政府間の環境情報伝達

第１の「顧客満足と地球環境保全の両立」については，大橋は環境マーケティングを企業サイドのマーケティングとして捉え，企業と消費者・生活者という視点から論じている。最も地球環境負荷を与えているのは企業セクターの活動であり，ビジネスをいかに環境保全と両立させるかが，環境マーケティングのあり方であると強調している。

第２の「製品・サービスの全プロセスにおける環境負荷の最小化」については，大橋は単に環境に良い製品を開発するとか，流通させるとか，リサイクルするといった単一のプロセスだけに止まらず，製品・サービスの企画，開発，生産，

物流，消費から，リサイクル，リユースなど，還元のループを組み込んで「ゆかりかご」から「墓場」まで全プロセスで環境負荷を最小限にする企業の活動と強調している。

第3の「循環型システムの構築」については，西尾は製造企業へ戻すチャネル整備が必要だと強調している。資源を循環させるためには，消費者が消費し排出した廃棄物を回収し，資源として活用することが必要となる。そのためには，従来のフォワード・チャネルだけでなく，資源を回収し，リサイクルするために製造企業へ戻すチャネル整備も必要不可欠となる。

第4の「企業，消費者・生活者，政府間の環境情報伝達」については，大橋は環境負荷を最小にするには「従業員，ステークホルダー，投・融資家，生活者／市民，地域社会および政府／行政への環境情報開示と，コミュニケーションによって，エコロジーとエコノミとの両立をはかり，持続可能な発展を実現する活動である。また企業，消費者，政府三者がイコールパートナーとして環境に関する情報をすべて開示・共有し，環境保全のため行動でコラボレーションする必要がある。そのために環境コミュニケーションの手段として環境広告や環境ラベルは重要なツールである」（大橋・藤井, pp.161-177）と強調している。

以下，環境マーケティングを実践するために，第2節では環境コミュニケーション，第3節では環境コミュニケーションの手段としての環境ラベルについて展開していこう。

第2節　環境コミュニケーション

1.　環境配慮型製品

環境に配慮した製品あるいは環境保全に貢献している製品の総称が，環境配慮型製品である。代表的な定義である ISO14001 によれば，環境配慮型製品とは，再使用・再資源化・処理容易性・環境保全性・小型軽量・省電力・長期使用性・包装材のリサイクルを製品開発の指針としている製品のことである。つまり，持続可能な社会の発展のため，製品は環境側面に考慮して設計され，製造・流通，

使用・処分の各段階において環境に与えうる影響を考えた製品のことである。た
とえば，製品の原料を採掘することで資源枯渇や生態系の破壊を招いていないか，
流通段階では燃料の消費によって温暖化を促進していないか，また製品の使用段
階で製品に含まれている化学物質が大気に放出され，人の健康に害を与えていな
いか，さらに処分の段階では，廃棄物の埋め立てによって土壌汚染や海洋汚染を
引き起こしていないかなどである。すなわち，環境配慮型製品は持続可能な社会
の発展のために製品の環境側面を考慮して設計された製品のことである。

　環境配慮型製品の類義語としては，環境適合製品，環境保全型製品，環境調
和型製品，エコ製品，グリーン製品，エコプロダクツ，エコデザイン，などが
挙げられる。いずれも環境効率に優れた製品や，環境保全に貢献する製品と共
通したコンセプトをもっている製品の名称として使用されている。

　しかし，環境配慮型製品であっても，その情報を消費者にうまく伝えること
ができなければ消費者に買ってもらえない。また，消費者が購入した環境配慮
型製品を正しく使用しなければその環境の機能が無駄になる場合もある。この
ような情報を発信するのが環境コミュニケーションの役割の一つである。した
がって，環境マーケティングを実践していくためには，その情報としての環境
コミュニケーションが十分に行われなければならない。

2.　環境コミュニケーションの定義

　環境省は環境コミュニケーションについて以下のように定義している。環境
コミュニケーションとは，「持続可能な社会の構築に向けて，個人，行政，企
業，民間非営利団体といった各主体間のパートナーシップを確立するために，
環境負荷や環境保全活動等に関する情報を一方的に提供するだけでなく，利害
関係者の意見を聞き，討議することにより，互いの理解と納得を深めていくプ
ロセスである」（環境省 2006，pp. 80-81）。つまり環境コミュニケーションは，
参加者がお互いに情報を生み出し，それを共有することより相互理解に至る過
程である。環境コミュニケーションの定義で強調されているように，環境負荷
や環境保全活動等に関する情報を一方的に提供するだけでなく，生活者，行政

(利害関係者）企業がそれぞれお互いの理解と納得を深めていく必要がある。

3. 環境コミュニケーションのツール

環境コミュニケーションのツールは図 10-1 に示しているように社会を構成している企業，生活者（消費者），行政 3 セクターによって，さまざまな手法がある。そこで，図 10-1 を参考にしながら，各セクターのツール（役割）を説明していこう。

図 10-1　環境コミュニケーションの主なツール

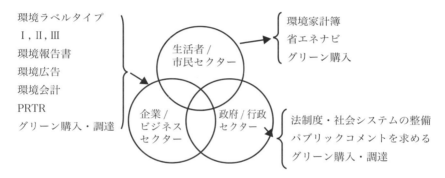

出所：大橋・藤井 2003, p.162.

(1) 生活者，市民セクター

生活者や市民が現段階で主に使う手法としては「環境家計簿」がある。毎日の生活の中で環境に関係する出来事や行動を家計簿のように記録し，家庭でどんな環境負荷が発生しているかを消費者自らが意識をもって，生活行動の点検・見直しを継続的に行うことである。次に「省エネナビ」がある。省エネナビとは，現在の電気使用量や二酸化炭素排出量などエネルギー消費量を金額で知らせたり，利用者自身が決めた省エネ目標を超えるとお知らせをできる機器である。三つ目は「グリーン購入」である。グリーン購入とは，持続的発展が可能な社会を構築するために，国等の各機関が製品を購入する際その必要性を十分に考慮し，品質や価格だけでなく環境のことを考え，環境負荷ができるだけ小

さい製品やサービスを，環境負荷の低減に努める事業者から優先して購入することである。

(2) 政府，行政セクター

政府，行政としては，法制度・社会システムの整備やパブリックコメントを求めることとグリーン購入・調達をすることなどを行っている。いわゆる法や制度などを制定することや，消費者センターというような公的機関によって国民（生活者）の意見や要望を聞くことなどである。また，官公庁などが部品や資材を選定する際に，価格や品質，納期だけを重視するのではなく，環境負荷の低いものから優先的に選択することがグリーン購入・調達である。

(3) 企業ビジネスセクター

企業，ビジネスの場合は，環境ラベル，報告書，環境広告，環境会計，PRTR，グリーン購入・調達などが挙げられる。

環境ラベルは，消費者が製品を選択する際に環境に負荷の少ない製品を選ぶための手がかり，という目的でつくられた制度である。環境報告書は，企業などの事業者が，自社の環境保全に関する方針や目標，環境負荷の低減に向けた取り組みなどをまとめたものである。環境広告は生活者の環境問題への関心，環境意識の高まりという世論を意識した広告のことである。化学物質排出移動量届出制度（PRTR：Pollutant Release and Transfer Register）とは，「有害性のある多種多様な化学物質が，どのような発生源から，どれくらい環境中に排出されたか，あるいは廃棄物に含まれて事業所の外に運び出されたかというデータを把握し，集計し，公表する仕組みである」（環境省 2011, p.125）。企業によるグリーン購入・調達というのは企業が資材や部品の購入・調達活動においても環境に配慮した視点をもって活動をすることである。具体的には，社員が業務で使用する OA 機器・事務用品・照明・自動車などを購入する際は，環境に配慮された製品の購入をすることがグリーン購入である。そして製品に使用する原材料・部品などは環境に配慮された製品を購入することがグリーン調達である。

環境コミュニケーション・ツールとして，現在の日本企業の多くがもちいて

いる諸手段には，環境ラベル，環境報告書，環境広告，常設展示施設，イベント開催，セミナー開催，環境教育講座，展示会参加，対話型ワークショップ，施設見学・エコツアーと社会貢献などがある。なかでも「環境ラベル」，「環境報告の発行」と「環境広告の宣伝」を多くの企業が採用している（花田 2009, pp.14-41）。

　環境コミュニケーションのツールはさまざまあるが，そのうち，現在の日本において企業がもちいている諸手段には，環境ラベル，環境報告書などがある。多くの企業が，環境配慮型製品の情報を消費者に伝達するために，「環境ラベル」を用いている。環境ラベルは消費者が店頭で製品を選ぶ際に、環境配慮型製品と従来型製品を区別するために，直接目にする重要な手段である。

第3節　環境ラベル

1. 環境ラベルの概念

　環境ラベルは商品やサービスの環境に関する情報を製品や，パッケージ，広告などを通じて，消費者に伝えるものである。環境ラベルの類似語としては，環境マーク，エコラベル等が挙げられる。消費者が商品を選択する際に品質やデザイン，価格などとともに環境の情報も必須情報として環境ラベルを位置づけられている。しかし，実態はマーケットには多種多様な環境ラベルが存在し，消費者たちが種類多すぎで覚えられないため参考にして買い物をすることは少ないなど，高い効果は得られてない状況である。

2. 環境ラベルの表示形態

　環境表示の表示形態は，大きく分けて3つに分類することができる。マークによる表示，環境配慮の主張（文言や説明文による表示），環境データの表示である。

(1) マークによる表示

　マークによる表示とは，文字通りマークを用いて行う表示を指すものである。

環境に配慮しているもの，または環境によい結果が得られるような指示や推奨を意味するものなどが多い。また，重要な警告を示すものや使用者に対して環境に配慮した使い方，廃棄時の注意事項，環境改善のための行動を要請するものなどもある。マークによる表示のメリットとしては，そのマークの意味を知っていれば一目で認識することができ理解できる点にある。小さな文字で書かれた説明文などを読まずとも，マークを目印にすることができるため非常にわかりやすく便利な表示といえるはずである。

(2) 環境配慮の主張

環境配慮の主張（文言や説明文による表示）とは，たとえば，企業が自社の商品やサービスが環境に配慮していることを宣伝広告する場合に用いられる内容や説明文などのメッセージがこれにあたる。環境に配慮したことを示す文言や説明文は，マスメディアを通じて行われる環境広告をはじめ，商品本体や包装，商品パンフレットなどのさまざまな媒体に見ることができる。これらのメッセージは，商品の環境側面に関する情報を消費者に訴求するものであることから，自己主張（環境主張）といえる[注2]。しかし，現状としては消費者を誤認させるような主張などがありよく問題になっている。

(3) 環境データの表示

環境データの表示とは，商品の環境負荷に関する情報をLCA（ライフサイクルアセスメント）という手法を用いて評価し，ライフサイクル全体を通じた環境情報を定量的な値で表示するデータシートなどを指すものである。環境データの表示は，マークや説明文の表示とは異なり商品そのものに表示されることは珍しく，企業のホームページなどに掲載されたり資料として同梱されるなどしている。また，データ表示はその商品が環境に配慮していることを示すものではなく，環境に配慮しているかどうかはデータを読む側消費者の判断に任されることになる。

3. ISO による環境ラベルの分類と特徴

(1) 環境ラベルの分類

　環境ラベルは ISO（国際標準化機構）の基準に従えば、タイプ I，II，IIIの三つのタイプがある。

　タイプ I は，第三者機関が認証したシンボルマークで表わす環境ラベルである。日本で ISO によるタイプ I の環境ラベルに該当するのは、日本環境協会が認定するエコマークである。これは日本で最初の環境ラベルであり，唯一 ISO によるタイプ I の環境ラベルでもある。

　タイプ II の環境ラベルは，多くの場合は企業等が自主基準等を設定し，その基準をクリアした製品を自社の環境配慮型製品であると自ら主張するものである。自主基準の設定方法や内容は，企業の判断で設けることができる。製品の環境配慮についての主張は、企業独自で決める仕組みになっている。

　タイプ III の環境ラベルは、LCA（ライフサイクル・アセスメント）の手法によって、製品の環境負荷を製品ライフサイクル全体にわたって算出し、これを定量的情報で表示する。その数量データを基にトータルに環境負荷を表している。消費者はインターネット等を利用して環境ラベルに載っている型番等でその製品に関する環境情報を確認することができる。しかし，その製品の環境情報に対して企業が「よいか」「わるいか」は評価していないため，判断は消費者に委ねられている。

(2) 環境ラベルの特徴

　タイプ I の環境ラベルであるエコマークは 1989 年に導入された。当初環境配慮型製品の普及促進を目指す意味合いから，少しでも環境に配慮されたものであれば，マークの添付が承認されていた。このため消費者の間でマークの信頼性が疑問視されることがあった。

　その後，タイプ III の環境ラベル LCA の視点が取り入れられ，企業に製品やサービスのライフサイクル全体にわたる環境負荷を開示する義務と努力が求められることになった。数値の検証は，検証システムで行われ，信頼性という面においては高いと期待されているが，開示されているデータは一般の消費者に

第 10 章　環境マーケティング　185

表 10-1　ISO による環境ラベルの 3 タイプの特徴

	タイプ	主な特徴	マーク
提供したデータなどの情報を第三者機関が認証	タイプⅠ (JIS Q 14024) (ISO 14024) エコマーク	①製品・サービスのライフサイクルを考慮 ②エコラベル運営団体が第 3 者認証 ③シンボルマークで表す	エコマーク
	タイプⅢ (JIS Q 14025) (ISO 14025)	①製品やサービスの環境影響をライフサイクルアセスメント（LCA）に基づいて定量的に表示する方法 ②提供情報について第 3 者認証 ③数値の善し悪しの評価はない	エコリーフ (マークで表示する場合)
認証の必要がない自己宣言	タイプⅡ (JIS Q 14021) (ISO 14021)	①企業の自己主張 　12 の主要項目の主張について，その定義や，検証方法について規定されている ②要求があれば情報開示する ③製品への表示だけではなく，広告や宣伝なども含まれる	表 10-2 を参照すること

出所：一般社団法人産業環境管理協会ホームページと日本工業標準調査会「一般原則〈ISO14020（JIS Q 14020）〉」を参照し，筆者加筆修正。

表 10- 2　ISO タイプⅡ規格に準拠した環境ラベル

出所：環境省，環境ラベル等データベース。

は理解しづらいのが現状である。選考基準を厳しくする等の改革を実施したことで，エコマークの情報をかなり積極的に取り入れている消費者層には知られるようなったが，多くの消費者には漠然とした不信感がまだ残る面もある。

タイプⅡの環境ラベルは他の2つの環境ラベルとは異なり，第三者の認証を必要としない。このため，タイプⅡ環境ラベルに書いてある内容が事実であるかどうかは，環境主張をする企業に対して，消費者が直接確認をすることになる。しかし自己主張の内容を第三者が評価していないので，その主張の正当性や客観性，また事実かどうかを確認することは容易ではない。さらに，企業の自己主張という点で，他社の類似製品と比較することも難しい場合が多いため，製品選択の判断に迷うことになる。

4. 環境ラベルを発行する際の手続きおよび法律

環境ラベルの発行手続きは大きく分けて2種類に分類することができる。ひとつは，公益法人やNPO・NGO団体，行政等の「第三者によって認定・認証を受けるもの」と，もうひとつは，企業が独自に実施する規格に基づいて「自ら認定する自己主張によるもの」である。

また業界団体の取り決めによって自ら認定するものも，第三者に認定・認証を委ねない限りは自己主張であると考えられる。それぞれマークによる表示や文言，説明文による表示という点では共通しているが，両者のラベルが持つ意味は大きく異なる。第三者の認証によるラベルの特徴は，生産者である企業と消費者から独立した第三者によってラベルの使用が許可されるという仕組みにある。

ISOによるタイプⅠ環境ラベルの場合，ラベルの実施団体（第三者実施機関という）が利害関係者と協議の上，ラベルを適用する商品や判定に用いる基準などを決定する。ラベルを使用したい企業や団体は任意に申請をし，第三者実施機関の審査によって基準をクリアした場合にマークの使用が許可される仕組みになっている。日本では，エコマークがタイプⅠ環境ラベルに該当する。そして，エコマーク以外にも，企業と消費者から独立した第三者による認定・認証制度が多数ある。これらはISOのタイプⅠの要件をすべて満たしていない

ため, ISO タイプ I 環境ラベルの分類には当てはまらないラベルと考えられる。

　また, さまざまな認証制度があり, それぞれが第三者実施機関の判断によって行われているため, 認証の基準や方法は実施機関によって大きく異なる。ライフサイクルが考慮されているものから, 製造時や使用時などの一部分に関わるものなどさまざまであるため, 消費者は, 第三者による認証を受けている商品だとしてもその商品がどういう点について認証を受けているのかは分からない (山口 2003, pp.38-52)。

　現在の日本ではエコラベルを含む環境表示を直接規制するような法律はないため, ISO による国際規格は JIS 規格として発行されているが, あくまでも準拠することが望ましい規格であり従わなかったからといって罰則や是正措置等が伴うものではない。ただし, 景品表示法 13 第 4 条第 1 項第 1 号では, 消費者を誤認させるような虚偽・誇張等の不当な表示を禁止しており, 環境表示もこの規制の対象に含まれることから, 現状では客観的合理的根拠に基づいた適切な表示を行うことが必要とされている。

5.　環境ラベルによる環境コミュニケーションの現状と課題

　環境ラベルは, 環境問題の解決に向けたアプローチとして, 個人レベルの環境意識を高め, 消費者に環境問題に取り組んでもらう「きっかけ」となる重要なツールの一つであると考えられる。

　環境ラベルが多様化しているので認知度が低いという現状がある。その原因は, 環境マークの説明文等を用いた環境表示にはさまざまな種類や目的をもったものがあるとともに, ラベルが多様化していることで定義が難しくなっているように思われる。環境ラベルの明確な定義や分類方法が確立していないため非常にややこしく, 一般の消費者にとってはなかなか理解しづらい状況にある。つまり, 企業と消費者のコミュニケーションが不足している。

　環境に配慮した製品の知識や, 情報を正確に伝えるツールとしては, 製品の環境配慮をめぐって企業から提供される「情報が正確で信頼できる」こと,「誤解を招かない表示である」こと,「理解しやすい表示となっている」ことが必

要である。十分な情報に基づいて，個人の消費者も環境に負担の少ない製品を簡単に選択できてはじめて環境保全に大きな役割を果たすことになる。消費者たちは環境に配慮した製品を買いたくても，環境に配慮した製品の知識や情報が少なければ，正確に判断できないである。環境配慮型製品を徹底的に普及するためには，環境配慮型製品の表示形態の工夫や消費者と企業のコミュニケーションを通じて浸透させていく企業努力が一層求められる。

注

1）ライフサイクル評価（Life Cycle Assessment：LCA）とは，環境への負荷をライフサイクル全体に渡って，科学的，定量的，客観的に評価する手法である。
2）一般社団法人産業環境管理協会によるエコリーフ環境ラベルの説明を引用。

参考文献

1）大橋照枝（2002）『環境マーケティング大全―エコ・エコノミー実践のために』麗澤大学出版会。
2）大橋照枝・藤井大拙（2003）「環境広告は日本の生活者にどう評価されているか」『広告科学』日本広告学会，第44集。
3）環境省（2001）『環境白書』。
4）環境省（2006）『環境白書』。
5）長沢伸也・蔡壁如（2003）『環境対応商品の市場性』晃洋書房。
6）齋藤實男（2004）『グリーン・マーケティングとグリーン流通』同文舘。
7）竹濱朝美（2003）「タイプⅡ環境ラベルによる自己適合宣言の課題」『立命館産業社会論集』第39巻第1号。出家健治（2008）『商店街活性化と環境ネットワーク論』晃洋書房。
8）西尾チヅル（1999）『エコロジカル・エコマーケティングの構図』有斐閣。
9）野田朗子（1999）「環境配慮型製品のマーケティング戦略：普及に向けてメーカーと消費者との接点を探る」同志社政策科学研究，第2巻1号。
10）花田眞理子（2009）「企業の環境コミュニケーションに関する考察」『龍谷大学経営学論集』第45巻第4号。
11）山口光恒（2003）『環境マネジメント』放送大学教育振興会。

第11章　サービス・マーケティング

第1節　サービスへの関心の高まり

1.　社会経済的要因

　歴史的な流れをみると，初期段階の生産者は商品の生産と販売の両方を行っていたが，より多くの利益を得るため，生産に専念し，販売を商業者に任せるようになった。商業者は生産者から商品を仕入れ，消費者に販売していた。しかし，より多くの商品選択肢を提供することが消費者への訴求力となることがわかり，消費者への販売を専門とする小売業者と豊富な商品を品揃えするための卸売業者が機能的に分化した。資本主義社会が発展し，大量生産された商品を流通させるために，生産者は製造企業に，卸売商業者と小売商業者は卸売企業と小売企業へと規模の拡大が図られた。それだけでなく，規模の拡大はさまざまな業務を細分化させた。

　現代社会において，その細分化はますます加速する。それは企業内の業務分化だけではなく，家庭内にも広がる。家庭内での時間的，身体的，精神的負担の解消を図るために，総菜，弁当，介護サービス，クリーニングなど，消費者はそれらを積極的に購入する。

　機能分化はサービスの生産量を増加させ，経済全体に占めるその割合を高めた。これはサービス経済化現象と呼ばれる。このような現代社会において，サービスへの関心は自然と高まった。

2.　マーケティング的要因

　このような現代社会で生活する消費者に対して，マーケティングの主体は商

品を提供しようとする。モノとしての有形の商品であっても，そうではないサービス商品（これ以降，基本的にサービスと表記する）であっても，マーケティングの主体にとって，それらの販売が確実に行われることが一番の関心となる。インターネット販売や通信販売，自動販売機による販売を除けば，商品やサービスは従業員による対面販売がなされる。

　マーケティングは商品の生産から販売にいたる諸活動の総称であるが，販売の局面に関する研究は希薄である。訪問販売や店内での接客販売に関する考察はあるものの，また，その重要性を唱えながらも，その詳細は分析対象から外されている。その理由はマーケティングにおいて，それに係る従業員は目的に適合するよう必ず活動するという前提があるからである。また，実際に従業員の活動のあり方は無限大の広がりをもつため，体系的な記述が困難なためである。

　しかし，市場が成熟化し，同質な商品が溢れる現代にあって，差別化されたはずの商品はその実質的効果がほとんどみられないコモディティ化と呼ばれる状況にある。このような状況下において，商品購入を促進するための販売局面に関する研究の必要性が生じた。

第2節　サービスの性質

1. サービスの概念

　経済学的なサービスの概念を厳格に規定することは容易ではない（伊部・今光編著 2012, pp.47-49）。本章ではあくまでもサービス・マーケティングを説明するためのサービスを理解するに止める。キャッシュ・サービス，情報サービス，レンタル・サービスなど，サービスは多様であるが，サービス・マーケティングにおけるサービスの焦点は従業員の活動が消費者や顧客（これ以降，適宜用語を使い分ける）に提供される場合に絞られる。

　現実社会において，サービスだけが提供される場面はほとんどない。商品も単独では企業の目的は達成されず，販売員による接客サービスを必要不可欠とする。その点では商品とサービスは融合されている。

第 11 章　サービス・マーケティング　*191*

　サービスの理解を深めるために，これを性質の違いによって分類し，後の基礎知識としよう。サービスには２つの性質がある。その１つはサービス商品となる場合であり，消費者はそれを購入の対象とする。それに対して，先述したように，商品を販売するための接客サービスの場合，購入の対象とはならず，商品と同列に置くことは困難である。接客サービスは会計学的には販売管理費に計上される。マーケティングにおいて，それは商品を販売するための販売促進戦略に位置付けられる。しかし，接客サービスを消費者は商品と同様にサービス商品と認識する場合がある。詳細は後述されるが，１つの例として，海外高級アパレル・ブランド商品は国内では販売代理契約をした専門販売店や直営店以外でも購入できる。海外で買い付けられた商品を国内価格よりも低価格で販売する業者が存在する。正規店ではそのような業者よりも高い価格で商品が販売される。商品そのものだけを購入するのであれば，正規店以外で購入する方が経済的である。しかし，必ずしも経済的動機が購買行動とは結び付かない。それは正規店での接客サービスや店内の雰囲気も商品と同様にサービス商品であると認識されるからである。サービスに関する２つの性格の区別は消費者だけでなく，経営者側も困難な場合が多い。本章では両者を区別することなく，サービス商品として認識する。

2.　商品とサービスの違い

（1）生産管理

　商品とサービスの生産管理における相違を理解しよう。商品は機械設備や生産システムが活用されることによって生産される。機械設備の稼働に関する不安定性がない場合，商品は均質化される。ただし，生産に従事する従業員の活動が不安定であるため，商品が不良になる場合もある。その場合であっても，商品出荷以前に行われる検品作業によって，不良品は取り除かれ，均質化は確保される。たとえば，自動車部品の不具合によるリコール問題は商品の欠陥によって生じるものではあるが，基本的にそれらは商品開発段階でのものであり，生産活動そのものに起因しない。大量生産は単に商品を大量に生産するという

意味に止まらず，機械設備の改良と従業員の熟練によって，均質化の精度を加速度的に高める。また同時に，規模の経済性により利益率を高める。

それに対して，サービスは従業員の労働が直接消費者の購入対象となる。サービスは商品のような均質化が困難である。同じ従業員であったとしても，日々の体調や精神的状況の変化によって，生産活動への影響は常に起こる。また，同じサービスを生産しようと思っても，従業員は人間であるため，全く同じ動作を繰り返すことが困難である。さらに，異なる従業員の場合，その困難さは加速度的に増加する。大量にサービスを生産しようとすれば，人間である従業員は体力的にも精神的にも限界があるため，品質の低下が生じかねない。また，サービスの検品管理はできないという点を指摘できる。サービスは消費者に直接なされる活動であるため，検品しようとすれば，管理者は常に従業員と行動を共にする必要があり，また，従業員と同数の管理者が必要になるからである（髙木編著 2014, pp.125-134）。

このような膨大な問題を抱えるサービスの生産管理には従来のマーケティング的思考のみならず，新しい思考方法としてのサービス・マーケティングが適用されなければならない。

(2) 生産効率

商品の場合，大量生産によって多くの利益を確保し，それを再投資し，機械設備や生産システムの向上を図ることで生産効率がますます高められる。生産効率は大量生産と密接不可分な関係にある。

それに対して，サービスの場合，生産効率を高めるとはどういうことなのか。単位時間あたりの接客・対応する消費者の人数を2倍にしたとする。常識的に考えて，これは生産性が2倍になったとは考えられない。生産性の問題以前に，サービス品質が低下したと考えられる。従業員の活動そのものが消費者に購買されるサービスは生産効率を高めることは通常できない。

それを可能にする方法の1つに歓喜がある。歓喜とは対象顧客が期待していたよりも遥かに高い効用を得た際に生起するものであり，満足度全体を強く押し上げる。たとえば，サービスを受けた過程全体では不満が多かったとして

も，ある時点での歓喜がそのような不満を解消するだけでなく，最終的には全体として，サービスは満足とされる場合がある。詳細は後述するが，歓喜の程度は投入された費用と時間に全く比例しない。一瞬の活動によって，歓喜を実現できれば，生産効率は高められる。

(3) 生産と消費

商品は消費者が小売店で購入した後に消費される。生産は販売以前に製造企業によってなされ，生産と消費の間には時間的にも距離的にも隔たりがある。

それに対して，サービスは従業員の活動が直接購入の対象となる。それは生産と同時に消費がなされることを意味する。これを生産と消費の不可分性という。事例は後述するが，消費者はサービスを購入する消費者でありながら，同時に，生産過程を共有するという点から生産者でもある。より高品質なサービスを受けるために，消費者は自ら積極的に生産過程に係る必要がある。消費者の生産活動への参加を促すよう従業員は工夫しなくてはならない。生産活動に対する認識は商品の場合とは大きく異なる。ここにサービス・マーケティングが登場する必然性がある。

第3節　サービス・マーケティングの特徴

詳細は各専門書に譲るとして，サービスの性質の違いを基準として，個別的マーケティングの構造または基本を理解しよう。1. は従来のマーケティング的思考が適用されるサービスの工業化の議論に係わる。2. は最も中心的なサービス・マーケティングの議論であり，サービス・マネジメントとも密接に関係する。3. はモノやシステムが大きく係わるサービスである。4. は技術や能力が中核となるサービスである。

1.　均質で低価格なサービス

マクドナルド社での接客サービスがサービス・マーケティング研究の初期的段階で取りあげられた。同社は消費者との接点における販売活動の重要性をい

ち早く認識した。従来のマーケティングを直接活用するのであれば，ハンバーガーの生産活動の効率性を高めることにのみ専念する。それに対して，同社は消費者への販売時のサービスが売上高を増加させると考えた。サービスの均質化は難しいが，同社は従業員の活動を詳細にいたるまで研究し，徹底的なマニュアル化を図った。そうすることによって，接客従業員による意思決定を減らすことに成功した。従業員は消費者からの要望に対して，マニュアルを覚え，実践することで問題を解決できた。これはサービスの生産に従来のマーケティング的思考を適用した代表例である。ハンバーガーの生産性向上への専念は商品の生産に係わる「工業化」である。それに対して，マニュアルによる徹底的な従業員の管理は「サービスの工業化」と呼ばれる（Levitt 1983, 土岐訳 1984）。これは従業員である人の多様性と不安定性を均質化するシステムである。これによりサービスの大量生産が可能になった。

　生産と販売を同一店舗内で行う同社にとっては，店舗数の拡大が売上高の増加に直結する。消費者の購買圏は限られるため，消費者の居住地に接近するように多数の店舗を分散的に展開しなければならない。しかしながら，多店舗展開により生じる店舗間での接客サービスの差は消費者の不満発生の可能性を高める。また，ハンバーガーの価格を抑えるためには，従業員を低賃金で雇用することが望ましいが，そのような従業員には自発的な判断・行動を期待できない。このような背景から，マニュアルの導入による従業員の管理を徹底する必要があった。

　わが国において，どのような形態の小売店であっても，一定程度の品質の接客サービスが提供されている。そのような店舗ではマクドナルドと同様なマニュアルの導入がなされているのかといえば，そうではない場合が多いであろう。マニュアルはなくとも，我々は最低限の常識をもって接客サービスをする。均質なサービスを提供するために，マニュアルが必要かどうかはその土地の社会・文化的背景が大きく影響する。

　マニュアルを積極的に導入する際の商品やサービスは低価格である。均質化を価格との関係から理解しよう。品質が一定程度に達していないサービスは消

費者からのクレームにつながる。これは確かに問題であるが，見落としがちな
注意点は定められた水準以上のサービスを生産してはならないということであ
る。水準以上のサービスはその時点では消費者への訴求力にはなるが，再度そ
の消費者が訪れ，適切なサービスを受けても，以前との比較から品質が低下し
たと判断されるからである。均質化の水準は熟練の結果として，到達すべき目
標ではなく，誰もが一定程度の研修を受ければ到達可能なものでなくてはなら
ない。また，サービスの水準を高くすれば，商品の販売量が増加しても，利益
率が低下することを忘れてはならない。

　最後に，サービスの工業化を理解しよう。これは大量生産システムの基礎を
築いたテイラーの科学的管理法がサービスの生産に適用されることを意味す
る。従業員の活動を分析・検討し，その活動時間を測定し，マニュアルが作成
される。それに従った活動をすれば，適正な給与が得られる。このようなサー
ビスはまさに商品を生産する工業システムと同様に捉えられ，人間は機械設備
やロボットと同様に扱われる。また，消費者は多様性のある人間としては理解
されていない。このようなサービスはサービス・マーケティングの中心的な関
心とはならず，あくまでも低価格な商品やサービスの生産と販売に限定される
（松井編著 2014, pp.37-41）。

2. 高付加価値なサービス

　直上のタイトルは高品質高価格な商品の販売活動に係わる接客サービスと
サービス商品を意味する。先述したように，接客サービスとサービス商品との
区別を本章では明確にはせず，両者は同じように価値あるものと考える。高付
加価値なサービスは詳細なマニュアルを作成したとしてもそれでは全く生産管
理できないものである。たとえば，高級なホテルのフロント担当者，ドアマン，
その施設内にあるレストランでの接客従業員，海外高級アパレル・ブランド商
品の販売員などの活動である。ここでの知見は産業財の営業担当者の活動にも
応用される。

　マーケティングにおいて，一番大切なことは販売する商品やサービスを企画

するにあたって，ターゲットとなる消費者を確定することである。高付加価値なサービスを購入できる消費者は限定されている。売上高を増やすには，同じ消費者に何回も購買してもらう必要がある。長期的な関係を形成する消費者のことを顧客と呼び，顧客は高付加価値なサービスを購入できる所得があり，その品質を適正に評価する能力がある。

　顧客との関係構築の柱は高品質高価格な商品やサービスである。それ自体の訴求力が他社との差異を明確にする。マーケティングは競合する商品との差別化が困難な状況下で積極的に活用されるものであり，サービス・マーケティングとは全く異なる。ではなぜ，この用語にマーケティングが付与されるのか。サービス・マーケティングは従業員の管理問題に係わるインターナル・マーケティング，組織外部に向けてのエクスターナル・マーケティング，顧客への接客サービスに係わるインタラクティブ・マーケティングから構成される。その中でサービス・マーケティングの中核をなす，インターナル・マーケティングがマーケティング的思考を積極的に活用するためである。

　インターナル・マーケティングは従業員を管理するためのアプローチである。従来であれば，従業員の管理問題は経営学にある人事労務管理・人的資源管理などの手法が適用される。インターナル・マーケティングは経営学での蓄積を基礎として，消費者と同様に従業員の多様性を積極的に認め，購買選択の自由をもつ消費者と同様に従業員へもアプローチする。当然，従業員と消費者を全く同列に扱えず，その自由度は職務に限定されるが，この姿勢は非常に重要である。理解を深めるために，インタラクティブ・マーケティングでの具体的な活動を取りあげる。　高付加価値なサービスは顧客に対して，懇切丁寧にマンツーマンで生産される。たとえば，由緒正しき高級ホテルでは蓄積された情報をもとに，顧客からの要望を受ける以前にさり気なく対応がなされる。たとえば，ある顧客が鞄を自分で必ず持ち運ぶことをスタッフは覚えていて，荷物の運搬を尋ねる際，鞄については何も言わないこと，表面的にはサービスを何もしないことこそが心のこもったサービスとなる。別の例として，来店目的が記念日であることを顧客との会話の中で知り得たならば，次回の来店時にはその

ことを念頭に置いて対応する。マニュアルでは到底対応できない活動が無限大に広がる。このようなフロントラインの接客従業員を管理するインターナル・マーケティングは彼らが自発的に活動するよう，頭の中に自らを律する管理規範を形成するよう動機づけるためのシステムである。マーケティングは力による強制をすることなく，精神的な側面でのアプローチによって，消費者自らが積極的に商品を購買しようとさせる活動である。マーケティングは消費者に，サービス・マーケティングは従業員に向けてそのような活動を行う。

　インターナル・マーケティングにはマーケティングと同様に一連の体系がある。従業員に関するさまざまな情報を集め，彼らが個人としてやり甲斐のある職務設計を行う。職務設計は職場環境として最も重要であるメンバー構成での調整を行いながらなされる。その結果を適宜分析，評価し，再調整を行う。大きくはこのような流れである。この一連のプロセスは具体的なサービスの生産を行うことを目的とし，それに適合するように全体が設計される。このことを組み込んで，各活動をもう一度みておこう。従業員は人であり，性格や行動に関する個性や得意不得意な部分がある。それらの情報を収集すること，また，各個人がやってみたいと思う職務を把握することは大切である。具体的に提供されるサービスに適合するよう，特に，多様な顧客に対して，偶発的な状況でも柔軟に対応できるよう，現場全体としてのサービス生産体制を整える。それは従業員のメンバー構成に左右される。単に，人間関係の良好なメンバー構成では不十分である。また，サービスの生産に係わる学習には無限大の広がりがある。互いに切磋琢磨し，励まし合い，共に成長できる環境を形成しなければならない。これは従業員同士が監視するという意味ではない。この設計が管理者の重要な役割となる。現場での成果は従業員ではなく，管理者の能力の現れである。管理者のもう１つの重要な役割がある。企業の成長に結び付く素晴らしいサービスの提供は従業員のサービス精神の現れであることからすれば，管理者は人としての成長を促進するような動機づけを与えなくてはならない。一方，現場全体として素晴らしいサービスを生産するためには，各個人の希望をその時点では叶えられないことがある。全体の調整のために，特定の従業員

には他の業務を行わせなくてはならないこともある。その際の説得的活動は管理者の重要な役割である。企業の現在や将来のこと，また，個人としての成長も合わせて，丁寧に説明する必要がある。顧客への対応と同様に従業員への誠実な対応を管理者は行わなくてはならない。管理者がそのような態度によって，従業員の結束が固まり，不本意ではあっても，自分と企業の成長のために積極的に受容する気持ちが生まれる。従業員はサービス生産の実質的担当者であり，管理者は彼らを管理するのではなく，共にサービスを生産する一員であるという姿勢が大切である。インターナル・マーケティングが効果を発揮し，顧客に最高の満足を与えることによって，顧客は従業員に心のこもった「ありがとう」という言葉を発したり，特定の従業員の売上に積極的に貢献しようとしたりする。これはサービス業独自のミラー効果と呼ばれるものであり，従業員をますます動機づける。

　次に，エクスターナル・マーケティングはマーケティングでは販売促進戦略の中にあるマスメディアなどの媒体による広告活動に位置付けられる。しかし，ターゲットとなる顧客は限定的であり，効率的にも費用的にもマスメディアを活用できない。また，サービスは生産と消費が同時であるため，購買する以前に品質を確認できず，事前または間接的に表現することが困難なため，広告には不向きである。そのような手段を活用しなくとも，人は自分と同列にある他人とのコミュニケーションを好むことから，最も効果的な方法として口コミがある。口コミは顧客が自発的に行うものであり，費用負担もなく，それを誘発するような材料を提供するだけでよい。その材料は高付加価値なサービスの提供と顧客を歓喜させることである。サービス自体が販売促進機能を担うことを忘れてはならない。本来販売促進活動は費用であるが，ここでは正当な対価を得るだけでなく，副次的に得られる重要な効果ともなる。顧客は大切な取引相手だけでなく，誠実な広告代理人でもある。

　最後に，インタラクティブ・マーケティングは従業員が顧客に対してサービスを生産する過程のあり方である。顧客はサービスを消費するだけでなく，生産も共同で行う。さらに，顧客はサービスを受け取るだけでなく，ミラー効果

と呼ばれる従業員に無償のサービスを提供することもある。サービスは精神的な効用であり，従業員と顧客が共感する過程でもある。顧客と従業員は共に満足し，企業は成長する。短い「ありがとう」の言葉であっても，心がこもっているかどうかは相手に伝わる。誠心誠意のおもてなしは職務を離れ，人の魅力そのものであると従業員が認識するならば，サービスの品質は自然と向上する。特に，不満への対応を間違ってはならない。商品の場合，不満をもつ消費者はそのことを他人に言いふらすため，クレームへの対応は急務であり，誠心誠意の対応が求められるとされている。それに対して，高品質なサービスを購入する顧客からのクレームはそのように考えてはならない。顧客は商品やサービスの品質を適切に評価し，高額な支払いをする能力がある。社会的地位も一定程度にあることを前提とし，クレームの理由を理解しなくてはならない。これまでの関係性を解消しようとするならば，顧客は何も発言することなく，再来店を止めるであろう。クレームは関係性の改善にあると考えられる。従業員と顧客は単なる売り手と買い手の関係にとどまることなく，何らかの精神的なつながりを形成する。顧客は従業員が当日出店するか事前に問い合わせることもしばしばであり，来店時にはその従業員が入店から退店までその顧客の接客をすることからも推察されよう。改めて，一般的な人間関係からみておこう。不満を言い合わない関係は表面的には良好であるが，関係の深さはそれとは別次元にある。互いに不平不満を言い合えるような間柄こそが深い信頼関係にあるといえる。そのような視点からすれば，クレームの対応も通常の接客も基本的には何ら変わらない。顧客との誠実なコミュニケーションは全てが長期的関係を形成する。このような姿勢が大切である（岡山編著 2014, pp.45-56）。

第4節　サービス・マーケティングの展開

1．大規模施設を伴うサービス（テーマパーク）

　大規模施設を伴うサービスの代表として，東京ディズニーランドやユニバーサル・スタジオ・ジャパンなどのテーマパークがある。鳥羽達郎によれば，テー

マパークとは「ひとつのユニークな主題を基調に魅力的なアトラクションやショーを演出することで非日常的な空間を提供する大型レジャー施設のことをいう」（鳥羽 2014, p.97）。オリエンタルランド社がウォルト・ディズニー・プロダクション（現ディズニー・エンタープライズ・インク）と業務提携し，1983年，東京ディズニーランドを開園した。それ以前の先駆けとして，1961 年開園の奈良ドリームランド，1965 年開園の愛知県犬山市にある博物館明治村や1975 年開園の京都市にある東映太秦映画村などがある。用語上の明確な区別はなされていないが，異なる業態として遊園地がある。遊園地設備はテーマパークの施設内に設置されることもあるが，独立した施設として，富士急ハイランド，ナガシマスパーランドなどがある。過去には百貨店の屋上にも遊園地設備が設けられていた。

　サービス・マーケティングにおいて，テーマパークと遊園地は大きく異なったものと認識される。たとえば，遊園地のジェットコースターは来園者を歓喜させるものであり，大きな訴求力になる。それは機械設備やシステムとして提供されるサービスである。遊園地の来園者に接する従業員によるサービスは第3 節 1.「均質で低価格なサービス」で取りあげられたものである。それに対して，テーマパークのサービスは第 3 節 2.「高付加価値なサービス」で取りあげられたものに近くなる。ただし，サービスの特殊性からマニュアルが積極的に活用される。

　テーマパークでのサービスをオリエンタルランド社の例を紹介しながら説明する。来園者はアトラクションやショーを楽しむがそれらが如何に歓喜するものであっても，通常，同じ経験を何度もしたいとは思わない。歓喜は予測が出来ないようなサービスを受けた際に生じるものであり，複数回の経験によって生じなくなり，その効用は単なる満足へと移行される。遊園地の場合はそれが顕著となるため，たとえば，ジェットコースターを随時更新することで再来園を促そうとする。機械設備の更新は相応の費用の拠出が必要である。多くの遊園地やテーマパークではリピーターの確保が難しいため，経営状況の悪化や倒産がみられる中，同社は売上高を継続的に伸ばしている。東京ディズニーラ

ンド来園者の9割以上がリピーターである。何度来園しても飽きないように，アトラクションなどの新規導入や廃止などを行っている。パレード，ショー，ハロウィーンやクリスマスなどの限定イベントなどでは内容を変更しながら訴求力を持続させている。また，来園者が観覧するだけでなく，一緒に参加できるような工夫もされている。

　直上のような大がかりなサービスに関するシステムを構築するだけでなく，来園者が園内の至る所でディズニーの世界観を感じ，思い出に残る出来事を作り出そうとしている。その事例をいくつか紹介しよう。デザートに使ったカップを記念に持ち帰られる。食事中，各テーブルにキャラクターが来て，一緒に写真撮影してもらえる。隠れミッキーと呼ばれるもので，ミッキーの形状が園内の至る所にひっそりと描かれていて，来園者は注意深く観察すると見付けられるようになっている。キャラクターが至る所にいて，記念撮影に応じてくれる。ゴミ掃除の機械が音声を発して，来園者とのコミュニケーションをするという風変わりな楽しみもある。誕生日月の来園者は申請し，そのメダルを首にかけていれば，出会ったキャストがおめでとうと声を掛けてくれ，さりげなくさまざまな特典が得られる。

　キャストのサービス精神は素晴らしい。同社のサービスの生産に直接係わる従業員の管理方法を紹介する。業務の8割程度は300冊に及ぶマニュアルに依存し，2割がキャストの判断に委ねられる（『週刊東洋経済』2002, p.47,『日経ビジネス』1989, pp.60-61）。キャストはフロントラインで活動する従業員のことであり，彼らの活動は施設全体を舞台と認識する中で行われる。マニュアルはマクドナルド社での事例とは大きく異なり，ディズニーというテーマに沿った世界観を演出するために，作成されたものであり，単なる均質化を図るものではない。演劇にみられる台本のようなものであり，サービスの品質は高い。来園者の行動に合わせて柔軟に対応する事例として，ゴミ掃除をしているキャストが「何をしているのですか」と尋ねられた際，マニュアルにはない「夢のかけらを集めています」と答えたというエピソードがある（『日経ビジネス』2011, pp.38-39）。このような対応は社員教育やマニュアルから得られた世界観を共有していなければできない。

202

キャスト 28,000 人は正社員ではなく契約社員であるが，東京ディズニーランドはアトラクションやショーなどの大がかりなサービスを緻密に設計するだけでなく，来園者の多様性に合わせた接客サービスができるよう先輩が後輩をしっかりと育成する教育システムも充実させている（鳥羽 2014, pp.97-110）。

2.　特殊的サービス

　特殊的サービスの例として，医療サービスを考えてみよう。ある人が風邪や打撲などで診療所を探そうとする。そのような病気は過去の経験からどのような治療が施されるのか予測できる。そのような病状でのある例として，医療技術水準が高いと誰もが認める診療所は非常に混雑している。それに対して，医療水準が低い診療所は患者がほとんどいないため，自分が処方してもらいたい薬を告げれば希望が叶うと分かっていたならば，時間的な負担が軽減される後者が選択される可能性もある。もう 1 つの例として，医療技術水準が高いと誰もが認める診療所の医師の態度は高圧的である。それに対して，医療水準は平均的だとされる診療所の医師は丁寧な説明をしっかりとしてくれる。このような場合，後者が選択される可能性もある。施設の清潔度，駐車場の完備，予約制度などの要素が診療所選択の基準になることがある。

　このような病状からは一変し，生命の危険度が非常に高く，求められる医療技術水準が非常に高度な場合，患者はさまざまな情報を収集し，病院を選択しようとする。通常，正確な情報を得ようと近い間柄の人に問い合わせる。しかし，もっと多くの情報を得るため，匿名性のため本来であれば信用度が低いとされるインターネットが活用されるかもしれない。病院の選択基準は医療技術水準そのものに絞り込まれ，他の要素や距離的問題は軽視されるようになる。

　このように患者は傷病の状況によって，病院や診療所の選択基準を変更する可能性があることを念頭において，経営管理者は経営の方向性を決定しなければならない。ただし，医療サービスは医療保険制度のもとにある診療報酬点数制度によって，価格が全国一律に設定された社会的なサービスであるという制約を受ける。医療サービスは制約されることを，時間の流れから確認しよう。

第 11 章　サービス・マーケティング　203

　ある整形外科診療所は開設時，医療サービスに関する情報を丁寧に説明し，不安を軽減し，患者に治療過程での判断の参加を促すインフォームド・コンセントの重要性を認識し実践した。その効果は患者の急速な増加につながった。ところが，全ての患者の診察をしなくはてならないため，インフォームド・コンセントの時間を短縮せざるを得なくなった。その変化をみて，過去の姿勢・態度は患者を獲得するための手段に過ぎなかったと捉えられ，患者数は減った。また，ある整形外科診療所は過去の経歴や実際の治療行為からも医療技術の水準は高いとの評判から患者を獲得した。しかし，院長は誠実な医療サービスを提供することに専念し，説明する際の丁寧さに欠ける点があった。その後，同科診療所が隣接して開院され，医療技術の水準に関する評判は聞かないが，物腰の低い丁寧な説明が患者を獲得することになり，先の診療所の患者は激減した。ある産婦人科診療所では院長が当時無痛・和痛分娩での権威であり，処方される薬は平均的なものよりも高く，そのことに不満を持つ患者もいたが，医療技術水準の高さが力強い訴求力になっていた。出産施設のある産婦人科診療所が少なかったこともあり，当初患者を十分に獲得していたが，和痛・無痛分娩の技術も確立され，競合する診療所も複数開設されてからは患者が急速に減った。

　制約された中での資源配分に関する事例を次に紹介する。乳癌の手術では権威ある病院の医師や看護師の態度は高圧的であり，施設も古い。院長は直ぐに手術を勧めるという悪い評判もある。しかし，多くの乳癌患者は集まり，大規模な病院からも患者が紹介されるほどである。この病院は医療技術水準の向上に全ての資源を集中していることが広く知られているため，付帯的な医療サービスへの評価が低くとも訴求力には影響しない。

　一般企業とは異なり，医療サービスの場合，医療技術水準の高さが差別的優位性につながらない可能性があることを熟知し，社会的な医療サービスを効率よく提供するための仕組みを構築しなければならない。コンサルタント業務，弁護士サービスも基本的には医療サービスと同様である。この領域における理論研究は実質的には始まったばかりである（岩永編著 2012, pp.185-200）。

参考文献

1）伊部泰弘・今光俊介編著（2012）『事例で学ぶ経営学』五絃舎。

2）岩永忠康編著（2012）『マーケティングの理論と実践』五絃舎。

3）岡山武史編著（2014）『リレーションシップ・マーケティング–インタラクション志向の関係性へ–』五絃舎。

4）『週刊東洋経済』（2002）1月12日号。

5）髙木直人編著（2014）『経営学入門』五絃舎。

6）鳥羽達郎（2014）「テーマパーク」松井温文編著『サービス・マーケティングの理論と実践』五絃舎。

7）T. Levitt(1983), *The Marketing Imagination*, The Free Press, 1983.（土岐坤訳（198『マーケティング・イマジネーション』ダイヤモンド社）。

8）『日経ビジネス』（1989）3月28日号。

9）『日経ビジネス』（2011）6月27日号。

10）松井温文編著（2014）『サービス・マーケティングの理論と実践』五絃舎。

第4編　産業別マーケティング

第 12 章　食品産業のマーケティング

第 1 節　食品産業の構造

1.　食品産業の定義

　食品産業とは，「農畜産物や水産物の各種形態の原料を加工処理し，加工食品として流通・消費されるまでの総合的な供給体系を構成しており，原料の加工処理の段階としての食品製造工業，流通段階としての食品卸売業と小売業，さらには食品サービス業としての外食産業等からなっている」（宇野 1995,p.175）。これを本章では狭義の食品産業と呼ぶ。

　さらに，広義には，農業や水産業から構成される原料の生産段階及び流通段階なども含まれる。広義で食品産業を捉えると，食品は生鮮食品と加工食品に大別される。生鮮食品は，青果物，水産物と精肉のように自然に採取される素材として，末端の消費者に提供される。これらの食品は鮮度や安全性が要求され，卸売市場制度を基軸にして生鮮食品流通が形成されている。青果，魚介や精肉といった生鮮食品は，品質の劣化がはやく，鮮度の維持が難しい反面，消費者からは新鮮さが求められる。さらに生鮮食品は天候などの諸要因によって収穫量が変動し，その結果，価格が大きく変動するので，需給調整を行い，価格をできるかぎり安定化させる必要がある。また生産者が小規模で散在することから，それらを 1 カ所に集荷した上で，各消費地に分散し，供給することが求められる。こうした需給調整と集荷・分散の拠点となっているのが卸売市場である。卸売市場は生鮮食品の流通において重要な機能を発揮しているが，他方で卸売市場を介さない市場外流通の比率も高まっており，生鮮食品の流通チャネルは多様化している。

次に加工食品は農水畜産物を原材料として製造・加工された飲食料品を意味する。加工食品の場合，商品特性にもよるが，卸売業者を介在させて小売業者に販売する場合や，卸売業者を介さず小売業者などに販売するなど製造業者が多様な流通チャネルを用いて商品を流通させている。加工食品は常温流通のものが多いが，低温物流が要求される食品もある。こうした生鮮食品や加工食品は商品特性に合わせた温度帯別の流通システムが形成されている。この温度帯別流通システムは低温と常温に分けることができる。このうち低温流通システムはコールドチェーンと呼ばれ，冷凍，冷蔵そして定温の分類がある。生鮮食料品や冷凍食品のように温度が高いと品質低下が著しいため，最初の品質を維持するように品温を低く保持する必要性がある。つまり，コールドチェーンとは，物流の途中で切れ目がないように，生産から消費まで連続して低温を維持する物流手段のつながりを意味している（日通総合研究所編　2007, pp.67-68）。たとえば，冷凍された青果物，冷凍食品やアイスクリームなどは，−18℃以下の冷凍温度帯で維持・管理される流通システムが要請される。そして乳製品，食肉加工品や生麺などは商品特性に応じて−5℃〜＋5℃の冷蔵温度帯で低温管理されることになる。また定温流通システムは一定の温度帯に保持することを意味するが，他方で温度を10℃〜20℃の間の一定温度に保持するとともに，湿度も一定範囲に保たれることでもちいられている。たとえばチョコレートやビールなどは定温流通システムを活用する場合も見受けられる。

2.　食料消費支出の動向

　農林水産省（2017, pp.104-107）の調査結果によれば，我が国の飲食料の最終消費額は、1995年をピークとして減少し、2011年には76兆3千億円となった。そして，1995年の83兆1千億円に比較して8％減少している。

　また世帯が消費する物やサービスの量を示す指標を意味する消費水準指数では，食料の消費水準指数は1990年以降，低下傾向にあったが，2011年以降は横ばいになっている。

　家計の消費支出に占める食料消費支出の割合を意味するエンゲル係数は，二

人以上の世帯では，1985年以降，消費支出の増加にともなって低下傾向にある。そして1995年以降，エンゲル係数は増減を繰り返しつつ，おおよそ23％で推移してきた。そして近年は，2015年で25.0％，2016年で25.8％となって上昇傾向にある。一般的に，エンゲル係数は低い生活水準の下で高くなるとされる。しかしながら，近年のエンゲル係数の上昇傾向は，高齢化の進行や共働き世帯の増加などの変化や，調理食品の利用拡大等といった複数の要因が影響していると予想される。たとえば，高齢化という観点から考えてみると，世帯主が65歳以上の二人以上の世帯において2000年と2016年の食料消費支出に占める費目別の割合を比較した場合，生鮮魚介は3.0ポイント，米は2.3ポイントほど低下する。他方で，調理食品が2.5ポイント，生鮮肉が1.4ポイントと上昇傾向にある。したがって，こうした世帯には調理食品の需要が高くなっているといえよう（農林水産省2017, pp.104-107）。

3. 食品産業の動向

2011年の農林水産物・食品の流通・加工は，国内で生産された9兆2千億円に輸入品を加えた10兆5千億円の食用農林水産物に，流通・加工の各段階で加工経費などが付加され，最終的に76兆3千億円となって消費される（農林水産省2018, p.89）。国内最終消費に占める生鮮品等の構成比は1980年から2011年にかけて28.4％から16.3％に低下した。他方で外食や加工品の構成比は上昇している。また卸売市場の取扱金額は，インターネット販売等の卸売市場外流通の拡大によって9兆2千億円から6兆7千億円に減少した。

経済産業省（2018）の工業統計調査によれば，2017年の製造業の事業所数（従業者4人以上）を産業別の構成比でみると，金属製品製造業は13.4％，食料品製造業は13.3％，生産用機械器具製造業は9.7％，プラスチック製品製造業は6.5％，繊維工業は6.4％といった順序で高くなっている。また2017年の製造業の従業者数を産業別に構成比でみると，食料品製造業は14.9％，輸送用機械器具製造業は14.0％，金属製品製造業は7.8％，生産用機械器具製造業は7.8％，電気機械器具製造業は6.3％といった順序で高く，食料品製造業

が最も高い。そして2017年の製造業の出荷額を産業別に構成比でみると，輸送用機械器具製造業は21.5%，食料品製造業は9.4%，化学工業は9.0%，生産用機械器具製造業は6.0%，電気機械器具製造業は5.4%といった順序で高くなっている。このように事業所数，従業者数，出荷額から考えると，食品産業は，中小規模の製造業者が多数，存在する業界であると理解できる。

外食産業の市場規模は，1人当たり外食支出額の上昇等によって，2016年は前年と比較して163億円増加の25兆4千億円となった。また，持ち帰り弁当店や総菜店等の中食産業の市場規模は，高齢化の進行や共働き世帯の増加等によって増加傾向にあり，2016年は前年と比較して4千億円増加して約7兆円となった。（農林水産省2018, p.93）。

4. 国際展開

今後，食料の国内需要は減少が進み，世界的な食料の需要は増加が予想されている。2017年の農林水産物・食品の輸出額は，前年に比べて7.6%増加の8,071億円となり、5年連続で過去最高を更新した（農林水産省2018, p.150）。

また，国外に立地する日本の食品製造業の先進的な事例としての味の素株式会社は1909年に創業し，はやくも1917年にニューヨーク事務所，1918年に上海事務所を設立して以来，今日まで積極的に海外展開し，現地法人の研究開発力を活用し，独自の流通チャネルを構築している。同社は，おいしく食べたいという普遍的なニーズを捉え，進出先の食文化を研究し，メニューにあった製品の使用についてのプロモーション戦略を重視し，現地の状況にうまく適合する戦略を取っている（吉峰2010, pp.177-194）。

第2節　加工食品製造業者のマーケティング戦略

ここからは加工食品製造業者に焦点を当てて論じていく。加工食品製造業者は広告を中心としたプロモーション戦略を展開する。食品は個人間の好みの差が小さく，差別化がはかりにくいため，価格競争に陥りやすい。そのため，加

工食品製造業者は，広告を通じてブランド・イメージを創出したり，安全性を強調する。こうしたプル戦略を通じて，習慣性のある購買行動を形成しようと企図する。他方で販売員を通じて，小売業者に積極的に営業活動を展開し，小売店で自社の商品の陳列する棚のスペースを確保するように流通チャネルにおいてプッシュ戦略も推進している。

　わが国の加工食品市場は 1980 年代前半まで加工食品製造業者や卸売業者による流通支配が優勢であった。特売品価格の設定も製造業者の統制範囲内であったとされる。しかし 1980 年代以降，食料消費は相対的には頭打ちとなり，鈍化していった。食品の市場が同質的で安定的な市場から異質的な市場へと変化しており，既存企業と新規参入企業との競争も激化し，大規模小売業者の支配力が増すにつれて，マーケティング戦略も質的に変わっていくことになる（渕田 1998, pp.136-150）。

1.　製品戦略の動向

　加工食品の製品開発の動向についてみていく。1960 年代には缶詰食品の取扱いが低調になるものの，それと同時期にインスタント食品の分野が成長し始める。そして 1970 年代以降ではレトルト食品や冷凍食品が普及し始める。続いて 1980 年代になり，女性の社会進出が進んでいくと，日常の家事を助けるものとして冷凍食品が普及していった。こうしたライフスタイルの変化から低価格で多様な商品が求められていった。1990 年代に入るとグラタンなどの電子レンジ対応食品が普及していった。加工食品製造業者は市場の成熟化に対して，多くの製品がライフサイクル上，成熟期に位置することになるだけに，市場細分化戦略に依拠した新製品の開発，たとえば健康志向の強い製品の開発に焦点を定めるなど，需要の伸びが期待される分野での新製品開発を積極的に展開していこうとする。

　現在では冷凍食品では安全面や健康面，調理の手間などからハンバーグ，餃子，麺類などが伸びており，また弁当用に 1 つずつ使えるものや加熱せずに自然解凍できるものなどの新製品が開発されている（斉藤 2010）。また高齢単身

者の増大から，食べやすい加工食品の開発が進められている。

2. 広告戦略の動向

　加工食品は個人的な好みの差が小さいものの，消費者の購買慣習としては習慣性が強いといわれる（宇野 1995, pp.173-202）。企業としては価格競争に巻き込まれないようにプロモーション戦略を展開しようとする。

　日経広告研究所の広告白書（2018）によれば，業種別広告費での食品業種のマスコミ４媒体広告費の推移をみると，2011年においては約2,832億円規模から，2017年においては約2,774億円規模と減少傾向になっている。飲料・嗜好品業種のマスコミ４媒体広告費においては2011年の約1,962億円から，2017年においては約1,849億円となっており，同様に減少傾向がみられる。こうした全体としての広告費全体の減少傾向がみられるなかで，2017年の食品業種の媒体別構成比は地上波テレビが70.2%，新聞が21.6%，雑誌が4.2%そしてラジオが4.0%である。そして飲料・嗜好品の業種では，地上波テレビが82.0%，新聞が9.6%，雑誌が5.0%そしてラジオが3.4%である。このように食品製造業者は地上波テレビを主要な媒体として選択していることが分かる。つまり地上波テレビ広告を通じて製品差別化を図ろうとしている。

3. 流通チャネル戦略の動向

　加工食品は商品の種類や特性によって，多様な流通チャネルを形成している。わが国では加工食品製造業は中小企業が多いこと，小売業でも中小企業が多いこと，物流では小型の配送車が用いられることから，流通を担う卸売業者の役割が重視される。卸売業者は一次卸，二次卸といったように多段階の流通チャネルを形成している。一次卸は大規模小売業者と取引し，二次卸は規模の小さく，小口の取引を行う小売業者を対象にしている。しかし，今日，小売市場では中小規模の食品小売業が減少する一方で，チェーンストアの市場占拠率が高まるにつれて，二次卸が減少傾向にある。また一次卸でも大手有力卸が同業の卸売業者を吸収・合併するなど再編成が進んでいる。さらに酒類卸売業，菓子卸売

業など業種別に分かれていた卸売業への再編成に波及していく傾向にある。

　食品では小売店頭で実際に商品が品揃えされていない場合，消費者がブランド・スイッチを行うことがあるため，これまで加工食品製造業者はリベートや一店一帳合制，建値制等の取引制度をもとに，流通チャネルを統制し，いわゆる流通系列化政策を推進してきた。

　しかし，他方で少子高齢化による市場の縮小，原材料価格の上昇トレンドや消費者の価格感度の変化などが進んでいる。加えて，食品業界では欧米と比べると比率は低いものの，小売業は上位集中化の傾向を示しており，卸売業界が再編される傾向のなかで，小売サイドにおいて流通チャネルのパワーがシフトしつつある（渡辺 2009, pp.4-14）。こうした背景から，加工食品製造業者のなかには取引制度を見直し，簡素化する企業も一部，現れている。その例としては，リベートの廃止・簡素化や，オープン価格の導入，手数料の廃止，購買機能の評価，販売機能の評価や納品期間の見直しなどである。つまり製造業者，卸売業者そして小売業者における機能重複の除去と機能分担の明確化とその評価，店頭活性化にむけての協働プロモーションの展開などといった，流通チャネル全体の最適化を志向していると考えられる（高橋 2009, pp.32-38）。

第3節　プライベート・ブランド商品戦略

1．プライベート・ブランド商品の台頭

　近年，小売業者がプライベート・ブランド商品（以下；PB商品とする）を企画し，市場導入する傾向が活発化している。ブランドは誰がそれを設定し，責任をもつかによって大きく2つに分けられる。それはナショナル・ブランド（以下；NBとする）とPBである。NBとは製造業者によって設定されるものであるため，製造業者ブランドともいわれるものである。NB商品は販売する店舗や地域が全国的であり，また広告などのプロモーション活動が積極的に行われることによって商品の知名度が高く，品質が重視される。これに対して，PBとは，小売業者や卸売業者といった流通業者が自己の所有するブランド名を付けた商品

を導入し，一般的には NB 商品よりも低価格で市場導入される傾向が強い。近年では中小規模の製造業者だけではなく，大手の製造業者も PB 商品の生産を受託していることが多くなっている状況である。

　たとえば，政策金融公庫（2009）の調査結果では，食品製造業者の 64.2％，小売業者の 71.8％が PB 商品を取扱っている。そして食品製造業者の 23.2％が取扱いを増やしたい，9.8％が新たに取扱いたいと回答している。他方で小売業者の側も 36.3％が扱いを増やしたい，8.0％が新たに扱ってみたいとしている。このように，わが国では欧米と比べるとその比率は低いものの，PB 商品の導入が活発化している。

　これに加えて，PB 商品による導入が増加によって，大規模小売業者が商流，物流の改革に着手し，製造業者の流通チャネル戦略に大きな影響を与えると予測されている（堀 2007, pp.1-10）。

2. PB 商品の供給の動機

　製造業者が PB 商品の供給を行う動機として，Verhoef et al.（2002, pp.1309-1326）は，「経済的動機」，「リレーションシップ動機」および「競争的動機」を指摘している。「経済的動機」とは，製造業者の工場の余剰な生産能力を活用し，工場の設備稼働率を高めるものである。続く「リレーションシップ動機」は，PB 商品の供給を通じて小売業者との長期的で持続的なリレーションシップの強化を図るものである。そして「競争的動機」とは，自社が PB 商品の供給をすることで，競争相手から売上高を奪取するものであり，それは競争相手の PB 商品の供給に対抗するためである。

3. PB 商品への加工食品製造業者の対応パターン

　小売業者が手掛ける PB 商品の範囲は食品や日用雑貨，衣料品などの多様な商品カテゴリーにわたっている。しかし，食品需給研究センター（2010, p.71）が実施した食品製造業への PB 商品の調査では，PB 取組の経営貢献度は，「高い」と「やや高い」を合計すると 16％，「どちらともいえない」が 41％，「やや低

い」と「低い」を合計すると43％となっている。また公正取引委員会（2014）の調査結果では，食品分野におけるPB商品の取引が普及・拡大するにつれて，小売業者の中には製造業者に原価構成や製造工程に関わる情報を開示することを取引条件に設定しているものもいる。そしてNB商品と同等水準の品質を求めるが，低い価格で取引を要請される場合もある等の問題点を指摘している。こうしたことから，PB商品供給に関しては，慎重な検討が求められるといえる。そのなかで加工食品製造業者としてどのような対応策をもつべきであろうか。一般的に，Kumar and Steenkamp（2007）や中村（2009, pp.27-35）は，製造業者の対応策として3つの戦略的選択肢をあげている。

　第一はPB商品を生産せず，革新的なNB商品を投入する戦略である。わが国の大手製造業者には，この戦略を志向している企業もある。これは革新的な機能や優れた品質を有するNB商品を積極的に市場投入し，市場を活性化させ，消費者の当該NB商品のロイヤルティを創出，維持することで，小売業者のPB商品の入る余地を少なくする戦略である。

　第二はPB商品を専用に生産していく戦略である。この専用生産戦略は，大量生産・低マージンを志向する製造業者に適している。生産能力を十分に操業するため，多様な商品を短期で生産する経営スタイルである。新しい商品カテゴリーの創出と需要創造はNB商品の製造業者にゆだねており，専用生産戦略の製造業者の研究開発は，NB商品の製造業者による新製品導入を予想し，注目し，そして模倣することにある。専用生産戦略を採用する製造業者は収益を確保するためには，下記の条件を満たすことが必要である（Kumar and Steenkamp 2007, p.153）。

・低コスト
・生産ラインの卓越した柔軟性
・市場の知識が，革新的な製品が市場に出現した際に，それを識別し，模倣することに焦点をおく。

この PB商品の専用生産戦略はわが国では現在，主流とはいえない。

　そして第三に挙げられるのが，NB商品とPB商品を併存させる二重戦略で

ある。次にこの二重戦略について検討していく。

4. 二重戦略

食品需給研究センター (2010) の調査結果や公正取引委員会 (2014) の調査結果から分かるように、二重戦略を採用する際に、NB 商品の製造業者は PB 商品の生産の失敗サイクルに陥ってしまう危険性を考慮して戦略を策定すべきであろう (図12-1)。それは、企業の自分自身のブランドに注力できなくなってしまうことや、NB 商品を販売することと PB 商品を販売することとの間で生じる対立を緩和させ、契約を交渉するのに、多くの時間を費やされなければならないからである。

さらに PB 生産は、NB 商品と PB 商品の間の品質ギャップの減少につながることもある。なぜならば小売業者は製造業者に最新の技術を使うように要

図12-1 PB 商品の生産の失敗サイクル

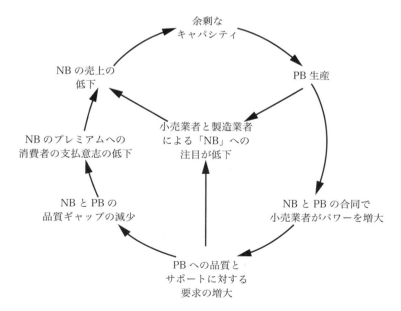

出所：Kumar and Steenkamp 2007, p.140.

第12章　食品産業のマーケティング　*217*

請していくからである。製造業者にとって，PB 商品の生産が意味を持つ状況はどのようなときか。Kumar and Steenkamp（2007, pp.141-145）によれば，生産コストが PB 商品の生産を行うか否かについての決定に重要な役割を果たしている。ここでは競争相手は機会主義的で，短期的な計画を志向すると仮定して，3つのシナリオを提示している。

①　自社のトータル・コスト＜競争相手の変動費　⇒　PB 供給の実施。

プライベート・ブランド商品を生産する単位当たりのトータル・コストが，競争相手の変動費よりも低い場合には，会計基準に従って，PB 商品にも固定費を配賦する。この場合，PB 生産は経済的に健全であり，企業のトータルの収益に寄与するであろう。この戦略を実現化させるためには，大量購入，グローバル・ソーシングやコストの低い立地での生産活動の実施などのコスト優位を達成する必要がある。

②　自社の変動費＞競争相手の変動費　⇒　PB 供給を行わない。

自社の PB 商品の生産の変動費が競争相手の PB 商品の生産の変動費を超えた場合，PB 生産の受託は行うべきではない。

③　自社のトータル・コスト＞競争相手の変動費＞自社の変動費　⇒　状況に応じた対応を行う。

この場合，自社は生産の変動費を超える，PB 商品に対する価格を指示できる。PB 商品の生産は固定費に寄与する。しかし，もし企業は余剰設備を有していないのであれば，PB 商品の生産は行うべきではなく，それは利益を減らしてしまうことになるだろう。

企業の余剰設備がある場合には，余剰のキャパシティが一時的なものか構造的なものかどうかを判断しなければならない。一時的なものである場合，企業は PB 商品の生産の受託をするべきではない。需要が増大した時には，自社のブランドの需要と衝突するからである。

また余剰なキャパシティが構造的である場合には，予測される需要に見合う生産キャパシティになるようにリストラ計画を策定することであり，もしくはリストラ計画が実施されるまで PB 商品の生産を受託することである（図 12-2）。

218

いずれにせよ，製造業者，特に加工食品製造業者のPB商品の生産の受託と供給に関しては，短期的な視点ではなく，むしろ中・長期的な視点からの経営方針の策定が重要である。こうしたコストの視点からの検討は，PBを受託する際の指針となるだろう。

図 12-2　PB 商品の供給に NB 商品の製造業者は従事すべきか

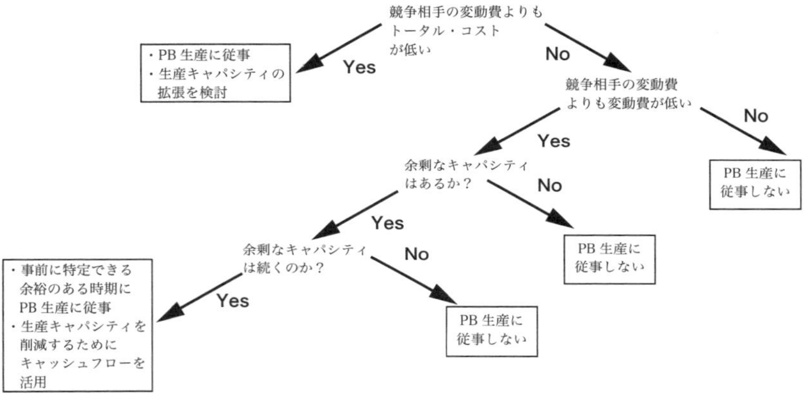

出所：Kumar and Steenkamp 2007, p.143.

参考文献
1) 宇野史郎（1995）「加工食品業のマーケティング」角松正雄編著（1995）『日本企業のマーケティング』大月書店。
2) 吉峰英虎（2010）「味の素のグローバル戦略」新井ゆたか編著（2010）『食品企業のグローバル戦略』ぎょうせい。
3) 経済産業省（2018）『工業統計調査　平成 29 年確報　産業別統計表』。
4) 公正取引委員会総務事務局（2014）『食品分野におけるプライベート・ブランド商品の取引に関する実態調査報告書』。
5) 斉藤訓之（2010）『食品業界の仕組み』ナツメ社。
6) 食品需給研究センター（2010）『食品企業財務動向調査報告書－食品企業におけるPB 取組の現状と課題―』。
7) 政策金融公庫（2009）『食品のプライベートブランド商品に関する調査』。
8) 高橋佳生（2009）「最寄品メーカーの取引制度の変化の方向」『流通情報』流通経済研究所，No.478.

9) 中村博 (2009)「PB シェア増加に対する NB の対応戦略」『流通情報』流通経済研究所, No.480.
10) 中山伊知郎・金森久雄・荒憲治郎編集 (1971)『経済事典』有斐閣。
11) 日経広告研究所 (2018)『広告白書 2018 年度版』日本経済新聞社。
12) 日通総合研究所編 (2007)『ロジスティクス用語辞典』日経文庫。
13) 農林水産省 (2017)『平成 28 年度食料・農業・農村白書』。
14) 農林水産省 (2018)『平成 29 年度食料・農業・農村白書』。
15) 渕田嘉勝 (1998)「食品マーケティング」安部文彦・岩永忠康編著『現代マーケティング論』ミネルヴァ書房。
16) 堀 千珠 (2007)「注目される特定小売業者限定品の拡大とメーカーへの影響」『Mizuho Industry Focus』みずほコーポレート銀行, Vol.60.
17) 渡辺達朗 (2009)「小売業の上位集中化と卸売業界の再編成—食品・日用雑貨業界を対象にして」『流通情報』流通経済研究所, No.476.
18) N. Kumar and Jan-Benedict E.M.Steenkamp(2007), *Private Label Strategy- How to Meet the Store Brand Challenge-*,Harvard Business School Press, Boston, Massachusetts.
19) P.C.Verhoef and E.J.Nijssen and L.M.Sloot(2002), " Strategic reactions of national brand manufacturers towards private labels: An empirical study in The Netherlands," *European Journal of Marketing*, Vol.36 No.11/12.

第13章　化粧品産業のマーケティング

第1節　わが国における化粧品産業の特徴

1.　化粧品の定義

　化粧品については，薬事法によると，「人の体を清潔にし，美化し，魅力を増し，容貌を変え，また皮膚もしくは毛髪を健やかに保つために，身体に塗擦，散布その他これらに類似する方法で使用されることが目的とされている物で，人体に対する作用が緩和なもの」（第2条第3項）と定義されている（光澤・神保 1995, p.159）。具体的には，人の体を清潔にする洗浄用化粧品，美化し魅力を増し容貌を変えるメイクアップ用品，皮膚もしくは毛髪を健やかに保つ基礎化粧品および頭髪用品，香水・オーデコロン類（魅力を増しに該当）といった用途の製品から成り立っている（山岡 1990, p.30）。

　さらに，化粧品はコスメティック（cosmetic）とトイレタリー（toiletry）の2つのカテゴリーに分けることができる。第1に，コスメティックとは，基礎化粧品，メイクアップ用品，香水・オーデコロン類などで，製品のもつ用途・機能によって専門的な知識を必要とするもので，付加価値が高いものが多い。

　第2に，トイレタリーとは，石鹸，歯みがき，シャンプー，ヘアリンス，制汗剤などの体を清潔に保つための日常生活必需品としての化粧品を指している。これらの製品は，付加価値がコスメティックに比べると低く，低価格な製品が多く，日用雑貨を主販売する店を中心に幅広く展開されている（山岡 1990, pp.30-31, 光澤・神保 1995, p.159）。

　資生堂をはじめとするわが国の化粧品の大手メーカーは，コスメティック，トイレタリーの両方を取り扱っているケースが多くみられる。しかし，コスメ

ティックとトイレタリーとでは，メーカーにおける事業部門が異なる場合も多く，化粧品事業としてはコスメティックを指すケースが多い。

そこで，本章では，コスメティックを事業の中心とするメーカーを化粧品メーカーと定義し，化粧品産業のマーケティングについて述べていくことにしたい。

2. わが国における化粧品の流通システム

わが国における化粧品メーカーは，その流通システム上の特徴から4つの形態に大きく分類することができる（表13-1）。第1は，制度品流通システムとよばれるもので，メーカーから自社系列の販売会社を経由し，取引契約を締結している系列小売店を通じて一般消費者に販売される商品の流通システムである。

この流通システムは，もともと1923年に資生堂が乱売防止を目的として資生堂チェーンストア制度を導入したのが始まりである。その後1927年には各地の問屋（卸売業）とともに販売会社を設立し，現在の流通システムの形が出来上がることになる（山岡1990, p.97）。戦後，資生堂は，1953年に制定された再販売価格維持制度のもとで定価販売に守られながら（水尾1998, p.14），制度品流通システムを基盤として化粧品業界のリーディングカンパニーへと成長を遂げることになる。

また，制度品流通システムは，資生堂以外にカネボウ，コーセー，花王（ソフィーナ）といった戦後に成長を遂げ，現在でもわが国の化粧品市場において

表13-1　化粧品の流通システム

流通システム	流通経路
①制度品流通システム	メーカー → 販社・支社 → 小売店 → 消費者
②一般品流通システム	メーカー → 代理店・問屋 → 小売店 → 消費者
③訪販品流通システム	メーカー → 販社・支社 → 営業所 → セールスレディ（セールスマン）→ 消費者
④通販流通システム	メーカー → 消費者

出所：水尾1998, p.13を修正。

上位のシェアを占めるメーカーで多く採用されているのが特徴であり，戦後の
わが国の化粧品メーカーのマーケティングにおいて中心的役割を果たしてきた
流通システムであるといえる。

　第2は，一般品流通システムであり，この流通システムでは，メーカーか
ら商品が自社系列の販売会社経由ではなく，一般の卸・問屋を経由し小売店を
通じて消費者に販売される（水尾1998, p.15）。先に述べたように戦後は制度
品流通システムが化粧品業界において中心的な位置を占めるようになるが，戦
前期にはこの一般品流通システムが中心であった。

　そういう歴史的背景もあって，一般品流通システムを採用しているメーカー
の代表例としては，柳屋本店，キスミーコスメチックス（旧伊勢半），クラブ
コスメチックス（旧中山太陽堂）といった明治期から昭和戦前期までに興隆し
たメーカーが多くみられる（水尾1998, p.16）のが特徴である。

　第3は，メーカーの支社，販売会社，代理店などを経由し，地区営業所に
所属するセールスレディ（あるいはセールスマン）が，家庭訪問や事業所訪問を
行い直接消費者に販売する訪販品流通システムである（山岡1990, p.90, 水尾
1998, p.17）。訪販品流通システムを採用しているメーカーの代表例としては，
ポーラ，ノエビア，メナード等があげられる。

　第4は，通販流通システムであり，消費者が電話やインターネットで申し
込むと，メーカーから郵便や宅配便で消費者に商品が直接送付・販売されるシ
ステムで，代表的なメーカーとしてファンケル，再春館製薬等があげられる（水
尾1998, pp.18-19, 香月2010, p.26）。

3. 従来型マーケティングによる成長とその限界

　わが国における化粧品産業は，資生堂をはじめとする制度品メーカーを中心
に戦後高度経済成長のなかで，消費者を一つの顧客集団として製品を展開し，
マス・メディアを利用した全国的規模の広告・宣伝活動を行い，消費者を全国
的に画一的に整備された系列店に吸引する，いわゆる大量生産＝大量販売型（神
保1996, pp.41-44, 小川2010, pp.207-208）の従来型マーケティングによって

224

　成長を遂げてきた。しかし，この従来型マーケティングは，1970年代後半から行き詰まりはじめ（神保1996，pp.44-47），1990年代に入ると戦略転換が求められるようになった。

　このように，従来型マーケティングからの脱却が求められるようになる理由としては，まず消費の個性化や多様化があげられる。具体的には，女性の社会進出や高齢化社会の影響から，消費者欲求が個性化し，その結果として個人的志向が消費者行動に大きく影響するようになり，個々の製品を購入するだけでなく，それを個々人の志向に合った消費生活のために自由に編集・加工する消費者が増加するようになった。さらに，社会的背景としては，消費者運動，環境問題，そして市場経済で遵守されるべき取引規範としての製造物責任問題へも拡大し，消費者も生活者としての関心が強まってくるようになった（垣本2005，p.15）。

表13-2　年度別化粧品出荷額，国民一人当たり化粧品消費高（1995-2014)

（　）内は対前年比

年度	化粧品出荷額（千円）	人口（千人）	人口一人当たり消費額（円）
1995年	1,428,374,000（− 0.2%）	125,570	11,375
1996年	1,463,166,000（2.4%）	125,864	11,624
1997年	1,518,887,000（3.8%）	126,166	12,039
1998年	1,479,783,000（− 2.6%）	126,486	11,699
1999年	1,476,763,000（− 0.2%）	126,686	11,657
2000年	1,426,615,000（− 3.4%）	126,926	11,240
2001年	1,428,741,000（0.1%）	127,370	11,217
2002年	1,434,246,000（0.4%）	127,435	11,254
2003年	1,437,727,000（0.2%）	127,680	11,233
2004年	1,422,141,000（− 1.1%）	127,687	11,138
2005年	1,505,637,000（5.9%）	127,753	11,784
2006年	1,499,725,000（− 0.4%）	127,770	11,738
2007年	1,510,696,000（0.7%）	127,662	11,832
2008年	1,507,105,000（− 0.2%）	127,529	11,817
2009年	1,390,243,000（− 7.8%）	127,413	10,911
2010年	1,421,959,000（　2.3%）	127,742	11,131
2011年	1,404,813,000（− 1.2%）	127,522	11,016
2012年	1,404,803,000（− 0.0%）	127,310	11,034
2013年	1,427,028,000（1.6%）	127,098	11,227
2014年	1,488,085,000（4.3%）	126,904	11,726

出所：週刊粧業出版局編2015，p.118，p.136より作成。

さらに，この時期には量販店やドラッグストアに押されて化粧品専門店の業績不振が目立つようになる（垣本2003, p.127）など，チャネル間の競争も激化してくるようになる。

以上のような経営環境の変化がみられるなか，それまで増加傾向にあった化粧品の年度別出荷高，国民一人当たりの化粧品消費高も1990年代後半以降は増減を繰り返すようになった[注1]（表13-2）。高度経済成長期以降，わが国の化粧品業界をリーダー企業として牽引してきた資生堂についても1990年代後半以降は必ずしも売上高が増加傾向にあるとはいえない。（図13-1）

しかし，資生堂は1990年代後半にはマーケティング戦略の転換を図り，2016年現在，国内市場においてリーディングカンパニーとしての地位を維持

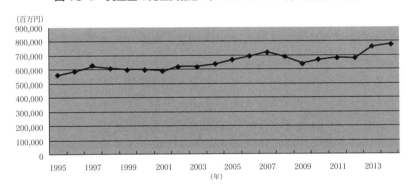

図13-1　資生堂の売上高推移（1995-2014年，連結売上高）

出所：資生堂有価証券報告書第97-108期，110-115期より作成。

表13-3　化粧品メーカーの国内市場シェア（2016年）

順位	メーカー	シェア（%）
1位	資生堂	21.3
2位	コーセー	15.2
3位	カネボウ	15.1
4位	ポーラ・オルビスHD	11.5
5位	花王ソフィーナ	7.2

出所：日経産業新聞2017年7月24日

している（表13-3）。そこで，次節では，化粧品メーカーのマーケティング戦略の事例として，資生堂の1990年代後半の戦略を取り上げみていくことにしたい。

第2節　資生堂のマーケティング・ミックス戦略

1．製品戦略

　1990年代後半における製品戦略としては，既存の主力ブランドの強化およびチャネル対応型ブランドの導入が図られている。まず，既存の主力ブランドの強化策として，1983年に発売され，25〜54歳の女性を対象とするブランドであるエリクシールブランドについての事例をあげておくことにする。

　もともと同ブランドは，肌の悩みである「くすみ」に焦点を当てたスキンケアブランドとして発売されたもので，1995年10月にリニューアルを図り機能性をアップさせた。さらに翌96年にはマッサージとパックのダブル機能をもった集中ケアマスク「エリクシールエステティブマスク」と明るい素肌が手軽に実感できる日中用乳液「エリクシールトーンアップデーミルク」を発売した。

　発売の背景としては，家庭や仕事で多忙な毎日を過ごすといった女性の社会進出があり，またいつまでも若く美しくあるためには，効果的な手入れは大切という意識が同ブランドの顧客層の間で強く実感されていた。そこで，これらのアイテムは，そうした彼女たちの化粧ニーズに応えるために，「無理なく手軽に，しかも快適に，楽しく満足感の高い手入れができる」というコンセプトで開発されたものである（垣本2003，pp.135-136）。

　また，同ブランドは，1998年に「くすみのない，うるおい，はりのある明るい肌」への新たな技術対応として，皮脂の酸化を防ぐ生体関連成分「チオタウリン」（皮脂抗酸化成分）を配合したことで，肌にはりと潤いを与えるというブランドリニューアルを図った。このブランドリニューアルは，排気ガスやスモッグ，タバコの煙，紫外線などの悪影響が肌表面の皮脂を酸化させ，肌機能を低下させていることに着目したものである（垣本2003，p.136）。

第13章　化粧品産業のマーケティング　*227*

　次にこの時期に導入されたチャネル対応型ブランドとして，専門店対応型ブランド，百貨店対応型ブランドについて代表的なものをあげておきたい。

　第1に，専門店対応型ブランドとして，資生堂は1996年にベネフィークを発売した。同ブランドは，一人ひとりの客の肌の状態を正しく把握し，表皮ケアと真皮ケアの両循環によって，肌本来がもつ活力を高めることを基本コンセプトとしており，30代後半から40代の女性を対象としたものである（垣本2003，p.139）。

　第2に，百貨店対応型のブランドとして資生堂は1996年にS（エス）を発売した。同ブランドは，基礎化粧品およびメイクアップ用品で構成され，百貨店の主力顧客層である25～35歳のキャリアウーマンをターゲットとしたものである（垣本2001，p.8）。

2.　価格戦略

　1990年代後半に発売されていた資生堂のブランドを価格帯別にみていくと，高価格（5,000円以上），中価格（2,000円以上5,000円未満），低価格（2,000円未満）と，それぞれの価格帯を中心とするブランドを展開している。代表的ブランドとしては，高価格ブランドのリバイタル（1981年発売，900～20,000円），クレ・ド・ポー・ボーテ（1996年発売，500～50,000円），中価格ブランドのエリクシール（1983年発売，650～8,500円），ユーヴィーホワイト（1985年発売，800～6,500円），低価格ブランドのパーキージーン（1982年発売，350～3,600円），ヌーヴ（1994年発売，280～800円）等があげられる[注2]。

　なかでも，高価格ブランドでは35歳以上の女性を対象とするリバイタルを展開し，低価格ブランドのパーキージーン，ヌーヴは主に10代の女性を対象としていることから，価格帯別のブランドによってあらゆる需要層に対応した市場細分化戦略を図っていることが明らかである。

　これらの価格帯別市場細分化のほかに，さらに1990年代後半における戦略上の特徴として，小売価格を顧客との接点である販売店が，提供するサービスの内容などを考慮して独自に決定するオープンプライスを採用したことがあげ

られる。このオープンプライスは，ベネフィーク，ナチュラルズ（1996年発売）の両ブランドにおいて採用された（垣本2003, p.142）。

採用の背景としては，化粧品業界の団体である全国化粧品小売組合連合会（全粧連）が，「メーカー希望小売価格がダンピング商法に利用されるだけのものになりつつある」として採用を希望していたことがあった（垣本2001, p.9）。

3. プロモーション戦略

1990年代後半において資生堂がいかなるプロモーション戦略を展開したのかについて，広告，人的販売，その他のプロモーション戦略の順にみていくことにしたい。

第1に，広告戦略については，化粧品の場合ムードやイメージを確立するメッセージを作成することは不可欠であり，消費者の心に他社製品とは差別化されたイメージを植えつけることが必要となるため，テレビをはじめとするマス・メディアを利用したブランドプロモーションが展開されてきた。さらに，季節ごとに展開されるシーズンキャンペーンではイメージキャラクターを起用し，流行を作り出し，CMから数々のヒットソングを生み出してきた（垣本2005, p.16）。

しかし，1990年代後半には，以上のようなムードやイメージを確立するばかりでなく，消費の個性化・多様化傾向のなかで製品そのもののもつ機能を訴求するような広告も展開されるようになった。例として主力ブランドのひとつであるエリクシールの1998年リニューアル時において，イメージモデルに小泉今日子を起用し，「さびない，ひと」のタイトルのもと，TVや雑誌などを通して，肌も心もさびることのない，明るく前向きで生き生きとした女性像をメッセージしている（垣本2005, p.17）。

第2に，人的販売については，1997年に資生堂は販売員の教育・訓練の一環として美容部員のカウンセリング力を強化するため，消費者の個性に応じた美容方法を提供できるトータル・ビューティー・クリエイター（TLBC）の育成を本格化した。このTLBC育成策は，資生堂の伊豆研修所（静岡県熱海市）

に12日間宿泊し，消費者ニーズを汲み取るコミュニケーション技術や個性を引き出す美容法などの講座を設けた（垣本2005, p.17）。

　最後に，広告戦略，人的販売以外のその他のプロモーション戦略として，コスメティックガーデンCの強化を取り上げておくことにしたい。コスメティックガーデンCとは，販売を一切行わず顧客に自由に化粧品を試してもらう化粧品のショールームとしての機能と，最新の機器を活用した幅広いカウンセリングサービスを提供できるという機能，また個々から得たダイレクトな顧客情報を，商品開発をはじめとするマーケティング全般に生かしていくことを目的に1994年2月に東京・表参道に開設された。

　さらに4年後の1998年には，パソコンにデジタルカメラと肌測定用機器を接続し，顧客の肌情報をパソコンに取り込み，「肌の色」と「顔立ち」の両面から最適なメイクアップを提案し，両面の上で化粧の仮想体験ができるシステムである「ビューティー・ナビゲーター」を開発し，コスメティックガーデンCに設置した。このビューティー・ナビゲーターは販売を一切行わず，顧客が自由に化粧品を試せるという機能を生かし，顧客との双方向なコミュニケーション，情報の交換システム，プレゼンテーション性の高い自由選択システムの構築を目的に，資生堂が長年蓄積した美容ソフトを最先端のハードにのせて開発されたものである（垣本2005, p.18）。

4. チャネル戦略

　チャネル戦略については，1990年代後半には消費者の購買行動の変化によるチャネルの多様化のなかで系列店（チェーンストア）の強化策が課題となる。その代表例として資生堂のチェーンストアの個性化推進策をあげておくことにしたい。このチェーンストアの個性化推進策とは，チェーンストアをニーズ別に対応させるため「消費者の購入の仕方」＝「店の売り方」でハイタッチカウンセリング，ベーシックカウンセリング，品揃え＆アドバイスの3タイプに方向づけるものである。

　第1に，ハイタッチカウンセリングとは，高度でパーソナルなカウンセリ

ング，すなわち顧客に合った応用カウンセリングを実践するチェーンストアである。第2に，ベーシックカウンセリングとは，気軽な雰囲気で相談ができて使い方や商品説明など基本的なカウンセリングをして欲しいという顧客が多いチェーンストアである。第3に，品揃え＆アドバイスとは，商品に自由に触れられて必要に応じて知りたいことを的確にアドバイスしてもらいたいという顧客が多いチェーンストアである。

　当時，資生堂はチェーンストアの立地条件や店舗形態に応じた「売り方」＝「カウンセリング」の確立に取り組んでおり，その一環として以上のような戦略を展開した（垣本2003，pp.129-130）。

第3節　国内外市場における展開

　前節でみてきたように，資生堂は1990年代後半においてマーケティング・ミックス各領域における戦略の強化を図り，その後も国内市場においてリーディングカンパニーとしての地位を維持し続けている。しかし，2000年代に入ると異業種からの相次ぐ新規参入や電子商取引（e-コマース）の増加といった経営環境に変化がみられ，新たに戦略上の見直しを迫られるようになる。

　本節では，そうした国内における化粧品マーケティングの現況，および今後国内での需要が飽和状態にあるなかで戦略の強化が求められる海外市場の展開についてみていき，最後に今後の展望について考えていくことにしたい。

1.　国内の化粧品市場における展開

　国内市場における戦略展開としては，まず，消費の多様化に伴い化粧品以外の食品などのメーカー（富士フイルム，ロート製薬，江崎グリコ等），量販店やドラッグストア等の流通業者，さらにこれらには分類されないその他の企業（九電工等）とさまざまな異業種からの新規参入がみられる。このように競争環境が変化しつつあるなかで，リーダーである資生堂も消費の多様化に対応した市場細分化戦略の強化を図っており，その代表例として価格帯別ブランドの強化策を

第13章　化粧品産業のマーケティング　*231*

取り上げみていくことにしたい。

　まず，高価格ブランドの強化策としては，2011年に既存の高価格ブランドであるクレ・ド・ポー　ボーテの全面刷新を行い，5万円を超すクリームに初めて詰め替えを用意し，環境などへの意識が強い富裕層に配慮した商品とした（日本経済新聞2010年11月3日）。一方，デフレの影響により増加しつつある低価格需要層を対象として，2010年に1,000円以下で主に20代後半から30代の女性を対象としたブランドである専科を導入している（産経新聞2011年6月27日）。

　次に，電子商取引（e-コマース）の増加のなかでのインターネット販売の強化策について，資生堂の事例を取り上げみていくことにしよう。資生堂は，2012年4月に専門サイト「ワタシプラス」を開設し，一部の高価格ブランドを除くほとんどの資生堂製品のインターネット販売を開始した。また，このサイトでは，製品の販売のほかに，スマートフォンを使った肌の測定ができるサービスの提供，化粧品専門店紹介サービスや店舗でのカウンセリングをインターネットで予約できるなど，新たな需要拡大と同時に既存店舗の活性化も目的としている（読売新聞2012年4月30日，資生堂ホームページ、資生堂グループ企業情報サイト）。

　2017年11月には，インターネット通販専用のブランドとしてレシピストを発売した。レシピストは、資生堂のサイトや大手通販サイトのアマゾンで販売し、化粧品の購入にネット通販を活用する20代の女性を対象としたブランドである。価格帯は290〜480円と値ごろ感のある価格帯に設定されている（日本経済新聞2017年10月6日）。

2.　海外化粧品市場における展開

　これまでみてきたように，国内市場は多くの異業種からの新規参入によって競争が激化し，顧客の獲得が厳しくなってきていることもあり，化粧品メーカーは積極的に海外市場に進出している。海外に積極的に進出するためには，海外でも通用するようなグローバルブランドを確立しておく必要がある。そこで，

リーダーである資生堂のグローバルブランドの強化策についての事例を取り上げみていくことにしたい。

資生堂は，2006年からヘアケア製品のブランドであるTSUBAKI（ツバキ）を発売している。このTSUBAKIは，シャンプーやコンディショナー等からなるいわゆるトイレタリーに分類される製品で構成され，日本以外に香港，中国，台湾，韓国，タイ，シンガポール，マレーシア，ロシアでも販売されている（2012年現在）。2011年には，アジア全域での展開を目標とするために，製品開発，およびプロモーション面におけるブランドの強化が図られている（国際商業2012年3月号）。

第1に，製品開発については，2011年6月に長崎県の五島列島産のツバキ油を配合し，製品の保湿・保護効果を大幅に高めることによる機能性の強化が図られている。第2に，プロモーション戦略については，アジア各国での広告を展開するために，同年12月から日本人モデルのほかに，中国，ロシア出身の広告モデルも起用した（国際商業2012年3月号）。さらに，翌2012年には，原料のツバキ油の産地である長崎県とタイアップして中国でインターネットホームページを通した宣伝活動を行っている（西日本新聞2012年2月15日）。

以上のようなメーカーによるグローバルブランドの強化策のほかに，最近では地方を拠点として海外へ市場開拓を試みる新たな取り組みがみられる。その事例として，佐賀県唐津市の唐津コスメティック構想と呼ばれるものを取り上げよう。

この唐津コスメティック構想とは，アジア市場向け化粧品の製造・輸出拠点，すなわちコスメティックバレーを佐賀県唐津市と玄海町に作ろうとするものである。もともとコスメティックバレーとは，メーカー，生産者，研究機関が一体となって製造並びに輸出に取り組むフランスにある化粧品産業集積地のことである。2013年11月に，このコスメティックバレー実現を目指して「ジャパン・コスメティックセンター（JCC）を設立した（産経新聞2014年5月27日，MSN産経ニュースホームページ2013年12月6日）。

この構想の第1の目的は，フランスのブランド力と日本の製造技術を融合し，唐津市を拠点にアジア市場を開拓することにある（DIET&BEAUTY（美容・健康

第 13 章　化粧品産業のマーケティング　*233*

業界の最新ニュースサイト）2014 年 1 月 29 日）。つまり，国内のメーカーばかり
でなく，アジアへのアクセスの良さを生かし，フランスの一流ブランドの生
産も請け負う数百社規模の拠点を目指すものである（MSN 産経ニュースホーム
ページ 2013 年 12 月 6 日）。第 2 の目的は、地域産業の活性化である。まず，最
近の化粧品業界では，化学物質ではなく天然由来原料を使用することが潮流と
なってきているため，農林水産業の活性化が期待されている（産経新聞 2014 年
5 月 27 日）。また，この構想では，原材料の生産から化粧品の製造までを唐津
市で行うことができるということで雇用の創出も目標とされている（ジャパン・
コスメティックセンターホームページ）。

3.　今後の展望

　これまでわが国における化粧品マーケティングの特徴，および国内および海
外市場における化粧品マーケティングの現状についてみてきたが，今後は次の
ような点が戦略上の課題となってくるであろう。

　まず，国内市場における課題としては，第 1 に，最近成長しつつあるコン
ビニエンスストアやドラッグストアを中心とした低価格品を充実させる一方，
さらなる機能性を追求した高価格需要層に向けた市場開拓が重要となる。

　第 2 に，パソコン，携帯，スマートフォンと IT 機器が日々進化を遂げつつあ
るなかで，ウェブ・マーケティングのさらなる強化が不可欠である。新規顧客獲
得と同時に既存の店舗の活性化を目的とした通販サイトの開設の例からもうかが
えるように，通販サイトや実店舗といったあらゆるチャネルを統合し，どのチャ
ネルからも同じように商品が購入できるいわゆるオムニチャネル戦略を強化して
おくことは，今後わが国の化粧品業界において重要課題となるであろう。

　一方，海外展開においては，国内での需要が飽和状態になっていることもあり，
海外でも通用するようなグローバルブランドの確立が急がれている。また，唐
津コスメティック構想の例からもうかがわれるように，化粧品産業と農業といっ
た全く無縁の産業同士を結び付けて地域活性化を図り，同時に海外市場への拡
大を図るといったこれまでになかったような新しい試みも必要となるであろう。

234

注

1）化粧品の年度別出荷額は，戦後 1947 年から 1994 年までは増加傾向にあった（水尾 1998，pp.22-23）。
2）価格については，各ブランドが最初に導入された年から 1999 年までの間に発売された新製品の価格であり，かつ，株式会社資生堂社内報『椿の友』（1981-91 年），『週刊粧業』（1990 － 95 年），『東京小売粧報』（1992-99 年），『化粧品マーケティング総鑑 88 年版』矢野経済研究所，1988 年，『化粧品石鹸年鑑（1991 年版，1994-98 年版）』日本商業新聞社，資生堂宣伝部編（1992），資生堂企業資料館研究紀要編集委員会編（1997），資生堂企業資料館研究紀要編集委員会編（1998）より判明分。

参考文献

1）小川孔輔（2010）「日本的マーケティングの源流とその戦後史」橘川武郎・久保文克編著『講座・日本経営史　第 6 巻　グローバル化と日本型企業システムの変容―1985 ～ 2008―』ミネルヴァ書房。
2）垣本嘉人（2001）「90 年代の化粧品産業のブランド戦略―資生堂・カネボウを事例として―」（國學院大學大学院）『國學院大學経済学研究』第 32 輯。
3）垣本嘉人（2003）「90 年代後半の化粧品産業のマーケティング―資生堂を中心に―」（九州産業大学大学院）『商学研究』第 2 巻第 1 号。
4）垣本嘉人（2005）「90 年代後半における化粧品メーカーのプロモーション戦略―資生堂を事例として―」『日本産業科学学会研究論叢』第 10 号。
5）香月秀文（2010）『新版　化粧品マーケティング』日本能率協会マネジメントセンター。
6）資生堂企業資料館研究紀要編集委員会編（1997）『おいでるみん』Vol.4，資生堂企業文化部，資生堂企業資料館。
7）資生堂企業資料館研究紀要編集委員会編（1998）『おいでるみん』Vol.5，資生堂企業文化部，資生堂企業資料館。
8）資生堂宣伝部編（1992）『資生堂宣伝史』資生堂。
9）週刊粧業出版局編（2015）『2016 年版　粧界ハンドブック　化粧品産業年鑑』週刊粧業。
10）神保充弘（1996）「低成長期における化粧品のマーケティング―差別的マーケティングの機能と限界に関する一考察―」（同志社大学大学院）『同志社大学大学院商学論集』第 31 巻第 1 号。
11）水尾順一（1998）『化粧品のブランド史 文明開化からグローバルマーケティングへ』中公新書。
12）光澤滋朗・神保充弘（1995）「化粧品のマーケティング」マーケティング史研究会編『日本のマーケティング―導入と展開―』同文舘。
13）山岡良夫（1990）『化粧品業界』教育社新書。

第14章　自動車産業のマーケティング

第1節　激変する自動車産業

　自動車産業は，生産・流通・消費に関する国内環境の変化のみならず，海外からの影響を非常に大きく受ける産業の1つである。たとえば，国内から海外への生産拠点の移転による生産体制の変化は，完成品メーカーだけではなく下請けの部品メーカーの企業行動にもインパクトを与え，常に意識した部品調達のコスト削減が競争環境をよりいっそう厳しくしている。また，地球温暖化の原因の1つとされる自動車からの二酸化炭素等の排出の削減，自動車のリサイクル過程で生じるシュレッダーダストの処理・解決，自動車の燃費効率化やドライバーの安全性確保に向けた技術的課題への対処など，自動車産業に対する自然環境問題への期待は大きいといえる。

　上述の問題点や課題を抱えながら，自動車産業が直面しているのが自動車販売の伸び悩みである。先進国での自動車利用に関しては，すでに人的・物的移動手段の効率化への見直し（モーダルシフト），若年者層における顕著な「車社会」（モータリゼーション）に対する価値変化などにより成熟化している。一方で新興国では成長が見込まれるとはいえ，今後の道路拡張やガソリン・軽油の給油所の増設などのインフラ整備も必須であり，劇的な自動車販売価格の低下が実現しない限り，急激な需要を期待することもできない状況下にある。

　今日，日本の自動車産業は大きな変革を迫られている。日本の自動車産業は，海外への完成品輸出のウェイトが大きな輸出依存産業であるために，海外からの需要や為替レート，また部品調達においても海外からの原材料をベースとする限り，その影響やリスクは避けて通ることはできない。この点において，自

236

表 14-1 日本の自動車（四輪車）生産台数の推移

年	乗用車				トラック				バス	合 計
	普通車	小型四輪車	軽四輪車	小計	普通車	小型四輪車	軽四輪車	小計		
1970年	51,619	2,377,639	749,450	3,178,708	258,100	1,253,861	551,922	2,063,883	46,566	5,289,157
1980年	403,338	6,438,847	195,923	7,038,108	885,198	2,113,311	914,679	3,913,188	91,588	11,042,884
1990年	1,750,783	7,361,224	835,965	9,947,972	1,249,525	1,262,943	986,171	3,498,639	40,185	13,486,796
2000年	3,376,447	3,689,893	1,283,094	8,359,434	649,180	483,282	594,356	1,726,818	54,544	10,140,796
2005年	4,191,360	3,416,622	1,408,753	9,016,735	723,663	436,763	546,185	1,706,611	76,313	10,799,659
2010年	4,846,411	2,159,119	1,304,832	8,310,362	520,627	238,776	449,776	1,209,179	109,334	9,628,875
2011年	4,180,361	1,861,279	1,116,885	7,158,525	512,260	234,586	389,150	1,135,996	104,109	8,398,630
2012年	4,686,396	2,252,672	1,615,435	8,554,503	583,156	275,992	407,206	1,266,354	122,220	9,943,077
2013年	4,618,014	1,888,759	1,682,550	8,189,323	580,012	300,635	427,530	1,308,177	132,681	9,630,181
2014年	4,657,765	1,750,895	1,868,410	8,277,070	604,768	327,928	425,065	1,357,761	139,834	9,774,665
2015年	4,744,471	1,555,548	1,530,703	7,830,722	586,645	330,814	392,290	1,309,749	137,850	9,278,321
2016年	4,999,566	1,610,486	1,263,834	7,873,886	505,970	317,182	377,921	1,201,073	129,743	9,204,702
2017年	5,147,256	1,715,970	1,484,610	8,347,836	515,521	292,901	411,319	1,219,741	123,097	9,690,674
2018年	5,256,226	1,605,162	1,497,898	8,359,286	517,641	306,259	433,211	1,257,111	113,197	9,729,594
2019年	5,317,165	1,538,380	1,473,211	8,328,756	506,390	293,002	433,525	1,232,917	122,621	9,684,294

注：データは四輪車の生産台数。2010 年以降は 1 年ごとに抽出した数値である。

出所：一般社団法人日本自動車工業会 Web データから抜粋、筆者修正加筆。

（http://www.jama.or.jp/industry/four_wheeled/four_wheeled_1tl.html（2020 年 12 月 8 日アクセス））

第 14 章　自動車産業のマーケティング　237

動車産業は裾野が広い産業であり，部品に関してだけでも鉄鋼，ゴム，ガラス，プラスティック，皮革，電子関連などと非常に多く，さらには石油，交通，旅行，パーキング（不動産），レンタカー（賃貸），情報通信などの関連する産業が非常に多岐にわたるために深刻度は高いといえるだろう。

　そこで，次節以降では日本の代表的な産業である自動車産業について，その市場構造を概観するとともに，自動車産業のマーケティング戦略の柱となっている製品戦略およびチャネル戦略を取り上げることにする。

第2節　自動車産業の市場環境

1.　自動車生産の推移

　一般社団法人日本自動車工業会によれば，日本の自動車（四輪車）の生産台数は以下のように変化してきている（表14-1）。最新データの2019年の日本の自動車生産台数は，主要3車種の①乗用車（8,328,756台），②トラック（1,232,917台），③バス（122,621台）で合計9,684,294台となっている。

　ここでの自動車の分類は，乗用車・トラックがそれぞれ普通車，小型四輪，軽四輪車に分類され，バス（大型＋小型）に分けられており^(注1)，2019年の自動車生産台数で最も多いのは乗用車の普通車で5,317,165台である。また自動車車種別の割合は，乗用車の普通車（54.9％），小型四輪車（15.9％），軽四輪車（15.2％）の順で高く，以下トラック普通車（5.2％），トラック軽四輪車（4.5％）と続いている（図14-1）。

　自動車生産台数の傾向としては，乗用車のうちの普通車で1970年代以降は増加傾向であったところ，2007年には過去最大となる5,864,354台を記録してから減少に転じている。乗用車の小型四輪車は，1990年に7,361,224台の最大生産台数の達成後，減少傾向をたどり，2019年データでは過去最低の1,538,380台まで減少した。また乗用車の軽四輪車は，1990年代以降から増加傾向であったところ，2006年を境に減少傾向へと転じた後の2014年には過去最大値の1,868,410台を記録したが，その後減少している。

図 14-1 日本の自動車車種別生産台数とその構成比（2019 年）

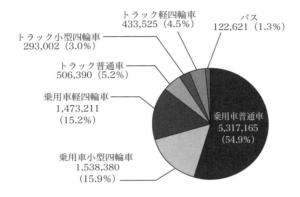

出所：一般社団法人日本自動車工業会 Web データから抜粋，筆者修正加筆。
（http://www.jama.or.jp/industry/four_wheeled/four_wheeled_1g1.html（2020 年 12 月 8 日アクセス））

2. 乗用車の販売台数の推移

続いて日本の自動車販売のうちで，乗用車について実際にどれだけ販売されているかを時系列に国内向けの販売台数で捉えてみる（表 14-2）。2019 年の 1 年間に販売された新車販売台数は，普通車が 1,586,342 台，小型四輪車が 1,235,544 台，軽四輪車が 1,479,205 台である。各車両の販売台数はここ数年では約 120 万台から 150 万台で推移しているが，2010 年をベースとして 2017 年と比較すると，普通車は増加傾向，小型四輪車は減少傾向，軽四輪車はやや増加傾向となっている。

自動車が予め需要予測に基づき投機的に生産されるとはいえ，生産台数イコール販売台数とはならない（各年での集計の都合上，たとえば 2016 年データの軽四輪車のように新車販売台数が生産台数を上回ることもある）。生産台数と販売台数の乖離は，すなわちメーカーにとってのロスであり，1 台当たりの価格ないし利益が大きいとされる自動車においては，その誤差が大きければ大きいほど

第 14 章 自動車産業のマーケティング *239*

表 14-2 日本の乗用車の新車販売台数の推移

年	乗用車			
	普通車	小型四輪車	軽四輪車	計
1970 年	9,068	1,652,899	717,170	2,379,137
1980 年	71,931	2,608,215	174,030	2,854,176
1990 年	467,490	3,839,221	795,948	5,102,659
2000 年	770,220	2,208,387	1,281,265	4,259,872
2010 年	1,419,909	1,507,693	1,284,665	4,212,267
2015 年	1,354,541	1,349,944	1,511,404	4,215,889
2016 年	1,490,216	1,311,275	1,344,967	4,146,458
2017 年	1,548,214	1,394,796	1,443,367	4,386,377
2018 年	1,582,828	1,312,626	1,495,706	4,391,160
2019 年	1,586,342	1,235,544	1,479,205	4,301,091

注：データは四輪車のうちの乗用車における新車販売台数。2015 年以降は
　　1 年ごとに抽出した数値である。
出所：一般社団法人日本自動車工業界 Web データから抜粋，筆者修正加筆。
　　　(http://www.jama.or.jp/industry/four_wheeled/four_wheeled_2t1.
　　　html（2020 年 12 月 8 日アクセス））

打撃も大きく，今後の生産に多大な影響が生じるのである。

3.　自動車の商品特性と市場構造

　さて，自動車はわれわれが購入する商品のなかでも，かなり高価な商品のうちの 1 つである。高価格の理由は，生産面において①高度な技術レベルが必要とされ，②さまざまなパーツから構成され，なおかつ複数の工程による複雑な組み立て完成品であり，③生産に係る設備投資が膨大に必要とされ，④完成品そのものの耐久性や頑丈性，何よりも安全性が非常に重視される点が関係している。また，デザインや乗り心地といった製品開発に係る部分においても繊細さが要求され，嗜好性が商品に反映されることも大きな要素となっている。

　一方，販売面においても高価格となる要素がある。それは物質面での容量が大きく，所有に関してある程度の場所を必要とし，なおかつ所有権移転に際しての法定手続きや諸々の税金支払等から始まり，運転する際に必要な各種設備品の操作方法の説明，さらには購入後も商品の故障・修繕に係るアフターサービスなどが欠かせない点である。また購入者が使用するにあたり，定期的に義務づけられている法定整備点検，自賠責保険の加入，運転免許の取得を前提と

して，ほぼセットとなっている燃料補充なしには使用できない商品である（柳2012, p.143）。つまり，商品取り扱いにおける時間や場所，人的要素，法的要件等を他の商品よりも過度に必要とするのである。

このように自動車は，他の商品群とは非常に異なる商品特性を有しており，商品取り扱い技術も他の商品と比較にならないほど異質であり，したがって，自動車産業の構造特性もサプライヤーを含むメーカーサイドの要因が非常に大きく，その商品販売も特殊である点を理解する必要がある。

自動車産業は規模の経済性が働くことが大きな特徴の1つとされるが，白石（1995）によれば，自動車産業の市場構造は，家電産業やビール産業と類似する側面を有し典型的な寡占市場構造である点を指摘し，技術的側面が重要な意味をもつことを強調している。寡占市場構造の特徴の1つに供給者が少数であることが挙げられる。メーカー各社のデータによれば，2019年（1～12月）における国内生産台数の上位順にトヨタ3,415,864台（37.11％），マツダ1,000,085台（10.86％），ダイハツ953,541台（10.36％），スズキ946,768台（10.29％），ホンダ843,056台（9.16％），日産807,744台（8.77％），三菱619,464台（6.73％），スバル618,764台（6.72％）となっており，上位3社の生産台数合計が全体に占める割合は約58％である。また，2019年度における売上高上位3社（トヨタ，ホンダ，日産）の合計は，約14兆円となっており，それに続くスズキ，マツダを加えた5社の売上高は16兆3千億円を超える（東洋経済新報社編2020, pp.48-49）。

寡占市場の性格から各個別企業間における競争は激しく，乗用車生産では普通および小型四輪車と軽四輪車の各カテゴリーでのシェア争いが基本としてある。他方で普通車のみの生産や軽四輪車の生産を主軸とするメーカー，さらには普通車を生産していないメーカーもある。塩見（2008）によれば，トヨタ，日産，ホンダを含む世界の著名な自動車メーカー上位10社は，投資および研究開発，製品技術，生産プロセス，完成車販売等の活動で多面的提携関係を構築し，経営資源の複雑な継続的取引関係を形成[注2]していることから，競争関係にある一方で協調関係の側面も有しているといえよう。

第 14 章　自動車産業のマーケティング　*241*

係にある一方で協調関係の側面も有しているといえよう。

第3節　自動車産業の PLC と製品戦略

　ここからは，自動車の大量生産が確立する 1950 年代以降の自動車産業における製品戦略について，時系列で製品のライフサイクル（PLC）を念頭において見てみることにする。

1.　導入期における製品戦略

　日本の自動車メーカーは生産技術や製品性能面において世界水準から大きく遅れをとっており，戦後から資金問題や労働問題に直面しながらトヨタ自工，日産重工，ヂーゼル自工が自動車生産を行っていた。しかも，戦後まもなくの需要が安定しないなかで，1950 年 6 月の朝鮮動乱により日本の自動車産業の再生・発展の機会が訪れ，各メーカーの資本蓄積がその後の成長の糧となっていく（石川 2009, p.66）。そのような状況下で，外国車の輸入が解禁（1952 年 4 月）され，日本の自動車メーカーのなかには海外自動車メーカーとの技術提携を模索する動きも活発化した。

　ここで自動車の導入期である前モータリゼーション時代（1966 年以前）における状況を紹介しておくと，まずこの時期には自動車メーカーの新規参入が相次ぎ，トヨタ，日産，いすゞ（1949 年ヂーゼル自工が改称），日野，富士，プリンス，三菱，本田技研など計 11 社における競争関係が明確化する。この時期には大手メーカーであるトヨタ，日産がそれぞれの主力商品であるクラウン（1955 年），ブルーバード（1959 年）を発売しつつ，トヨタがコロナ（1957 年），パブリカ（1961 年）を，日産がセドリック（1960 年）を新製品として市場投入している（白石 1995, p.117）。各社は生産の安定化を図りながら，主要ブランドの確立を目指すとともに，知名度を上げる手段として広告宣伝も実施している。

　しかし，各自動車メーカーでのマーケティング・リサーチが不十分な上，消費者選好も明確でなかったことから，導入期の製品戦略は，主力商品に加えて

の新規モデル開発も限定的であることが大きな特徴となっている。

2. 成長期における製品戦略

　自動車社会の到来は，高度経済成長とともに，さらなる生産面の高度な技術革新とオートメーション化による大量生産および消費面の商品経済からサービス経済への過渡期における高い消費意欲と大量消費に支えられて実現された。そして，乗用車の完全国産化を志向したトヨタは営業用から個人使用へとシフトしつつあった自動車需要への素早い反応を示した。1960年代後半から70年代前半にかけて，トヨタはカローラ（1966年），マークⅡ（1968年），セリカ（1970年），日産はサニー（1970年），グロリア（1967年），ローレル（1968年），スカイライン（1968年）を立て続けに新製品として販売する。

　成長期における製品戦略の特徴の1つとして製品差別化が挙げられるが，自動車産業でも寡占市場行動から生じるマーケティング競争が生じている。自動車を製品開発および製品改良の視点から捉えた場合，①機能性，②燃費，③居住性，④外観・スタイルの差別化がマーケティング戦略上で意味をもつと思われる（白石 1995, p.117）。それは端的に言えば，製品ラインにおいて商品カテゴリー幅の広狭および製品アイテム数の深浅により製品差別化と製品多様化を同時に推し進めることである。

　換言すれば，導入期の単一ライン生産・販売から成長期の複数ライン生産・販売へのシフトによる複数チャネルの整備であり，この時期はまさに自動車産業が直面する環境問題への取り組みの転機が訪れる時期でもあった。つまり，環境庁（現環境省）の自動車排出ガス規制（1975年）にともない，各自動車メーカーは排気ガス装置の装着や排気ガスを過給器へ供給して出力を上げるシステムの開発，低燃費を実現するエンジンの開発に力を入れ始め，それが製品差別化にもつながったと考えられている。さらには自動車メーカーの製品戦略は，市場動向にも反応する形，すなわち消費の多様化や個性化，ファッション化にも対応し，なおかつ国際化も視野に入れた車種・車型から構成されるモデル数を増加させ，また多頻度のモデルチェンジを行ってきた（フルライン戦略）（陶

山 1995, p.143) のである。

　各自動車メーカーの技術面における格差が自動車の性能やスタイルを決定づけていた導入期から次の段階である成長期には，先発メーカーの製品が後発メーカーに多かれ少なかれ模倣され，製品の同質化からの脱却が，社会的に要求されるようになる。そこで，この時期に新市場を開拓するために採用されたのが特定のセグメント（分割された市場）への商品投入を意図する市場細分化戦略であった。低成長下での余暇の増大，女性の社会進出などモータリゼーションを後押しする背景の下で，各自動車メーカーはオートマティック車，四輪駆動車，小型車などの技術的開発を進め，「大衆車」，「高級車」，「スポーツ車」等の製品ラインの拡張と車種の多様化[注3]をもたらしている。

　また車種の多様化は，同一コンセプト内での車種のブランド名変更を実施することでも進展してきた。たとえば，トヨタではパブリカ（後のスターレット）は，コルサ，ターセルが同一コンセプト車であり，同様にマークⅡにはチェイサー，クレスタのブランドが設けられた[注4]。

3.　成熟期における製品戦略

　自動車産業における国際化が進展していくのが1980年代後半からの為替相場が円高基調と重なる時期である。その端的な潮流は，①消費者ニーズの個性化と高級化に応じた商品開発や，②その商品開発のリードタイムの短縮による製品コンセプトの新たな創造ないし生産システムの急速な革新が求められたこと，他方で日本国内における自動車市場の内需拡大がこれまでの量産体制のプロダクトアウトのスタイルを伝統的に採用してきたメーカーの市場細分化に加えて，③消費者ニーズを踏まえたマーケットインの手法を要求するものであった（下川 1989, p.40）。とりわけ，バブル経済崩壊以降における各自動車メーカーは，車種・車型の削減と絞り込みを行っている。たとえば，陶山（1995）によれば，これまで採用してきた市場細分化戦略は，製品フルラインの多品種少量生産へのシフトをもたらし，極度の製品多様化にともなう自動車生産・流通在庫の膨張，生産・販売・物流コストの増大は，ひいては経営資源の非効率

化を招いたと指摘している^(注5)。1990年を境にそれ以降では，たとえば富士重工が合理化の一環として400種類以上ある乗用車，商用車等のモデル数を半減させる中期経営計画を打ち出したり，ダイハツが経費削減の一環として一定の車型を減少させたりしている（陶山 1995, pp.144-145）。また，マツダではMI（マツダ・イノベーション）計画においてマーケティング戦略の改革と強化を骨子とした施策に転じている（久保田 1995, pp.63-64）。

　一方で，新たなブランド戦略が各社で打ち出されている。たとえば，トヨタの高級ブランドである「レクサス」が北米販売で成功した後に，日本市場に2005年に投入された事例を挙げることができる。一般的には「レクサス」は，トヨタブランドとの認識はある程度なされているものの，トヨタの世界戦略の一環として敢えてメーカー名を表しない新ブランドとなっている。新ブランドとしては，ガソリンとモーターで走るハイブリッド車として販売された「プリウス」も，2009年にはマイナーチェンジされ，明確なコンセプトを掲げたことが，今日のブランド確立につながっている。また，トヨタは次世代に向けて水素で走る新型燃料電池自動車「MIRAI」を2014年12月より発売し，一歩リードした形で新時代の幕開けを迎えている。

　次に日産のブランド戦略を例にとれば，スポーティーカーである「スカイライン」の復活に象徴されるように，その最上位ブランドである「スカイラインGT-R」のブランド独立化が大きい。2007年に発売された「GT-R」は，世界戦略を担う車種であるとともに，日産の原点回帰がうかがえるブランド戦略であったといえる。さらに，日産はトヨタに先行して次世代ゼロエミッションカー，いわゆる量産型「100％電気自動車」の「リーフ」を2010年に販売開始することで，環境問題への取り組みを加速させている。

　一方でホンダは，四輪車事業では最後発の自動車メーカーであるが，エンジン，安全システム，燃料電池の技術では世界トップクラスを誇っている。それらを武器に効率化を徹底して小型車「フィット」の生産に着手して，業績を回復させている。ハイブリッド分野でも，トヨタの「プリウス」に続き，比較的低価格の「インサイト」を2009年に販売してエコカーブランドの大衆化に貢

献している。

　成熟期における自動車産業の製品戦略は，基本的なブランド戦略を重視しつ
つ，①依然としての高級化，贅沢化に向けた個人消費への対応，②今日の多様
化している少量消費への対応，③脱エネルギー社会を背景とした効率化，経済
化への対応（柳 2012，p.148）に加えて，車間距離を一定に保つシステムや車
速自動減速装置（ブレーキシステム）等の開発による安全性へのコンセプト重
視の姿勢が読み取れる。

第4節　自動車産業のチャネル戦略

1.　自動車販売の源流

　日本の自動車産業におけるマーケティング戦略の最も大きな特徴は，チャネ
ル戦略である。それは，アメリカの自動車メーカーのフォードおよびゼネラル・
モーターズ（以下 GM）による日本法人（1925 年の日本フォードおよび 1927 年の
日本 GM）の設立を契機に，当該法人による全国的なフランチャイズ・システ
ムの確立に遡る（柳 2012，p.148）。当該法人とフランチャイズ契約を行った各
ディーラー（販売店）には，販売担当地域，すなわちテリトリーが設けられて
おり，一定数量の在庫および所定のディスプレイ・サービス工場の設置が契約
条件として課されていた（塩地・キーリー 1994，p.3）。

　国産自動車メーカーの代表格であるトヨタは，「豊田自動織機製作所自動車
部」として設立（1933 年）され，1937 年にはトヨタ自動車工業株式会社が誕
生している（大石 2009，p.230）。トヨタは独自の専売店方式での販売網を構築
していく過程において，1936 年に公布・施行された「自動車製造事業法」を
背景として，前述の各府県にある日本フォードや日本 GM のディーラーを，
①自社の専売店として転換させたり，②日本フォードあるいは日本 GM の
ディーラーでありながら自社製品を併売させたりして，自社の販売網の整備拡
充を図った（塩地・キーリー 1994，p.6）とされる。

　この点は石川（2009）によれば，アメリカ自動車メーカーの販売を請け負っ

ていた日本フォードと日本 GM の各ディーラーは，自動車製造事業法，軍需特化型生産によって日本市場から姿を消すが，販売店の数的制限を「一県一店制」にて行い，当該メーカー製品のみの販売を担う「専売制」は，日本の自動車流通システムの源流となったことを指摘している。

2. 萌芽期のディーラー制度

第二次世界大戦中は，自動車販売は配給統制が採られた。1942 年に設立された日本自動車配給[注6]およびその下部組織である地方自動車配給によって行われた自動車流通は終焉を迎える（配給組織は 1946 年 7 月に解散）。とりわけ 1945 年 12 月に実施された「自動車配給要綱」により，国産自動車の配給は決定的になり，翌年の同要綱改正を経て戦前同様にメーカーごとの自動車販売が可能となった（柳　2012, p.148）。これは事実上，各メーカーによる排他的なマーケティング・チャネルの復活を意味していた。

戦後，積極的な自動車生産・販売に乗り出したのがトヨタである。トヨタは，戦前に日本フォードおよび日本 GM のディーラーを自社の専売店として取り込んだり，他社ディーラーに自社商品を販売させたりすることでチャネル構築を行ってきたが，特に地元資本を重視しながら，同時に他社ディーラーのリクルートも行うことで，販売力を強化していった（石川 2009, pp.53-54）。その後，トヨタは 1950 年に新しい販売会社であるトヨタ自動車販売（以下トヨタ自販）を設立して，戦後から大きく再建を果たした。

一方の日産では，トヨタよりも早い段階である 1945 年に，日産興業を改組して日産自動車販売（以下日産自販）を設立した。この日産自販は総代理店（卸機能を担った販売店）の役割を果たし，日産の完成品および部品をディーラーへと販売したが，日産が 1949 年には日産の各ディーラーとの直接契約による直売制を採用したために，総代理店契約は解約されている（石川　2009, pp.56-57）。また戦前までは，ほぼ軍需のみの自動車生産に携わっていたために販売組織をもたなかったヂーゼル自工は，1946 年にディーラー設置を試みた後にチャネル構築を開始した（柳　2012, p.150）。

このディーラー制度の萌芽期は，戦前に他社を凌駕していた日産が抱える有力ディーラーがトヨタのディーラーへと鞍替・転向していく点が特徴となっている。それは，生産志向に加えて販売政策としてのマーケティング志向が他社よりも先行していたトヨタのチャネル戦略による「ディーラー制度の確立期」ともいえる。

3. 複数チャネルの拡大とディーラー制度

　日本の自動車メーカーは，国内にある海外の自動車メーカーのディーラーを自社専売店に転換していく過程で徐々に自社販売網を確立していくが，その後の外貨割当制度（1954年）による海外メーカーの自動車輸入制限を契機にさらに自動車販売を拡大していった。

　自動車生産ラインの拡大にともない，単一チャネルも複数チャネルへと変化していく。貿易自由化（1965年）前後期では，とりわけ海外メーカーとの競争を視野に入れた国内のチャネル構築が急務であり，事実，トヨタは1953年に「東京トヨペット店」を新設したのを皮切りに，1956年から全国展開した「トヨペット店」，1961年に「パブリカ店（現カローラ店）」，1967年に「オート店」を設置するなどの複数チャネル戦略を採用した（柳2012，p.150）。日産は1956年に「モーター店」の全国展開を開始しており，1965年の「サニー店」の一県三店制の採用，1970年の新ディーラー「チェリー店」の設置などの一方で，国際競争力強化の一環としてプリンス自工との合併を1966年に実施して生産・販売管理を確立している。この時期，東洋工業（1984年にマツダに改称）では「マツダ店」，「マツダオート店」，いすゞでは「いすゞ店」，「モーター店」を展開した（石川2009，p.89）。

　各自動車メーカーが採用した複数チャネル戦略は，現在のチャネル系列の基礎をなしているが，各ディーラー間での熾烈な競争を招き，いわゆる「複数系列競合」問題を引き起こした。たとえば，トヨタにおいては1975年頃までの各系列店で取り扱うブランドはほとんど重複することはなかったが，1978年には大衆車店で上級車を販売したり，兄弟車発売にあたり各々を別系列店にて

248

販売したりするなど，すでに市場セグメント戦略の機能を果たさないような施策が採られた。

4.　ディーラー制度の危機と再編

　自動車メーカー間の販売競争激化に加えて，自社販売店としてのチャネル内競争が激化していくのが 1980 年代から 90 年代である。バブル経済期までとそれ以降では様相は異なるが，新規需要よりも代替需要への期待が高まるなか，各自動車メーカーの施策は，①新ディーラーの設置と既存の各ディーラーの主要取り扱い車種の見直し等の新しいチャネル構築，②生産・販売体制の再構築およびグローバル化へ向けた経営視野の拡大を意図する方向へとシフトした（柳 2012, p.151）。たとえばトヨタの場合は，1980 年に既存チャネルに加えて「ビスタ店」を全国展開し，それにともない店舗の新築，広告宣伝費の重点投入，店頭における販売員の教育力向上に努めている。また収益改善のために，1982 年にはトヨタ自工とトヨタ自販を合併してトヨタ自動車を発足させ，経営体質の強化および海外戦略も世界規模の体制で臨むことを表明した。

　一方の「技術の日産」と呼ばれた日産もトヨタよりも多い 5 系列の複数チャネルを当該時期に有していたが，1987 年からの地域別体制への移行を契機に，5 チャネル体制を 4 チャネル体制へと縮小，自社販売のディーラー間競争を緩和させる施策を打ち出している。バブル経済の象徴である高級車の「シーマ」を 1988 年に発売して，一大ブームを作り上げたが，既存ディーラーの再編，常態化しつつあった経営面での改善を余儀なくされた。

　トヨタ，日産以外でもチャネル再編の動きが見られた。マツダは「マツダ店」，「マツダオート店」，「オートラマ店」に加えて，新チャネルの「ユーノス店」，「オートザム店」の合計 5 チャネル体制を 1989 年に構築している。とりわけ，チャネル別のコンセプトが明確だったと言われるのは，外国メーカー車の取り扱いを中心とした「オートラマ店」，若年者向けのスポーティ車種の取り扱いを中心とした「ユーノス店」，「オートザム店」であった。しかし，バブル経済崩壊後にはマツダの 5 チャネル構築は独自性を有していたが，トヨタや日産の

ような強固な体制を構築する間もなく，実質的には3チャネルへと縮小へ転じていった。

　バブル経済崩壊以降，各社のチャネル再編は，2000年代に入り各自動車メーカーの経営改善の一環として加速していくことになる。まずトヨタは，2004年に1967年設置の「オート店」を「ネッツ店」に変更し，さらに1980年設置の「ビスタ店」をその傘下に組み込み，北米での販売が好調であった新ブランドの「レクサス」の店舗を2005年に設けることで，明確なチャネルにおける差別化を進めた。

　次に日産は，1999年にルノーとの資本提携に注力し，経営刷新を図るとともに，「ブルーステージ」と「レッドステージ」の2つの新コンセプトの下でのチャネル再編を行い，ブランドの再復活を含めた販売力を高めている。

　さらにホンダでは，「クリオ店」，「ベルノ店」，「プリモ店」でのチャネル構築を実施していたが，2006年にはそれらを統合して，「Honda Cars」における単一チャネル販売戦略にシフトしている。

第5節　自動車産業の展望と課題

　自動車の製品ライフサイクルを意識しながら自動車産業の製品およびチャネル戦略を取り上げてきた。とりわけ，日本の自動車産業のマーケティング活動を特徴づけるのがチャネル戦略である。自動車の進化とともに自動車産業にお

表14-3　自動車産業の製品・チャネル戦略の変化

	製品ライフサイクル	生産体制・技術面等	販売志向	製品戦略	チャネル戦略
1940～50年代	導入期	海外メーカーからの技術移転	プロダクトアウト	模倣	専売・併売の禁止
		国産技術の開発		新製品開発	単一チャネル、系列店
1960～70年代	成長期	各社の模倣・新技術の移転		新製品開発、製品差別化	複数チャネル，系列店
1980～90年代	成熟期	工場の海外移転の加速	マーケットイン	製品差別化	複数チャネル，系列店
		事業部編成や経営統合		フルライン（市場細分化）	複数チャネルの絞り込み
2000年代		環境を意識した効率化		グローバル	
				新コンセプト	新チャネルの模索

注：各戦略においては当該時期固有のものも含む。
出所：柳（2012），p.153。

けるディーラー制度が採用されてきた過程は非常に重要である。まとめとして，改めて自動車産業の製品・チャネル戦略の変化を確認する（表14-3）。

　自動車の製品ライフサイクルにしたがって，1940年代から2000年代までを導入期，成長期，成熟期の３つの区分に分けることができる。マーケティング（販売）志向は，1970年代を境に前半部分のプロダクトアウト志向からマーケットイン志向へと変化する。製品戦略では組織学習効果により海外メーカーの模倣を国産技術開発へと活かし，製品開発へと資本投入がなされてきており，企業間での競争関係が明確となり，製品差別化が戦略に盛り込まれ，市場細分化（セグメンテーション）や標的化（ターゲティング）が重視される。そして今日，市場の成熟化にともないグローバル競争も視野に入れた戦略がマーケティングとして要求され，新製品開発にも新コンセプト戦略が必須となってきている。

　他方で日本の自動車販売は，戦前から海外自動車メーカーの販売店のフランチャイズ・システムを取り込み，自社の専売店化あるいは併売店化していく過程から始まる。そして戦後，メーカーとは経営を異にする独立した専門の販売会社，すなわちディーラーにおける自動車販売が定着していく。やがて，製品多様化にともない単一チャネルから複数のチャネル構築が不可欠となる。しかし，複数チャネル戦略は，メーカーにとって競合他社とのブランド間競争ばかりではなく，自社内におけるブランド内競争をもたらすこととなり，単純な市場細分化の結果，どのディーラーも大衆車から高級車までをも揃える同質化を招き，ディーラー間における熾烈な販売競争を引き起こしたのである（柳2012, p.154）。その結果，現在ではチャネル再編と新チャネルを模索する時代に突入しているといえよう。

　日本の自動車産業は，戦後の日本経済を牽引してきたが，1960年代から90年代前半にかけての競争行動パターンは，「プロダクト・イノベーション競争」から「プロセス・イノベーション競争」への移行であった[注7]。それは常に製品の品質向上を目指し，さらなる改善を模索しつつ大量生産を意図しながら生産コストを削減するための創意工夫の連続として理解できる。その成果は「トヨタ生産方式」に代表されるような世界的に有名な技術力を駆使した仕組み作

りや，日産のグローバル経営革新を含む生産システムの改革などを生み出したといえる。

しかし，1990年代以降のIT革命による製造業を取り巻くグローバル経済の加速は，デジタル化やモジュール化というキーワードに象徴されるように日本の製造業の生産環境を劇的に変化させ，製造面だけでなく販売面における脆弱性を露呈し，ブランド競争の優位性を低める方向に作用してきている。一連のマイナス状況は，一般社団法人日本自動車工業会，一般社団法人日本自動車販売協会連合会などの業界団体を初め，関連メーカー，流通業者，サービス業者等の共通の危機感につながっている。こうしたなかで，今後の自動車産業におけるマーケティング戦略には，成熟化した市場での新たなビジネスモデルの投入も求められている。

最重要課題であるのが，やはり自動車メーカー等の環境問題への取り組みである。地球温暖化への対応は，自動車からの排気ガスゼロを目指すべく，優れたディーゼルエンジン車，燃料電池車（電気・水素を含む）の開発にとどまらず，製品のリサイクル時に生じる部分にまで及んでいる。その先駆的事例として北九州市にある「北九州市エコタウン」における自動車リサイクルシステムの構築等を挙げることができる。自動車のリサイクル工程で生じる「シュレッダーダスト」の削減などは，今後各メーカーや関連企業が一丸となって取り組むべきマーケティング上の課題であり，自動車産業において社会的視点でもって貢献できることは多いと思われる。

注

1）道路運送車両法によれば，自動車は普通自動車，小型自動車，軽自動車に分けられる（道路交通法の分類とは異なる）。
2）ここでは資本参加，合併，買収としての資本提携および技術供与，完成車供給，共同生産などの技術提携が含まれる。
3）折しも，社会現象とまでなった1974〜78年頃の「スーパーカーブーム」は，日本の自動車産業にとっても追い風となった。
4）このことが同一メーカーにおけるディーラー（販売店）間の競争構造を生み出すことへと繋がる（白石1995, p.122）。
5）フルライン戦略における過度な新製品の投入は，オーバー・セグメンテーション問

産業部門で統制会設立が指定された。

7）商品の標準仕様による企業間競争が，商品の大量生産仕様によるコスト競争へと移行することを指す。

参考文献

1）石川和男（2009）『自動車のマーケティング・チャネル戦略史』芙蓉書房出版。

2）石川和男（2011）『わが国自動車流通のダイナミクス』専修大学出版局。

3）石川和男（2011）「自動車流通における企業境界の変化」渡辺達朗・久保知一・原頼利編『流通チャネル論』有斐閣。

4）大石芳裕（2009）「トヨタ自動車」大石芳裕編『日本企業のグローバル・マーケティング』白桃書房。

5）塩地 洋・T.D. キーリー（1994）『自動車ディーラーの日米比較』九州大学出版会。

6）塩地 洋（2002）『自動車流通の国際比較』有斐閣。

7）塩見治人（2008）「対日『逆キャッチアップ』とそれへの対応」塩見治人・橋川武郎編『日米企業のグローバル競争戦略』名古屋大学出版会。

8）下川浩一（1989）「自動車メーカーのチャネル戦略の展開方向」『季刊マーケティングジャーナル』第 35 号。

9）下川浩一（2009）『自動車産業危機と再生の構造』中央公論新社。

10）白石善章（1995）「自動車のマーケティング」マーケティング史研究会編『日本のマーケティング』同文舘。

11）椙山泰生（2009）『グローバル戦略の進化』有斐閣。

12）陶山計介（1995）「自動車産業のマーケティング」角松正雄編『日本企業のマーケティング』大月書店。

13）久保田秀樹（1995）「チャネル管理と問題点」曽我信孝編『マツダマーケティング戦略』白桃書房。

14）東洋経済新報社編（2020）『会社四季報業界地図 2021 年版』東洋経済新報社。

15）宮崎智彦（2008）『ガラパゴス化する日本の製造業』東洋経済新報社。

16）柳 純（2012）「自動車マーケティング」岩永忠康編『マーケティングの理論と実践』五絃舎。

17）M.A.Cusumano(1991), *The Japanese Automobile Industry;Technology and Management at Nissan and Toyota*,1991, 4th ed., Harvard University Press.

18）J.K.Liker and D.Meier(2006), *The Toyota Way –Fieldbook: A Practical for Implementing Toyota's 4P's*,NY,McGraw-Hill.

第15章　観光産業のマーケティング

第1節　観光産業の概念

1.　観光産業の概念

　観光産業は，「楽しみのための旅行に関連する『準備』・『移動』・『宿泊』・『活動』（滞在地におけるレジャー活動，レクリエーション活動）の4つの行為に対応してサービスを提供する業種の集まり」（米浪 2004, p.1）であり，それぞれ旅行業・運輸業・宿泊業・娯楽業，およびその他の観光関連産業から構成される産業分野となっている。そこで，観光の在り方については，この様な観光産業を構成する個々の分野について検討する必要がある。

　その中でも近代の観光で第1にあげられるのは，まず，準備としての旅行業である。旅行業は観光産業を構成する主要なものである。旅行業社は旅行者が旅行を計画して実行・完了するまでのさまざまサービスを提供する。具体的には，旅行に伴う目的地での観光情報（観光資源の種類・場所・料金など）の提供，移動や宿泊に必要な座席の手配や予約そして料金の支払いの代行，また，目的地での食事や宴会の手配，気象情報の入手などである。旅行業者はこれらを顧客の要望に応じて，有料でまたは無料で行うなど，旅行の準備を担当するのである。

　次に，旅行の目的地までの移動や目的地内での移動を担う運輸業がある。移動の距離や旅行期間，団体，個人の移動などに応じて，航空機・鉄道・船・バス・タクシー等を使い分けるが，最近は移動を楽しむことも重要視されており，その選択の基準は利便性だけに限らない状況である。一般に，海外は航空機が早く着くが，船旅を選択する客層も拡大している。移動そのものや風景を楽しむクルーズ船の旅が欧州やアメリカだけでなく，アジアでも人気が拡大している

のである。また，鉄道も欧州や南アフリカ，日本などではオリエントエクスプレスに代表される豪華な列車の旅が人気となっている。国内の運輸業界では需給調整による競争の制限が行われていたが，近年は新規参入および廃止が許可制から届出制に代わる等その制限が低くなって各分野で競争が激しくなっており，経営の安定の上では，観光客の誘致はますます重要なものとなっている。

　3番目に目的地での宿泊施設がある。宿泊施設としては都市型・リゾート型のホテルやビジネスホテルの他，旅館や民宿などさまざまな宿泊施設がある。これらはそれぞれ宿泊料金や立地条件，サービスの質などにより差別化を図って棲み分けされている。その中で，宿泊施設の質は旅行商品の中では大切である。なぜなら，観光客にとって感動のある景色や美術品，そして美味しい食事と同じくらいに宿泊施設のサービスの質が旅の満足度にとって大きな比重を占めているからである。宿泊施設のサービスには施設自体の質だけでなく接客のレベルにも高いものが求められる。近年はこれらの充実した「総合ホテル」と宿泊に特化した「宿泊特化型ホテル」に2極分化〔米浪2004, p.45〕しているが，宿泊客側でも旅の目的によって旅館タイプの宿泊施設と都市型やリゾート型のホテル，あるいはビジネスホテルを使い分けて利用する人は多い。また，近年の団体旅行から個人旅行への旅行者の志向の変化は，宿泊施設の中でも特に団体客に特化した旅館タイプの宿泊施設において，その対応が大きな課題とされている。

　そのうえで観光の目的地での活動には，名所・旧跡等の観光の他，テーマパーク，遊園地，劇場，カラオケ店などさまざまなものがある。その多くは旅行会社の観光コースに含まれており，到着後に観光客の嗜好により選択される場合も多い。これらは日本標準産業分類では大分類『生活関連サービス業，娯楽業』の中に中分類「娯楽業」として記載されている。「娯楽業」にはテーマパーク，遊園地（テーマパークを除く）の他，映画館，ゴルフ場，パチンコホール業などが含まれている。また，この大分類『生活関連サービス業，娯楽業』には主に個人を対象にサービスや娯楽，あるいは余暇利用に係る施設・技能の提供をする事業所が分類され，観光地における『活動』（滞在地におけるレジャー活動，レクリエーション活動）がいずれも娯楽や余暇の範疇に属することがわかる。

このように観光産業はさまざまな産業から構成され，これらが相互に補完し合って観光客のニーズに応える体制となっているため，1業種だけでは顧客サービスが成り立たない構造となっている。そのため，観光産業はこれらの総合的な産業分野といえる。

2. 観光産業の役割

近年，社会経済のグローバル化と同時に進行する産業のソフト化・サービス化への転換の中，観光産業への期待が高まっている。観光産業は需要増加と雇用拡大をもたらす21世紀の成長分野の1つとして経済の重要な柱となってきており，わが国ではこれらの期待に応えるべく2008年観光庁を創設して観光振興を重要な柱としている。既述のとおり，観光産業は裾野の広い産業分野であり，わが国経済への貢献は大きい。観光庁の発表資料によると，2012年度の旅行消費額は22.5兆円となっており，その生産波及効果46.7兆円は対国民経済計算産出額の5.2%，雇用効果は399万人，税収効果4.1兆円は対国

図15-1　各産業の経済規模（算出額ベース（直接効果分））

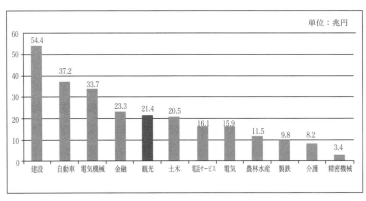

※金額は平成23年の値。
※観光以外は各産業の金額は国民経済計算産業連関表（内閣府）より算出。
※観光の金額は輸入分を除いた金額を示す。
※建設は土木の産出額を含む。

出所：国土交通省観光庁（2014）「PATA日本支部新春講演会資料」，p.21.

税＋地方税の5.0％と試算されている。2011年の産業別経済規模からみても観光産業は，わが国の主要な産業である建設・自動車・電気機械・金融などに続く経済規模となっており，わが国経済にとってすでに重要なものとなっていることがわかる（図15-1）。

第2節　観光の変化

1. 観光客数の変化

　観光旅行は国内旅行と海外旅行の2つに分けられる。そこで，わが国における観光の現状を，図15-2の国内宿泊旅行人数の推移でみると，国内宿泊旅行人数は1980年の2億60,000千人から20年後の2000年では3億25,000千人となっており，20年ほどで65,000千人の増加となっている。特に1980年代から1997年まではほぼ毎年増加しており，可処分所得の増加と歩調を合わせるかのように宿泊旅行人数が伸びている。2002年の観光白書によるとバブル期以降の経済の停滞期を除いて全期間で観光客数は大きく伸びていることがわかる。また，観光白書（2002年）に記載された旅行支出の推移では，1家族当たりの

図15-2　国内宿泊旅行人数の推移

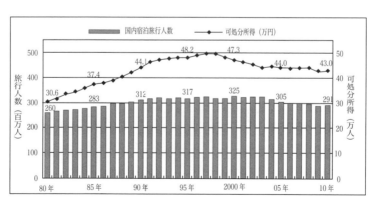

資料：(株)ジェイティービー「2012年の旅行動向」，総務省「家計調査」より作成。
出所：観光庁観光産業政策検討会(2012)『資料3　観光産業の現状について』p.4。

旅行支出も東京オリンピックの前年である 1963 年の宿泊費 24,355 円，交通費 30,551 円，合計 55,366 円（含旅行用かばん代）から，1992 年には最も高くなり宿泊費 103,968 円，交通費 54,911 円，合計 159,945 円（含旅行用かばん代）となって宿泊費は 4.27 倍，交通費 1.80 倍，合計では 2.89 倍といずれも大きく伸びている。特に宿泊費が大きく伸びていることから，この時期，すでに宿泊を伴う観光旅行が国民の生活の中で大きな比重を占めるようになっていたことがわかる。また，これと歩調を合わせるかのように 1960 年代から 1990 年代のこの時期は，国内の観光産業も企業や修学旅行などの団体客を志向したマスツーリズムの展開によって大きく拡大している時でもあった。

　一方，海外旅行は訪日外国人旅行者，日本人による海外旅行ともに近年まで増加傾向を続けてきている。2003 年のビジットジャパン（以下「VJ」）開始時の訪日外国人旅行者は 5,212 千人であったが，10 年後の 2013 年では 1,000 万人を越えて 10,364 千人と倍増している。また，日本人による海外旅行も 2003 年は 13,296 千人であったが，2013 年には 17,473 千人と 4,177 千人（31.4%）増の高い伸びとなっている。

　海外からの旅行者は外貨を持ち込むところから，国内経済への波及効果を期待する場合が多い。そのため，近年は訪日外国人旅行者数の目標も設定され観光だけなくデパートなどの商業部門でも期待が高まっている。2003 年の VJ 開始時は年間 1,000 万人が目標であったが，前述のとおり 2013 年に達成されたため，2020 年までに訪日外国人旅行者数 2,000 万人に向けた目標設定（平成 26 年 6 月 17 日観光立国推進閣僚会議）が行われた。今後，「2020 年オリンピック・パラリンピック東京大会」を見据えた観光振興やビザ要件の緩和等による訪日旅行の容易化など 6 の柱 [注1] が立てられ官民一体となった観光整備を進めていくことが確認された。近年のビザ発給条件の緩和などでは中国をはじめ東南アジア各国からのインバウンドも大きく増えていることから，これらの積極的な施策は訪日外国人旅行者の誘致に効果的なものであり，訪日外国人観光客は今後とも増加していくものと思われる。

　しかしながら，海外旅行の集客はインバウンド，アウトバウンド共に社会

情勢に影響を受けやすい。近年では2001年の米国同時多発テロ，2003年の
SARS，イラク戦争，2009年の新型インフルエンザ，2011年の東日本大震災
と原発被災などの発生した年に海外旅行者数が大きく減少している。そのため，
これからの観光においては，このような社会情勢の変化による観光客数の変動
について，その影響を極力少なくするなどのリスク管理が求められる。

2. 観光志向の変化

　戦後の高度経済成長期から1990年前半までの時期は，国内経済の成熟化に伴
う国民の余暇活動の充実の時期であり，観光も従来の名所旧跡巡りや宴会を伴っ
た団体志向から，少人数の個人志向への変化の時期でもあった。団体旅行は教
育旅行等も含めて拡大傾向であったが，少人数のグループ旅行や女性客の旅行
も徐々に増加してきたのである。このような変化は観光において重要なもので
あったが，依然として拡大傾向であった観光需要への対応から施設の拡張・増
設などが続けられ，企業の招待旅行や修学旅行などの団体客を主要な顧客とす
る経営方針に大きな変化はなかった。

　しかし，このような拡大を続けてきた国内宿泊旅行者数もバブル経済崩壊後
の1995年前後には停滞することとなり，2000年以降には減少傾向となって
国内観光の低迷が続くようになった。日本旅行業協会によると，同時期，旅行
業者数も1975年以降の増加傾向から国内宿泊旅行者数の停滞とほぼ同時期に
減少に転じており（日本旅行業協会2013, p.3），両者に相関がみられる。また，
これを図15-2の可処分所得の推移から見ると，観光客数と旅行業者数がほぼ
同時期にピークとなる1997年から1998年を境に減少に転じていることから，
国民の可処分所得の減少が観光客数の減少，および旅行業者数の減少に結びつ
いていることがわかる。バブル期以降の経済の停滞による実質国民所得の減少
は，国内観光へ大きな影響を与えてきたのである。

第15章　観光産業のマーケティング　*259*

第3節　観光の歴史

1.　戦前の観光

　わが国の旅行の歴史は古く，お伊勢参りなどは長い歴史をもつことでよく知られている。江戸中期に始まるこのお伊勢参りは，旅行費を積み立てる講の制度や御師（おんし）と呼ばれる独立した神主による旅の全般の手配などにより年間50万人から60万人が参宮し，大変な人気であったといわれる。集客，行程の管理,旅行費の積み立てなど近代旅行産業の基を備えていたのである（今井・山内 1999, pp.183-191）。

　また，海外では，今から175年程前，近代的な旅行産業の基礎を創ったトーマス・クック（イギリス）が，団体で旅行することを考え，事前の手配を行うことでそれを可能とし大成功をおさめた。特に，1851年にロンドンで開催され600万人の入場者を集めた万国博では，16.5万人の団体客を送り込み，その後本格的な近代旅行業へと発展していく。彼は，旅行費の積み立てや旅行誌の発行などを行い，人口の大多数を占める労働者階級などの動員に力を尽くしたのである（今井・山内 1999, p.210）。

　わが国でも明治の新体制が成立すると，関所の廃止などにより1871年には国内旅行が自由化された。その後，1887年の修学旅行制度の導入と普及，軽井沢・長崎での外国人観光客あるいはお雇い外国人などによるリゾート地の開発などに刺激され，国内でも旅行が普及していった。また，鉄道などの交通機関の発達により比較的遠距離の旅行が可能となり，観光地の開発・整備の進展とともに,明治・大正と徐々に国内の裕福な層を中心に観光旅行が浸透していったのである。

　また,海外旅行も徐々に活発になり昭和初期の海外渡航者は約1万人となり，世界周遊船で邦人世界一周視察団が催行された。

　しかしながら，旅行は一部富裕層の観光活動であり，農家の湯治などの習慣はみられるものの，都市部に住む多くの労働者にとっては高根の花であり，一

生の夢であった。国民の殆どの階層において観光旅行は今ほど手近な余暇活動ではなかった。そのため，全般に旅行産業の進展によるマスツーリズムの形成はまだみられなかった（日本交通公社調査部 2007, p.8）。

2. 戦後の観光

戦後，産業の近代化による経済の成長にあわせて伸び続ける所得と余暇時間の増加は，国民の生活の質を大きく変えた。こうした国民生活の成熟に併せて，徐々に観光ブームが到来，観光産業は大きな発展を遂げる。この戦後の観光産業の発展は，いくつかの時期に分けることが出来る。

敗戦の混乱の中からスタートした戦後の観光の歴史は，1950 年代以降の高度経済成長の後をたどるかのように 1970 年代前半までは，経済成長の軌跡と重なる。経済成長と共に拡大する企業活動は顧客サービスや従業員の慰安に旅行を活用した結果，大型の団体旅行が増加していった。また，顧客の要望に応じてさまざまなサービスを手配していた個人旅行から，宿泊と移動そして食事を組み合わせて 1 つの商品とした旅行企画の販売により，旅行の大量生産と大量消費が行われた。

しかし，1970 年代後半から 1980 年代になると拡大基調であった国内の観光は大きく変化する。すなわち，この時期，国内旅行が飽和状態になってくるのに時を合わせて，貿易摩擦による黒字減らし対策や円の切り上げによる海外旅行の割安感等から海外旅行ブームが起こり，観光を支えてきた旅行会社などの販売戦略も海外旅行へ目を向けるようになったのである。実際，2003 年の観光白書によると，海外旅行者数は 1975 年 247 万人，1980 年 391 万人，1986 年には 552 万人と拡大し，特に 1986 年から 1990 年のバブル期には毎年 100 万人以上増加している。この傾向はその後も継続し 2013 年の観光白書では，2012 年現在 1,849 万人となって海外旅行者数が大きく増加している。

第15章 観光産業のマーケティング **261**

第4節　旅行会社のマーケティング戦略

1.　旅行会社

(1) 旅行業の定義

　1950年代以降，大きく成長した観光であるが，これを牽引主導したものに旅行業者があげられる。旅行業法（昭和27年7月18日法律第239号）では，「旅行業」の定義として，

1　旅行の目的地及び日程，旅行者が提供を受けることができる運送又は宿泊のサービス（以下「運送等サービス」という。）の内容並びに旅行者が支払うべき対価に関する事項を定めた旅行に関する計画を，旅行者の募集のためにあらかじめ，又は旅行者からの依頼により作成するとともに，当該計画に定める運送等サービスを旅行者に確実に提供するために必要と見込まれる運送等サービスの提供に係る契約を，自己の計算において，運送等サービスを提供する者との間で締結する行為

2　前号に掲げる行為に付随して，運送及び宿泊のサービス以外の旅行に関するサービス（以下「運送等関連サービス」という。）を旅行者に確実に提供するために必要と見込まれる運送等関連サービスの提供に係る契約を，自己の計算において，運送等関連サービスを提供する者との間で締結する行為

3　旅行者のため運送等サービスの提供を代理して契約，媒介，又は取次ぎをする行為

4　運送等サービスを提供する者のため，旅行者に対する運送等サービスの提供について，代理して契約を締結し，又は媒介をする行為

5　他人の経営する運送機関又は宿泊施設を利用して，旅行者に対して運送等サービスを提供する行為

6　前三号に掲げる行為に付随して，旅行者のため，運送等関連サービスの提供を受けることについて，代理して契約を締結し，媒介をし，又は取次ぎをする行為

7　第三号から第五号までに掲げる行為に付随して，運送等関連サービスを提供する者のため，旅行者に対する運送等関連サービスの提供について，代理して契約を締結し，又は媒介をする行為

8　第一号及び第三号から第五号までに掲げる行為に付随して，旅行者の案内，旅券の受給のための行政庁等に対する手続の代行その他旅行者の便宜となるサービスを提供する行為

9　旅行に関する相談に応ずる行為

など9つの定義を挙げている。

また，その業務に応じて第1種旅行業者（主に海外・国内のパッケージツアーを実施），第2種旅行業者（主に国内のパッケージツアーを実施），および第3種旅行業者（主に航空機等のチケットの手配や他社の旅行商品の販売）にわけられている。さらにこれらの第1種から第3種までの旅行業者（以下，旅行会社）に属し，委託されて代理業務を行っている旅行業者代理業者があり，主に航空機等のチケットや旅行商品の販売のみを行う。

(2) 旅行会社の現状

2012年現在，国内の旅行業者数は10,240社となっているが，その多くは中小の事業者であり，2010年の旅行取扱額は上位10社が68.8％を占めている状況である（観光庁2014，pp.10-12）。

この上位10社の中でも最もシェアの大きい旅行会社が株式会社ジェイティービー（JTB Corporation, 以下「JTB」）である。2010年の旅行取扱額シェアは21.5％と2位の近畿日本ツーリスト株式会社（7.4％）以下を大きく引き離している。JTBの歴史は古く，その規模と併せて名実ともにわが国を代表する旅行会社である。JTB広報室発行の「News Release」（2014年第57号, p.1）によると，2013年度のJTBグループの売上高は1兆3,052億円（前期比5.6％増），グループ172社，従業員数は26,082人と伝えている。国内最大の巨大な旅行会社であるが，世界的にも欧州の2社，米国の3社に次ぐ旅行取扱額で世界第6位に入る国際的な大企業である（観光庁2014，p.14）。

2．旅行会社のマーケティング戦略

　もともとマーケティングとは独占資本主義段階における大規模生産企業の販売問題・市場問題の解決のための諸手段として登場したものであり，巨大生産企業ないし寡占企業による市場創造のための統合的な適応行動で規定される（岩永 2007，p.4）。その後，マーケティングは，1950年代の後半以降，いくつかの問題に直面し，新しい視点が出現してきた。その１つが，1960年代末頃からあらわれたソーシャル・マーケティングの登場である。このソーシャル・マーケティングは，１つの方向としてコトラー（Philip Kotler）を中心とする流れであり，マーケティング概念の拡大化である。この拡大化されたマーケティング概念は，マーケティングを本来の営利企業だけでなく，政府・病院・大学などの非営利組織にまで応用・拡大していくことによって，より良いサービスやアイディアを提供できれば，社会に大きな満足を与え社会へ貢献できるというものである。そして，一度確立されたマーケティング手段や技法は，企業経営であれ非営利組織であれ極めて有効な手段や技法として応用可能である（岩永 2007，pp.6-7）。

　本節では，拡大化されたマーケティング概念の応用として旅行会社のマーケティング戦略としてのマーケティング部分戦略を考察してみよう。このマーケティング部分戦略を製品（Product），場所（Place），プロモーション（Promotion），価格（Price）の４つの戦略（4P政策）に集約し，それらを適切に組み合わせたマーケティング・ミックスによって，標的となる顧客に焦点を絞ったマーケティング・マネジメント（McCarthy & Perreault1990，p.48）を展開しているマッカーシーの考え方が普及している（岩永 2007，p.17）。そこで，JTBをはじめとする日本の大手旅行会社のマーケティング戦略をマッカーシーの4Pの視点からみていこう。

①製品（Product）

　旅行会社における製品は，旅行に伴うサービスの全般である。旅行会社はサプライヤーである航空会社や宿泊事業者から座席や客室の提供をうけて，個人旅行に伴う情報の提供，宿泊や移動手段の仕入れと予約手配，料金の代替えな

どのサービスを行う。また，パッケージツアーと呼ばれる事前にこれらをセットにした旅行商品を組み立てて販売する他，他社の旅行商品を仕入れて販売する場合もある。これらは旅行者との契約形態から大きく手配旅行と企画旅行の2つに分けることができる。

また，旅行会社は宿泊施設や運輸機関と協定を締結して，これらの送客に対する対価として手数料（宿泊の場合は，宿泊料金の 10 ～ 15%程度）の受け取りを制度化しており，旅行会社の収益の大きな部門となっている。団体客向けの受注型企画旅行に比して個人向けの募集型企画旅行の開発により旅行の大量生産・大量消費が可能となったが，これは旅行の商品化（高橋 2013, pp.8-9）ともいえる。それまでの1つ1つを手配して旅行行程を組み立てる場合に比して，コースや日程の比較ができることから観光客にとって旅行が手軽なものとなったためである。これらはその後，JTB の「ルック」・「エース」，近畿日本ツーリストは「ホリデー」・「メイト」，日本旅行は「マッハ」・「赤い風船」などの名称で親しまれるようなり，旅行業界のビジネスモデルとして定着していった。

②価格（Price）

旅行会社における価格（Price）戦略の中で，比較的高値で販売する JTB はブランド志向といえる。また，近畿日本ツーリスト，日本旅行の旅行商品などもブランド化されている。これらは業界大手の旅行会社としての信用は大きく，他の中小旅行社と一線を画している。一方で格安航空券[注2]の販売で若者のニーズに応え大きく成長した H.I.S. などの低価格志向の旅行会社もある。1 万社余りが競合する旅行業界においては，価格戦略は重要なものとなっている。価格の設定においては移動の手段，宿泊施設の質，そして食事の質などで多様な選択肢がある他，シーズンとオフシーズンでも価格差がある。休前日やゴールデンウィークなどが高くなることは良く知られている。これは，特定の時期に観光客が集中することや旅行商品が在庫を出来ないという特徴をもつためである。しかし，シーズンによる観光客の過度な集中を和らげる機能もある。余暇時間の取りやすい人々は繁忙期を避けて，価格の安いオフシーズンに旅行を行うためである。

③場所（Place）

募集型の企画旅行では生産を担当する部門はホールセラーと呼ばれる旅行会社である。ホールセラーはサプライヤーから商品の提供を受けてツアーを組み立て，小売りを担当するリテーラーと呼ばれる旅行会社を通じて販売する（森下 2008, p.84）。リテーラーは販売に応じて手数料を受け取る。

これらをすべて備えているのが総合旅行会社である。JTB などの大手旅行会社は総合旅行会社である。総合旅行会社は自社の流通チャンネルを通じて直接，旅行者へ販売する場合が多いが，提携先以外への販売も行う。これは，ホールセラー1 社だけではリテーラーに特化した旅行会社の幅広い需要に対応することができないためである。

④プロモーション（Promotion）

旅行者に商品を販売する上では，商品の存在を示し，認知される必要がある。これを担うのがプロモーション（Promotion）である。旅行商品の広告では「1 日ごとの旅行スケジュールから食事の内容，出発日毎の旅行代金や注意事項まで詳細にわたって商品内容が掲載されることが多い」（森下 2008, p.122）。これは旅行商品の場合，消費者は企業名やブランドよりも旅行の内容や価格などで選ぶ傾向が強いためである（森下 2008, p.122）。

プロモーションは，一般旅行者へ直接アピールする場合と，リテーラー（小売）を通じて行う場合がある。リテーラーに対してはパンフレットの配置・ポスターの掲示の他，商品発表会への参加案内などが行われる。一方，一般旅行者に対しては新聞・旅行誌・会員誌等のメディアを通じて直接アピールする他，店頭でのパンフレット・ポスター・ちらし等による対面販売が行われる。また，近年はIT（Information Technology）の進展に伴いこれらを利用した販売も増加している。

第5節　観光の展開と課題

1.　旅行商品の多様化

旅行会社のマーケティング戦略は，高度経済成長期には発地型旅行商品とし

て効率を重視した旅行商品を大量生産・大量販売する販売志向のプロダクトアウトの考え方が主流であった。それは，大量販売(送客)によるコストダウン(低価格)を魅力に，個人客よりは企業が行う慰安旅行や招待旅行などの団体客を主に取り扱ってきた。これに対して，高度経済成長後の停滞と旅行の質的変化により，近年は顧客志向のマーケットインの考え方である着地型旅行商品もみられるようになった。

　マーケットインの旅行商品は顧客のニーズやウォンツを探り，その要求を満足させるものであるが，近年は関係性や社会性志向が重要となっており，着地型旅行商品はデスティネーションから提案される旅行商品として観光のサスティナブル性の面からも注目が集まっている。

　着地型旅行商品は，旅行会社等が企画・造成する発地側の旅行商品に対して，着地側から発信され，地域の優れた自然景観・芸能・食事，そしてホスピタリティなどを着地側の視点で組み込まれた旅行商品である。しかし，その経済効果は，地域経済に対してはまだ充分なものとはなっていない。

　一方，発地型旅行商品は，旅行会社等がマーケット・セグメンテーションを設定して，各客層に好まれる温泉，名所・旧跡，特産品・工芸品などを巡る観光をセットした旅行商品である。その販売では旅行会社店頭の対面販売の他，メディア(新聞・折込広告・雑誌など)による通販などにより広域に販売されている。

　発地型旅行商品は都市部を中心に広域で販売されることから集客の規模も大きく，これらの観光客によりもたらされる経済的効果は大きい。そのため着地側も旅行会社の要請に答える形で宿泊施設等の増設や整備を行い受入観光客数の拡大に努めているのである。

　いずれの場合でも，訪れた観光客による消費の経済効果は宿泊を中心とするサービス部門だけでなく，団体客の飲食による食材の需要や土産店での地元産品の販売など地域の第1次産業，第2次産業へも波及していく。このため，地域経済においても観光客は大切なお客様となっているのである。

2. 観光の展開と課題

　近年の IT 化によるサプライチェーンマネジメント（SCM）の進展は，旅行者が目的地の観光や宿泊情報を直接入手することを可能にし，整備された交通網は観光地への移動を手軽なものとした。実際，コンビニエンスストアに設置されている JTB の MM 端末（マルチ・メディア端末）では入場券，高速バスあるいは宿泊予約が可能（太田 2003, p.122）となり，コンビニエンスストアの持つ利便性と相俟って幅広い層の個人旅行が手軽に手配できるようなっている。今後，旅行会社の店頭における購買代理業務では，このようなオンライ上の販売を上回るサービスが求められる。

　また，近年の観光振興が注目されている理由の 1 つは，観光のもつ交流機能である。現在は東京への一極集中による弊害が問題となっているが，観光を通じた人の交流は地方の文化の掘り起しとその価値の再評価を進めて，結果的に地方の経済活性化に大きな影響を与えている。訪れた地域でしか味あうことの出来ない伝統文化や伝統食は，域外から観光客を誘客して地域産品の消費機会を増やし，その生産を通じて地域経済の成長を促進させることが可能となる。そのため，これからの旅行会社や宿泊施設，運輸機関などの観光産業は，地域資源の一方的利用者としての立場から，地域の観光振興を推進する視点をもって，積極的に地域と連携し協力していくことが求められる。情報を発信し新しい商品を開発して，インバウンドとアウトバウンドの双方向の市場拡大により観光産業の発展を目指す「ツーウェイ・ツーリズム」（トラベルデータ研究会 2008, p.175）のように双方向の交流による観光振興を進めることが重要である。

　ともあれ，観光においてはますます多様化する旅行ニーズへの対応や低迷を続ける国内旅行需要の復活への対応は早急に求められる。そのため，今後，さらなる IT 化の推進や高度化する SMC を活用したサービスの効率化等が課題と考えられる。

注
1 ）　2020 年に向けて，2,000 万人の高みを目指すためには，「2020 年オリンピック・パラリンピック東京大会」の開催という，またとない機会を活かし，世界の人々を惹

きつけて，東京のみならず，全国津々浦々に開催効果を波及させるべく，オリンピック・パラリンピック大会開催後も地域が力強く発展していくためのレガシーを生み出しながら，世界に通用する魅力ある観光地域づくりを行うことが重要である。また，伝統的な観光業界の枠を越えた幅広い担い手を結集して，より科学的なマーケティングによって戦略的にインバウンド施策を展開するほか，訪日旅行の容易化の鍵となるビザ要件の緩和や，外国人旅行者の受入環境整備，外国人ビジネス客の取り込み等，目標達成に必要な環境を徹底的に整えることが必要である。このため，①「2020 年オリンピック・パラリンピック」を見据えた観光振興，② インバウンドの飛躍的拡大に向けた取組，③ ビザ要件の緩和など訪日旅行の容易化，④ 世界に通用する魅力ある観光地域づくり，⑤ 外国人旅行者の受入環境整備，⑥ MICE の誘致・開催促進と外国人ビジネス客の取り込みの柱を立て，それぞれの分野に存在する隘路を打開するための施策を効果的に講じつつ，政府一丸，官民一体となった取り組みを強力に進めていく必要がある。今回のアクション・プログラムの改定にあたっては，上記の考え方に沿って必要となる具体の施策について，新規性のあるものを新たに盛り込むとともに，昨年のアクション・プログラムに盛り込まれていた施策についても，改善・強化して取り組む必要があるもの，継続して取り組む必要があるものを盛り込んでいる。（観光立国実現に向けたアクション・プログラム 2014 －「訪日外国人 2000 万人時代」に向けて－平成 26 年 6 月 17 日観光立国推進閣僚会議）

2） 格安航空券は，航空便の空席をなるべく減らすために講じられた施策であるため，旅客の需要が少ない時期ほど大幅な割引になる。旅行会社は航空会社から座席を仕入れ，その販売実績によって半期ごとにボリューム・インセンティブを受け取る。そのため仕入れ価格より安い金額で販売しても報奨金によって補填することができるため格安航空券が生まれた。（トラベルデータ研究会 2008, p.51）

参考文献

1） 一般社団法人日本旅行業協会（2013）『日本を元気に，旅で笑顔。数字が語る旅行業 2013』。
2） 今井誠則・山内義治共著（1999）『大衆観光の生態史―日本とイギリス―』渓水社。
3） 岩永忠康（2007）『マーケティング戦略論（増補改訂版）』五絃舎。
4） 太田久雄（2003）『売れる旅行商品の作り方』同友館。
5） 観光庁観光産業政策検討会（2012）『資料3 観光産業の現状について』。
6） 高橋一夫（2013）『旅行業の扉 JTB100 年のイノベーション』碩学舎。
7） 米浪信男（2004）『観光・娯楽産業論』ミネルヴァ書房。
8） トラベルデータ研究会（2008）『業界 × 快速ナビ 旅行業界がわかる』技術評論社。
9） 森下昌美（2008）「第 10 回いざ討って出よ！その時もマーケティング的発想を忘れるな」森下昌美編『観光マーケティング入門』同友館。
10） （財）日本交通公社編（2007）『観光読本』東洋経済新報社。
11） 吉川道雄（1994）「第 10 章旅行業」尾碕眞・岩永忠康・岡田千尋編著『現代日本の産業別マーケティング』ナカニシヤ出版。
12） E. Jerome McCarthy and William D.Perreault, Jr. (1990), *Basic Marketing : A Managerial Approach*, 10th ed., Richard D. Irwin, Inc.

第16章　商店街のマーケティング

第1節　商店街のマーケティング

1．商店街の概念

　商店街は，一定の地域に個々の小売店舗等が自然発生的に立地し，そこで相互に競争しながら共存共栄して，一定の小売商業集積を形成しているところである。しかも，それは，小売機能の地域的集積の小売中心地あるいは買い物中心地であり，小売店舗等の集合形態として把握されている（鈴木 1974, p.399）。

　このように商店街は，都市・地域の一定地区において，主に買回品や最寄品などを取扱う多数の小売店から構成される商業集積地域をいい，通常は，中小小売店やサービス店等（以下，小売業等とする）の集合地域として把握されている（久保村・荒川 1982, p.138）。このような商店街は，小売商業集積の特質として，①小売業等の経営の場，②消費者の買い物ないし生活の場，③都市・地域施設の一部という3つの側面（役割）を有している（久保村・荒川 1982, p.138）。

　そこで，商店街の役割についてみると，第1に，商店街の経済的役割があげられる。商店街は小売業の経営の場である。これは，商店街での消費者の買い物によって個々の小売業の経営が成り立っている。しかも都市や地域にとっての商店街は，雇用の場であり，所得の源泉となり，租税の徴収の基盤ともなる。都市や地域にとって商店街が盛んになることは，都市や地域に旺盛な経済力をもたらす要因の1つになる（鈴木 1994, p.16）。

　これには，①地域社会の人々の生活に必要な商品を安定的かつ効率的に提供すること。②地域社会に対して雇用・所得・税金の機会を提供すること。③従来，地域経済をリードしてきた第二次産業に代わり，第一次産業ないし第二次

産業をリードする産業として地域経済の振興に貢献することなどがある（宮原 1984, p.45）。

第2に，商店街の社会的役割があげられる。商店街は人々の生活と直結した買い物の場であるとともに生活環境の場である。今日の社会において，人々の生活に必要不可欠な商品やサービスはほとんど家計の外部から購入される。そのために，その入手先である小売業やサービス業の態様やあり方は，人々の生活や福利厚生と密接な関係がある。商店街によって提供される商品の品揃えや価格帯ならびに各種のサービスは，人々の生活の質に関連した生活環境を形成している（鈴木 1994, p.16）。

これには，①社会的利便の提供として地域社会の人々にとって安住の場を提供すること。②地域社会の人々に社会的連帯感を醸成し育成するために，社会的行事を開催すること。③生活情報ないし地域情報などの情報交流の促進を図ることなどがある（宮原 1984, pp.46-47）。

第3に，商店街の文化的役割があげられる。商店街のソフト面からは地域社会の風習など地域に適した生活の在り方を提案したり，地域社会に合致した文化的催事を企画するなどがある。また商店街のハード施設として店舗とその町並みの景観的などの文化的役割がある。特に商店街のハード施設として店舗やその町並みの景観的などは「まちの顔」「まちのシンボル」として地域内外からの人々の集まりならびに観光の中心スポットとして文化的役割を果たしている。このように，商店街の文化的役割は生活文化の提案，文化的行事の企画・遂行，文化施設の提供などがある（宮原 1984, p.47）。

小売店やサービス業の集積地域としての商店街は，都市や地域の住民に不可欠な施設であり，都市や地域の発展ないし衰退に伴う諸施設や機能の変動が商店街に影響を与え，逆にまた商店街の繁栄・衰退が都市や地域のあり方に影響を与えている（鈴木 1994, p.16）。

商店街は，それを構成している個々の商店（小売店）の業種構成や業態構成などの内的環境要因，人口集積規模をはじめとして街路・道路や交通体系，消費者ニーズや購買力，商業以外の事業所や施設の状態などの外的環境要因に

よって，その規模と特徴が規定される。 一般に商店街は，次の３つのタイプ
に分けられる（高山 1958, p.119）[注1]。

(1) 近隣型商店街——消費者が日常買い物をするような商店街であり，最寄
　　品業種の商店が中心となり，農村地域や近隣住宅地域などに立地している。

(2) 地区型商店街——消費者が週１回程度の買い物をするような商店街で
　　あり，近隣型商店街よりも買回品業種の商店のウェイトが高く，小都市の
　　中心部や大都市周辺の地域中心部などに立地している。

(3) 広域型商店街——消費者が月１回程度の頻度で買い物をするような商
　　店街であり，買回品業種や飲食・サービス業種の商店が中心となり，大都
　　市中心部などに立地している。

　さて，商店街はどのような根拠で形成され，地域の消費者にどのような利益
ないし効果をもたらしているのか。結論からいえば，それは商業の社会的存立
根拠の延長線にあるといえる。すなわち，商業は，多数の生産者から多種多様
な商品を購入し社会的品揃え物として多数の消費者に販売することによって，
効果的・効率的な販売と市場を拡大するという，いわば社会的分業による専門
化の利益によってその存立基盤が与えられている（森下 1984, p.22）。

　このような小売業等の集積形態としての商店街は，多くの地域住民に容易に
接近して存在し，しかも商業機能の集合体として多種多様な商品やサービスを
提供している。したがって，商店街の存立基盤は，本来の商業存立根拠に加え
て，大量の消費購買力に容易にアクセスできるという接近・接触の利益と独立
の経営組織の集合によって生じる規模の利益の一形態としての結合の利益から
成り立っているのである（宇野 1993, p.96）。

2.　商店街マーケティング

　マーケティングは，もともと巨大生産企業の市場獲得・市場支配のための諸
方策（森下 1993, p.164），あるいは市場環境に対する企業の創造的で統合的な適
応行動（三浦 1993, p.2）と定義づけられている。さらに，一度確立されたマー
ケティング手段・技法は，中小企業であれ流通業者であれ，企業経営のうえで

極めて有効な手段・技法として応用可能である（岡田 1992, p.8）。

このような考え方は，1960年代後半から台頭してきたソーシャル・マーケティング概念の1つであるマーケティング概念の拡大化の方向にみられる。そのために，最近では小売マーケティングとか卸売マーケティング，商店街マーケティングなどの商業領域，さらに学校マーケティングや病院マーケティングなど，さまざまな主体によるマーケティングが唱えられている（岡田 1992, pp.8-9）。商店街マーケティングは，このようなマーケティングの拡張概念として，商店街による一定の商圏をめぐる市場獲得・市場支配のための諸方策と規定することができよう。

さて，商店街は，個々の独立した小売業等が一定地域内で自然発生的に集まって形成された共同組織体としての小売商業集積である。そのために商店街マーケティングの特徴は，小売マーケティング[注2]とその共同組織体のマーケティングとの特質を兼ね備えている。

小売業は，もともと地域住民をターゲットにして商品を販売する立地産業として，多数の生産者や卸売業者から多種多様な商品を購入し社会的品揃え物として多数の消費者に販売するという固有の機能を果たすところに特徴をもっている。そのために小売マーケティングは，対象地域がそれぞれ小売店舗のもつ商圏に制限されながら，その商圏の消費者が必要とする多種多様な商品を幅広く取り扱わざるをえない（高山 1958, p.137）。

また，商店街は共同組織体として二面性をもっている。すなわち，商店街は外に対しては一体となって競争の主体としてゲゼルシャフト的組織でなければならない。同時に，内に対しては個々の商店が自立しながら連帯・協調するゲマインシャフト的組織であることが必要である。こうして商店街は，二面的な組織形態として構成メンバーの信頼感に基づく運命共同体として活動することに特徴がある（清成 1983, pp.93-94）。

したがって，商店街マーケティングは，商店街組織を構成する一員として個々の商店の個別マーケティングとともに，商店街組織全体の共同マーケティングを展開するところに特徴がみられる（南方・岡部 1991, p.66）。もちろん，商

店街マーケティングは，商店街全体によって行われる共同マーケティング活動を対象とするものである。そのために商店街マーケティングは，基本的には商店街組織の結束力に依存しながら，商店街の共同マーケティング活動が個々の商店のマーケティング活動を支援し，それがまた商店街組織に貢献しなければならない。すなわち，商店街マーケティングは，一方では単一の経営体である大型店に近い効率的なマーケティング活動を発揮するとともに，他方では個々の商店の個性あるマーケティング活動を発揮して消費の多様化に十分対応する（南方・岡部 1991, p.25）ことができ，全体としての商店街マーケティングが効果的に行われるのである。

3. 商店街マーケティングの基本戦略

　商店街マーケティングとは商店街による一定の商圏をめぐる市場獲得・市場支配のための諸方策である。そのために商店街マーケティングは，一定の商圏における消費者需要の獲得・維持ならびにその消費者需要をめぐる競争戦略として差別的優位性を確立することが基本戦略となる。換言すれば，商店街マーケティングの基本戦略は，商店街を取り巻く商圏の拡張とその商圏における消費者需要ないし消費者ニーズの増大による需要創造にある。それとともに同一市場や商圏をめぐる市場競争において他の商店街や大型店に対して，何らかの差別的で優位的な競争戦略を展開しなければならない。

　したがって，商店街マーケティングの基本戦略としては，1つには顧客ニーズに適合しつつ，競争関係にある商店街や大型店と差別化を図るために，商店街そのものがもつ経営資源やその構成要素である個店がもつ経営資源を活用していくマーケティング戦略がある。もう1つには，マーケティング基本戦略を具体化していくために，製品・価格・流通チャネル・プロモーションといった個々のマーケティング活動についての部分戦略ないしそのマーケティング・ミックス戦略がある（南方・岡部 1991, p.71）。

　さて，商店街マーケティングの基本戦略には，ソフト事業とハード事業が考えられる。ソフト事業は，主として消費者を集めるためのイベント，消費者を

固定化するためのスタンプやクレジットなどがあげられる。それに加えて、これらのソフト事業の基盤的な活動としては顧客管理と店舗の商品品揃えがある。顧客管理は、商店街のいわば共同的な情報資源となる顧客リストの作成とその管理によって消費者の固客化を図るものである（石原・石井 1992, p.26）。

店舗の商品品揃えは、個々の商店ならびに商店街が全体としてふさわしい商品を取り揃えて、それを消費者に提供する一連の商品提供機能といえる。つまり、それは、一方では商店街全体が適切な業種・業態構成による商品品揃えによって、ワン・ストップ・ショッピング機能による売買の効率性を高め、他方では個々の商店固有の商品品揃えによって消費者ニーズの多様化に対応することである。このように商店街全体と個々の商店による商業固有の商品品揃えの充実が消費者の集客力と固客力を高めていくのである。

次に、ハード事業には商店街を構成し特徴づける店舗立地戦略ならびに街並み・環境整備事業がある。店舗立地戦略は、商店街全体として商店街に必要な店舗を導入したり取り除いたりするものであり、それによって商店街全体にふさわしい業種・業態構成が形成され、それが商店街の魅力を高める。

そのために、この店舗立地戦略は商店街の基本戦略として長期安定的な集客力と固客力を高める構造的なものといえよう。街並み・環境整備事業には街の彩りを添える街路灯やベンチの設置、アーケードや街路の舗装、駐車場やコミュニティー・センターの設置などがある。これらの街並み・環境整備事業も商店街マーケティングを特徴づける重要な戦略の一環として長期的・構造的な集客力と固客力を高める基盤事業といえる（石原・石井 1992, pp.26-27）。

第2節　商店街のマーケティング戦略

1.　商品戦略

商店街には商品の提供をはじめ、飲食・レジャー・社交・文化などさまざまなサービスを提供する機能が存在し期待されるが、消費者が商店街に来街する最も基本的な目的は買い物である。そのためにいかなる商品を取り揃えて販売

するかという，商品提供機能としての商品品揃え戦略が商店街マーケティング
の中核的戦略となっている。つまり，個別商店の商品品揃えからみた業種・業
態構成によって商店街が特徴づけられるかぎり，業種・業態構成としての商品
品揃え戦略が商店街マーケティング戦略の基本になるのである。

　また，商店街の業種構成として重要な役割を演じるものがサービス業種の存
在である。サービスの特質としては，生産と消費が同時に行われるために，輸
送や保管が不可能なことである。そのために商店街におけるサービス業種の集
積は，顧客誘因の重要な要因であるとともに，そこでの滞留時間を長くする効
果が期待できる。

　近年，商店街は，単なる買い物場所から都市機能としての役割が高まるにつ
れて，これら各種サービス業種の集積が重視されてきている。これらの商店街
におけるサービスには，個人サービス機能としてレストラン・喫茶店・バー・
パチンコ・ボーリング場・映画館などがある。また事業者サービス機能として
金融業・保険業・不動産幹旋業・広告代理業などがある。さらに公共サービス
機能として郵便局・市役所の支所などがある（岩澤 1992, p.182）。

2.　価格戦略

　商店街マーケティングの価格戦略は，業種構成に基づく商店街タイプに規定
され，かつ業態構成に基づく質的な要因によっても規定される。商店街の業
態構成による価格戦略においては，同種商品・同一商品でもそれを取扱う小売
業態の店舗レイアウトやサービス戦略などによって価格帯も商品特性も異なっ
てくる。一般に，わが国における百貨店や高級専門店では，高額品の品揃えに
よってその価格帯は高く，他方，量販店やディスカウントストアでは価格帯は
低い傾向にある（岩澤 1992, pp.183-185）。したがって，商店街の多種多様な
業態構成が，同種商品・同一商品でも消費者に広範囲な商品選択の機会を与え，
それだけ商店街の魅力につながって集客力を高めている。

　さらに，商店街マーケティングの価格戦略として重要な役割を演じるものが，
商店街の共同活動として行われる特売・格安セールなど各種の値引き戦略であ

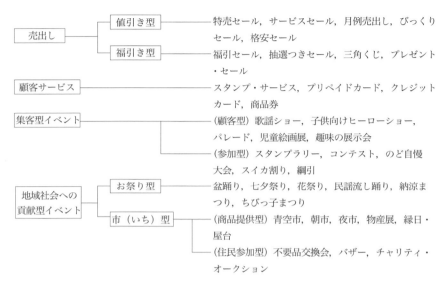

図16-1 商店街における狭義のプロモーション活動

出所：南方・岡部 1991, p.90.

る（図16-1 参照）。

3. 流通チャネル戦略

　マーケティングの流通チャネル戦略は，生産者が消費者にどのような流通チャネルや手段によって商品を販売するかという戦略である。その意味からして，商店街の流通チャネル戦略は，商店街と消費者の空間的・時間的距離を克服するための諸活動であり，商店街に消費者を集客するための集客戦略（岩澤1992，p.187）としてのアクセス戦略が重要である。そのための基本戦略としては，商店街の業種・業態構成に規定された店舗立地戦略があり，それとともに商店街へ容易に接近し，そこで安全で快適な購買行動ができるような基盤施設の整備がある。

　このような基盤施設の整備としてのハード事業には，商店街へのアクセス整

備事業ならびに街並み・環境整備事業（施設サービス・ミックス）などがあげられる。そのうち商店街へのアクセス整備事業には，バイパス・歩道・陸橋などを含む道路交通網の整備があげられる。また，街並み・環境整備事業には，買い物の安全性の確保および回遊性や一体性を中心として，これに便利性・快適性・情報性などを加えた施設や雰囲気の創出があげられる。商店街の施設サービスは，図16-2のように，安全な買い物環境の確保，商店街イメージの明確化，買い物に付随するサービス施設に分けることができる（南方・岡部 1991, pp.94-97）。

図16-2　商店街における施設サービス

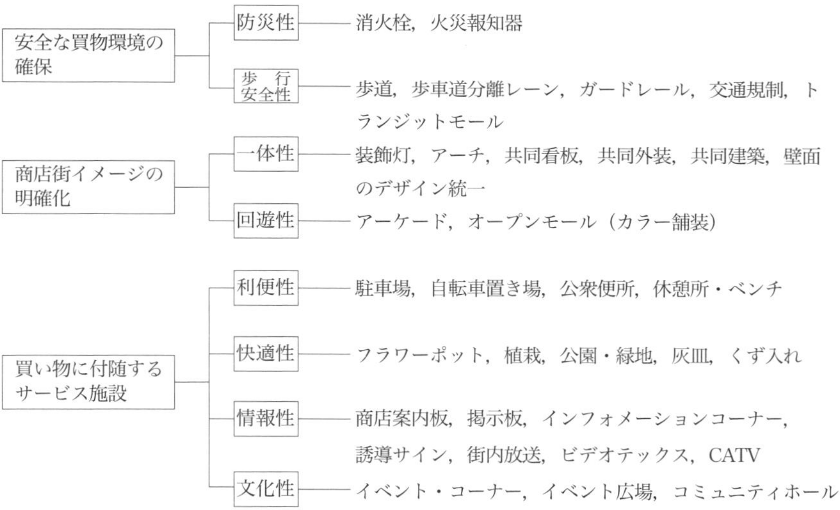

安全な買物環境の確保	防災性	消火栓，火災報知器
	歩行安全性	歩道，歩車道分離レーン，ガードレール，交通規制，トランジットモール
商店街イメージの明確化	一体性	装飾灯，アーチ，共同看板，共同外装，共同建築，壁面のデザイン統一
	回遊性	アーケード，オープンモール（カラー舗装）
買い物に付随するサービス施設	利便性	駐車場，自転車置き場，公衆便所，休憩所・ベンチ
	快適性	フラワーポット，植栽，公園・緑地，灰皿，くず入れ
	情報性	商店案内板，掲示板，インフォメーションコーナー，誘導サイン，街内放送，ビデオテックス，CATV
	文化性	イベント・コーナー，イベント広場，コミュニティホール

出所：南方・岡部 1991, p.95.

4．プロモーション戦略

　商店街のプロモーション戦略は，商店街やその構成メンバーである個々の商店に対する消費者の愛顧心を高めながら，集客力と固客力を高める戦略である。プロモーション活動には広告，人的販売，狭義のプロモーションの3つの活動があり，商店街のプロモーション活動としては共同広告と狭義のプロモー

ションが中心的な役割を果たしている。商店街による共同広告は，商店街への顧客の愛顧心を高め顧客の吸引を図るもので，特に商店街を構成する個々の商店が顧客を共有する場合には効果的な顧客吸引の手段となっている（南方・岡部 1991, p.89)。

また，狭義のプロモーション活動も，商店街の共同活動として実施する方が集客や費用の側面からもかなり効果的であり，そのために商店街活動として最も多く行われている活動である。具体的活動としては，図 16-1 にみられるように，即効的な売上の増大効果を目的とした売出し，顧客の固定化を目的とした顧客サービス，商店街のイメージアップや新規顧客の開拓を図る集客型イベント，お祭や市などを通じて地域住民のふれあいを図る地域社会への貢献型イベントなど多種多様な活動があげられる（南方・岡部 1991, pp.90-93)。

第3節　「街づくり」のマーケティング

1. 商店街の現状

最近，商店街は，これらを取り巻く環境条件の激しい変化に対応できない中小小売店の衰退・退店などにより，業種・業態構成の欠落，空き店舗などによって商店街としての魅力が半減し衰退への途をたどっているのが現状である。

多くの小売業は，消費者を対象とした個別性・小規模性・過多性・低生産性を特徴としており，高度経済成長期におけるスーパーの急成長などによる流通機構の変化にもかかわらず，一貫して小売店舗数は増え続けてきたが，1985年の商業統計から小売店舗数が減少し，その後も減少傾向を示している。特に，その減少の主要部分が中小零細小売業であり，その背景には経営者の高齢化・後継者難などの内部問題に加え，消費者ニーズの変化や商業立地基盤の変化，さらに小売競争の変化に対応できなかったことなどがある（岩永 2007, p.68)。

これら中小小売商業の減少は，また中小小売商業集積としての商店街の衰退化とまさに表裏の関係にある。商店街実態調査によれば，調査対象となった全国の商店街のうち，停滞および衰退していると回答した商店街は，1970 年に

60.5％，1975 年に 67.8％，1981 年に 87.1％，1985 年に 88.9％，1991 年に 91.5％，1993 年に 96.0％，1995 年に 97.2％，2000 年に 97.6％，2003 年に 97.7％と増加しており，特に商店街の衰退傾向は，商圏の狭い近隣型商店街や地域型商店街ほど著しくなっている（商店街実態調査委員会 1987, p.83, 中小企業庁 1993, p.60）。2006 年から 5 段階の評価になったため，時系列的に比較してみることはできなくなったが，肯定的に評価している割合は，2006 年において「繁栄」1.6％，「停滞しているが上向きの兆し」4.8％を示し，2009 年において「繁栄」1.0％，「繁栄の兆し」2.0％にすぎず商店街の景況はきわめて厳しい状況にある（南方 2013, p.53）。

　このような停滞・衰退感が強まっている背景には，都市・地域内外の商業集積間競争が激化するなかで，商店街が厳しい状況に直面しているという事実がある。つまり，主として市街中心地や駅前に立地している商店街が，近年のモータリゼーションの普及によって広い駐車場と新しい感覚をもった郊外型大型店や新しい小売商業集積（ショッピングセンター等）に顧客を奪われたり，さらに後継者のいない不振な店舗が閉店するなどによって停滞・衰退化している。それによって商店街に活力がなければ商店街全体としての魅力がなくなり，本来の商業集積のメリットが今度はデメリットとして悪循環しているのである（石原 1993, p.249）。

2. 「街づくり」マーケティング

　今日，全般的に停滞・衰退している商店街を公共政策[注3]の 1 つとして見直そうとする動きがみられる（石原・石井 1992, pp.333-334）。それに弾みをつけたのが『80 年代の流通産業ビジョン』であった。ここでは，流通を経済的効率性の視点からだけでなく，社会的有効性の観点からも評価すべきであり，したがってまた商店街に対する公共空間ならびに社会的・文化的役割などが再評価されてきたのである。つまり，商店街は単なる買い物場所としてだけでなく，公共サービスや余暇・スポーツ・文化といったサービス施設も併設した「暮しの広場」・「交流の広場」として見直されるようになってきたのである（岩澤 1992, p.6）。

こうした背景には，かつて地域のなかで果たしてきた商店街のコミュニティ機能への評価が高まり，商店街が都市・地域の顔であり生活インフラとしての役割を担うことによって，単なる買い物施設を越えたある種の公共性・社会性を見出そうとしている。そこで最も注目されているのが商店街を「街づくり」の一環として捉える取り組みであり，その目玉がコミュニティ・マート構想にある（石原 1993, p.249）。

このような商店街のコミュニティ機能は，都市・地域の公共機能としての一翼を担うものであり，これらのソフト機能を補完・補充する駐車場・道路・広場・公園などのサービス施設ないし基盤施設が公共施設として不可欠となってくる。これらの公共施設は，商店街やそのメンバーである個々の中小小売店や企業だけが利用するのではなく，なによりも地域住民や広く市民によって利用されるものである。

このように商店街が都市・地域政策視点の公共政策から再評価され見直されている。こうした都市・地域政策視点からの商店街の再建・活性化は，『90 年代の流通ビジョン』における「商店街の活性化と『街づくり会社構想』」にも強調されており，国や自治体が出資する第三セクターとしての「街づくり会社構想」によって推進されているのである。

このことは，従来の商店街管理者の商店街マーケティングが行き詰まり，その対策として国家ないし地方自治体が，公共政策のもとで商店経営者だけでなく公共機関や地域住民を包み込んだ「街づくり」マーケティングの一環として商店街マーケティングを展開しなければ，もはや存立していかないことを示唆しているといえる。

ともあれ，これからの商店街マーケティングないし「街づくり」マーケティングは，商店街・街づくりに関わる商店経営者が中心となり，これに地方自治体や地域住民が一体となって実践していかなければならない。それによってはじめて，都市・地域に根づいた「街づくり」マーケティングならびにその一環としての商店街マーケティングが実現できるといえよう。

第16章　商店街のマーケティング　*281*

注

1）商店街は商圏と商品提供機能をベースとして，次の3つのタイプに分類することもできる。そして，そこでのマーケティング戦略としては，次のようになる（南方・岡部 1991, pp. 45-46）。

① 近隣型商店街——購買頻度の高い食料品など最寄品中心の日常生活関連商品の購買に対応するために，商圏範囲は狭いことから顧客を共有しなければならず，この範囲内に居住する消費者の最大公約数的部分を顧客ターゲットとせざるをえない。そのために地域住民特性に適合したマーケティング戦略を展開しなければならない。

② 地区型商店街——周辺の近隣型商店街との相互補完により，地区内消費者の日常生活関連商品や一部の非日常生活関連商品の購買に対応するために，商圏範囲はある程度地域内に限定されて顧客を共有する部分が大きい。そのために商店街全体が一体となって地区住民特性に適合しながら競合する大型店や他の商店街と差別化したマーケティング戦略を展開しなければならない。

③ 広域型商店街——買回品や専門品など非日常生活関連商品の購買に対応するために，商圏範囲は広く，専門店化を前提として形成された商店街を特徴とするものである。そのために個々の商店独自の絞り込まれた顧客ターゲットを対象とした個々の商店のマーケティング戦略が展開されるとともに，全体としての商店街マーケティングが多様な消費者ニーズに対応する戦略を展開しなければならない。

2）保田芳昭は，小売マーケティングの特質として，次のような特徴をあげている。第1に，生産過程をもたず流通過程でのみ作用するマーケティングである。第2に，店舗が立地している地域の商圏ないし隣接する広域商圏内の最終消費者を対象とする消費財のマーケティングである。第3に，店舗の市場が地域限定的でローカル性をもつことから，その商圏内の競争が文字通り市場争奪戦となるだけに店舗間の対立・競争が激しくなる。第4に，立地産業であり，地域商業や地域住民の消費生活や都市構造に大きな社会的影響を与える。そのために法的・行政的規制を受けるものである（保田 1992, p.137）。

3）商店街が公共政策的課題として重視されてきている背景には，2つの要因があるように思われる。第1は，街の中小小売業を軸とするわが国の商店街にとって，現在直面している問題の解決が容易でないという認識があること。第2は，「商店街は都市の顔」ではないかという，地域コミュニティの核としての商店街の再評価である（石原・石井 1992, pp.333-334）。

参考文献

1）石原武政・石井淳蔵（1992）『街づくりのマーケティング』日本経済新聞社。

2）石原武政（1993）「中小商業政策の軌跡」日経流通新聞編『流通現代史』日本経済新聞社。

3）岩澤孝雄（1992）『商店街活性化と街づくり』白桃書房。

4）岩永忠康（2007）『マーケティング戦略論（増補改訂版）』五絃舎。

5）宇野史郎（1993）「都市における小売商業集積の存立様式」阿部真也監修『現代の

消費と流通』ミネルヴァ書房。

6）岡田千尋（1992）「マネジリアル・マーケティングの成立」尾碕 眞・岩永忠康・岡田
千尋・藤澤史郎『マーケティングと消費者行動』ナカニシヤ出版。

7）清成忠男（1983）『地域小売商業の新展開』日本経済新聞社。

8）久保村隆祐・荒川祐吉編（1982）『商業辞典』同文舘。

9）商店街実態調査委員会（1987）『昭和60年度商店街実態調査報告書』。

10）鈴木安昭（1974）「小売業の共同組織」久保村隆祐・荒川祐吉編『商業学』有斐閣。

11）鈴木安昭（1994）「都市と商業集積」流通政策研究所『流通政策』No.55。

12）高山 守（1958）「ショッピング・センターと商店街」久保村隆祐・高城 元編『小
売流通入門』有斐閣。

13）中小企業庁（1993）『平成5年度商店街実態（中間調査）報告書』大蔵省印刷局。

14）三浦 信（1993）「マーケティング」三浦 信・来住元朗・市川 貢『最新マーケティ
ング』ミネルヴァ書房。

15）南方建明・岡部達也（1991）『商店街のマーケティング戦略』中央経済社。

16）宮原義友（1984）「商店街の活性化」日本商業学会年報刊行委員会『地域商業の新
展開』日本商業学会。

17）南方建明（2013）「商店街振興と地域の再生」佐々木保幸・番場博之編著『地域の
再生と流通・まちづくり』白桃書房。

18）森下二次也（1993）『マーケティング論の体系と方法』千倉書房。

19）森下二次也（1984）『現代の流通機構』世界思想社。

20）保田芳昭（1992）「流通問題とマーケティング」保田芳昭編『マーケティング論』
大月書房。

索　引

（あ行）

愛顧独占　　76
ICT　　38
アメリカ・マーケティング協会　　3
e-コマース　　230, 231
委託販売制　　113
一次卸　　212
一店一帳合制　　113
一般品流通システム　　223
医療サービス　　202
インターナル・マーケティング　　196, 197
インターネット販売　　231
インタラクティブ・マーケティング　　196, 198
売上高効果　　133
ウェブ・マーケティング　　233
上澄み吸収価格戦略　　90
AAA戦略　　172
AMA　　3
エクスターナル・マーケティング　　196, 198
エコノミー　　176
エコロジー　　176
エコロジカル・マーケティング　　176
SCM　　98
NIRA　　13
NB　　76
MR　　136
LCA　　184
エンゲル係数　　209
お伊勢参り　　259
オープン価格制　　98
オープンプライス　　227
オピニオン・リーダー　　125

（か行）

オムニチャネル戦略　　233
卸売市場制度　　207
御師　　259

海外旅行ブーム　　260
開放的チャネル戦略　　109
買回品　　63
買い物中心地　　269
価格革命　　98
価格管理　　94
価格志向の二極分化傾向　　99
価格戦略　　83
価格先導制　　93
価格訴求型大規模小売店　　115
科学的管理法　　12
価格破壊　　98
価格破壊・革命　　115
価格ライン法　　87
化学物質排出移動量届出制度　　181
寡占企業　　82
金のなる木　　42
カルテル価格　　92
環境マーケティング　　176
環境家計簿　　180
環境コミュニケーション　　178, 179
環境広告　　181
環境データ　　183
環境配慮の主張　　183
環境配慮型製品　　178
環境報告書　　181
環境ラベル　　181, 182
関係性マーケティング　　6
慣習価格法　　87
管理価格　　82

企業の統制可能要素　166
機構的販売　126
技術革新　112
機能別マーケティング組織　28
規模の経済性　240
強圧的マーケティング　13
狭義の食品産業　207
狭義の販売管理　134
狭義のプロモーション　125
競争価格法　88
競争重視型価格設定方式　85
競争優位性　47
共通分母方策　169
共通要素方策　169
近隣型商店街　271
グリーン・マーケティング　176
グリーン購入　180,181
クレームへの対応　199
グローバリゼーション　6
経済的パフォーマンス　44
経済的効率性　279
系列店　229
ゲゼルシャフト的組織　272
ゲマインシャフト的組織　272
原価加算方式　85
健康志向　211
コア・コンピタンス　41
高圧的マーケティング戦略　49
広域型商店街　271
交換価値　63,81
広義の食品産業　207
広告　125
広告コミュニケーション・スペクトル　131
広告戦略　228
広告媒体ミックス　131
拘束付製品戦略　109
公定価格　82
高度情報化社会　119,128

購買意思決定プロセス　18
高付加価値なサービス　196
小売中心地　269
小売マーケティング　272
コールドチェーン　208
顧客との関係構築　196
顧客志向性　17
顧客のニーズ　169
顧客別マーケティング組織　28
国外の統制不可能要素　166
国際マーケティング・プログラム　171
国際マーケティング・プロセス　171
国内の統制不可能要素　166
コスト・プラス方式　85
コスト・リーダーシップ　47
コスト重視型価格設定方式　85
コスト優位性　169
コ・ブランディング　158
コミュニケーション　125
コミュニケーション効果　132
娯楽業　254
混合経済体制　13
コンシューマリズム　5

（さ行）

サービス経済化現象　189
サービス商品　190,191
サービスの生産管理　192
サービスの工業化　193,194
サービスの品質　199
サービス・マーケティング　192
サービス・マネジメント　193
財貨　63
裁定戦略　172
最適生存領域　37
最適マーケティング・ミックス　17
再販売価格維持戦略　93

索　引　285

再販売価格維持契約　　94
再販売購入活動　　109
再販売価格維持（制度）　　113, 222
サプライ・チェーン・マネジメント　98
サプライヤー　　263
差別価格法　　87
差別的優位性　　47
差別的マーケティング　　50
産業合理化政策　　12
産業財マーケティング　　18
産業財　　63
参入障壁　　39
製品周期　　67
JTB　　262
JTB の MM 端末　　267
事業部制度　　30
事業部制マーケティング組織　　28
事業領域　　37
自己主張　　185
市場の狭隘化　　8
市場価格　　82
市場調査　　119
市場外流通　　207
市場機会　　25
市場構造　　84
市場行動　　84
市場細分化　　250
市場細分化戦略　　49, 227, 230, 243
市場浸透価格戦略　　91
市場セグメント　　50
市場適応戦略　　46
市場問題　　105
資生堂　　221, 222, 225-228, 230-232
事前販売　　123
実勢価格法　　88
資本 の生産性　　9
資本の有機的構成　　9
社会的な品揃え物　　272
社会的有効性　　279

JAN コード　　120
集中的マーケティング　　51
集約戦略　　172
従来型マーケティング　　223, 224
需給調整　　254
需要重視型価格設定方式　　85
需要創造　　11
需要の価格弾力性　　84, 91
省エネナビ　　180
使用価値　　63
商業の存立基盤　　104
商業の系列化　　107
商業排除　　106
上層吸収価格戦略　　90
商的流通　　116
商店街　　269
商店街マーケティング　　272
消費財　　63
消費財マーケティング　　18
消費者中心主義　　14, 49
消費者行動　　18
消費者プレミアム　　142
消費水準支出　　208
消費の個性化や多様化　　224
消費の多様化　　230
商標　　74
商標忠誠度　　75
商品　　63
商品化効用　　64
情報通信技術　　38
情報的広告　　129
情報流通　　117, 119
初期高（低）価格戦略　　90, 91
進出先市場　　166
新製品開発　　71
人的販売　　125, 228
スター　　42
SWOT 分析　　43
生活必需品　　99

生産財　63
生存領域　37
成長ベクトル　45
制度品流通システム　222, 223
製販統合　98, 115
製品・市場マトリクス　45
製品改良　73
製品アイテム　64
製品開発　232
製品計画　71
製品差別化　11, 242
製品差別化戦略　52
製品周期戦略　49
製品政策　149
製品多様化　64, 242
製品の計画的陳腐化戦略　74
製品の機能的陳腐化　74
製品の心理的陳腐化　74
製品の材料的陳腐化　74
製品廃棄　73
製品別マーケティング組織　28
製品ポートフォリオ分析　41
製品ミックス　64
製品ライフサイクル（戦略）　49, 67, 241
製品ライン　64
セールスマンシップ　134
世界大恐慌　13
接客サービス　191
説得的広告　129
セミ・グローバリゼーション　171
全国産業復興法　13
専属代理店制　110
専属的チャネル戦略　109
選択的チャネル戦略　109
戦闘的ブランド　10
専売制　246
専売店制　113
専売店　245

専門品　63
戦略的マーケティング　6
戦略提携　115
戦略同盟　115
総合ホテル　254
総合旅行会社　265
ソーシャル・マーケティング（概念）　5, 272
組織学習効果　250

（た行）

第1種旅行業　262
第3種旅行業　262
大衆消費社会　112
第2種旅行業　262
タイプ I, II, III　184, 186
大量集中原理　115
抱合わせ製品戦略　109
多段階的 価格設定方式　85
建値制　94
多品種少量生産　243
地域的価格差別戦略　10
地域別マーケティング組織　28
チェーンストア　229, 230
知覚価格法　86
知覚品質　150, 151
地区型商店街　271
着地型の旅行商品　266
チャネル間の競争　224
チャネル戦略　229, 245
ツーウェイ・ツーリズム　267
通信販売　106
通販流通システム　223
低圧的マーケティング戦略　49
低圧的マーケティング　14
ディーラー（制度）　245, 250
ディーラー・コンテスト　140
ディーラー・ヘルプス　49,112,140
ディーラー・プロモーション　49

索 引 287

低価格商品開発 98
テーマパーク 199
適応戦略 172
テリトリー（制） 113, 245
電子商取引 230
店頭販売助成 141
店舗立地戦略 274
統合市場戦略 46
統合的マーケティング 24
統制価格 82
トーマス・クック 259
独占禁止法 93
特価品法 87
トップ・マネジメント 57
ドメイン 37
トヨタ生産方式 250

（な行）

内外価格差 99
内外価格差 115
ナショナル・ブランド 76, 213
納得価格志向 99
二次卸 212
二重戦略 216
入札価格法 88
ニューディール政策 13

（は行）

バイイング・パワー 82
ハイブリッド方策 169
ハウス・ヴォーガン 140
排他的販売制 110
端数価格法 87
パッケージ 77
発地型 266
花形 42
パブリシティ 142
パブリック・リレーションズ 142
パブリックコメント 181

パワー・マーケティング 6, 115
販社 115
販売店援助 49
販売員管理 12, 134
販売会社 115
販売促進 123
販売店援助 112,140
販売部隊 134
販売問題 104
PR 142
PB（商品） 76, 98
PPM 41
非営利組織活動 4
非価格競争 8
標準操業度 86
標準小売価格 94
標準化・現地適応化 166
標的化 250
フォードシステム 12
不況カルテル 92
複合化 169
複数チャネル（戦略） 247
複数ライン方策 169
プッシュ戦略 49, 126
物的流通 116
物流 116
プライス・リーダーシップ 88, 93
プライベート・ブランド 76, 213
フランチャイズ・システム 245
ブランディング 147
ブランド 74,145,226,227,231,232
ブランド・アイデンティティ 153
ブランド・エクイティ 150
ブランド拡張 154
ブランド間競争 250
ブランド固執 75
ブランド選好 75
ブランド戦略 244
ブランド知識 150

ブランド内競争	250	マーケティングの拡張概念	272
ブランド認知	75,150,151	マーケティング・ミックス	6,150
ブランド連想	150,152	マーケティング・マネジメント	23
ブランド・ロイヤルティ	75,125,150	マーケティング理念	27
VRIO フレームワーク	40	マーチャンダイジング	14
払込制	113	マーチャンダイジング・ユーティリティ
プリ・プロダクション	71	64
プル戦略	49,126	負け犬	43
フルライン戦略	242	マス・マーケティング	6
プロダクト・アウト	14, 49, 243	街づくり	280
プロモーション	123	街づくりマーケティング	280
プロモーション戦略	228, 232	マニュアルの導入	194
プロモーション・ミックス	125,130	マネジリアル・マーケティング	5,23
PEST 分析	38	店会制	113
Point of Sales	120	ミックス・ブランド	76
法制度・社会システムの整備	181	ミッショナリー・セールスマン	136
包装	77	ミドル・マネジメント	57
訪販品流通システム	223	ミラー効果	198
訪問販売	106	無差別的マーケティング	50
ポートフォリオ分析	41	名声価格法	87
ホームショッピング	120	メーカー希望小売価格	94, 228
ホールセラー	265	メーカー建値制	98
母国市場	166	モータリゼーション	235,243,279
POS	120	モーダルシフト	235

（ま行）

マークアップ率	86	モジュール化	251
マーケット・イン	14, 49, 243	最寄品	63
マーケティング	3,105	問題児	42

（や行）

マーケティング監査	34	4P	263
マーケティング管理	23		
マーケティング計画	24,46		

（ら行）

マーケティング実施計画	25	落札	88
マーケティング戦略	25, 45	ラベル	78
マーケティング戦術	25, 46	リコール問題	191
マーケティング組織	24	リテーラー	265
マーケティング・チャネル	105,246	リベート	112
マーケティング調査	119	リベート制	113
マーケティング統制	24	リベート戦略	96

リポジショニング　　　70
流通機構　　103
流通系列化　　112
流通経路　　103
流通チャネル　　103
旅行業の定義　　261
リレーションシップ・マーケティング
　6
ロウァ・マネジメント　　57

（わ行）

割引戦略　　96
ワン・ストップ・ショッピング機能
　274

執筆者紹介（執筆順。なお＊は編者）

岩永 忠康＊（いわなが ただやす）
第1章〜第7章，第16章執筆
佐賀大学名誉教授・博士（商学）

洪 廷和（ほん ちょんふぁ）
第8章執筆
佐賀大学経済学部准教授・博士（商学）

山口 夕妃子（やまぐち ゆきこ）
第9章執筆
佐賀大学芸術地域デザイン学部教授・博士（商学）

侯 利娟（こう りけん）
第10章執筆
九州産業大学商学部准教授

松井 温文（まつい あつふみ）
第11章執筆
岡山商科大学経営学部教授

菊池 一夫（きくち かずお）
第12章執筆
明治大学商学部教授・博士（商学）

垣本 嘉人（かきもと よしと）
第13章執筆
NPO九州総合研究所・博士（経済学）

柳 純（やなぎ じゅん）
第14章執筆
下関市立大学経済学部教授・博士（学術）

堤田稔（つつみだ みのる）
第15章執筆
長崎国際大学：産学連携コーディネーター・博士（学術）

編著者紹介

岩永 忠康（いわなが ただやす）
　佐賀大学名誉教授・博士（商学）

（主要業績）

著　書　『現代の商業論』五絃舎，2014 年。
　　　　『マーケティング戦略論（増補改訂版）』五絃舎，2007 年。
　　　　『現代日本の流通政策』創成社，2004 年。
　　　　『現代マーケティング戦略の基礎理論』ナカニシヤ出版，1995 年。
　　　　『アジアと欧米の小売商業—理論・戦略・構造—』（監修）五絃舎，2017 年。
　　　　『現代の流通政策』（編著）五絃舎，2013 年。
　　　　『現代流通の基礎理論』（監修・編著）五絃舎，2013 年。
　　　　『流通国際化研究の現段階』（監修）同友館，2009 年。
　　　　『流通と消費者』（編著）慶応義塾大学出版，2008 年。
　　　　他多数。
訳　書　『ジャパンズマーケット』（共訳）同文館，1989 年。
　　　　『流通システムの日独比較』（共訳）九州大学出版会，1986 年。

マーケティングの理論と戦略

2015 年 3 月 25 日　　　第 1 刷発行
2016 年 3 月 15 日　　　第 2 刷発行
2019 年 3 月 15 日　　　改訂版発行
2021 年 3 月 25 日　　　改訂版二刷発行

編著者：岩永 忠康
発行者：長谷 雅春
発行所：株式会社五絃舎
　　　　〒 173-0025　東京都板橋区熊野町 46-7-402
　　　　Tel & Fax：03-3957-5587
　　　　e-mail：h2-c-msa@db3.so-net.ne.jp
組　版：Office Five Strings
印　刷：モリモト印刷
ISBN978-4-86434-093-9
Printed In Japan　検印省略　ⓒ　2021